농서 자료에 나타난
어휘장의 분류 및 표기법 연구

농서 자료에 나타난
어휘장의 분류 및 표기법 연구

이 광 호

역락

머리말

농서에 관심을 가진 것이 꽤 되었다. 하지만 아직 농서 자료에 대한 총괄서를 펴내기엔 너무 부족하다. 꾸준히 논문을 내고, 학회에 발표도 하면서 많은 시간을 할애하고 있지만, 지금까지 수행한 연구의 양은 부족하기만 하다. 농서는 각 항목이 하나의 어휘장을 형성한다. 산림경제에 나오는 어휘의 항목만 하더라도 卜居, 攝生, 治農, 治圃, 種樹, 養花, 養蠶, 牧養, 治膳 등 여러 요소를 포함한다. 이러한 어휘 항목은 농서에 따라 항목의 명칭이 다를 뿐만 아니라 각 항목에 속하는 소항목도 다르다. 농서 자료를 각 어휘 항목으로 묶어 어휘장으로 설정하여 연구하였으나, 아직 모든 항목을 포함하기엔 역부족이다. 우선 이루어진 것을 중심으로 정리하고, 아직 연구하지 못한 항목은 다음에 엮고자 한다. 한국연구재단의 연구 기한도 다 되었을 뿐만 아니라, 중간 단계에서 자극의 기점을 삼으려는 의도도 있다.

이 책은 전부 4장으로 이루어져 있다. 제1장은 조선시대에 이루어진 농서를 개괄적으로 살폈다. 그리고 연구의 대상이 되는 판본을 정리하였다. 農書는 담고 있는 내용이 2개 부문 이상을 종합하여 편찬한 것이나 특정 분야만을 전문적으로 다루어 편찬한 것이나에 따라 종합 농서와 전문 농서 두 종류로 구별된다. 종합 농서는 주곡 중심에서 벗어나 채소, 과수, 축산·수의, 잠상, 수산 등을 광범위하게 다룬 생산 기술서를 말하고, 전문 농서는 종합 농서에서 분화되어 식품 및 구황, 축산·

수의, 잠상, 수리 기구 등 여러 분야 중 어느 특정 분야 하나만을 전문적으로 다룬 농서를 말한다. 이 장에서는 종합 농서와 전문 농서에 대한 간략한 서지 정보를 소개하였다. 그리고 이와 함께 농서 어휘에 나타난 다양한 표기법의 양상도 개괄적으로 살폈다. 농서의 표기 방식은 다양하게 전개되는데, 『금양잡록』에서는 작물의 품종명을 표시할 때 이두식 한자로 표기하고 이를 정음 표기로 다시 병기했다. 예컨대 '東鼎艮里동솓ㄱ리', '宿乙里黍잘으리기장', '火豆블콩'과 같은 방식이다. 하지만 모든 농서에서 이러한 표기 방식을 보이는 것은 아니다. 한자 표기와 정음 표기가 병기된 것도 있지만 이두 표기가 드러나는 것도 있고, 한자 표기만 나타나는 것도 있다. 제2장은 농서 자료에 나타난 어휘의 대응 및 교체를 다루었다. 공시적 어휘의 대응관계와 통시적 변화가 여기에 해당한다. 조선시대 농서 어휘의 표기 방식을 근간으로 그 변화 및 변천에 대한 논의를 우선하였다. 그리고 이들의 변화 및 변천에서 나타나는 어휘들의 의미 변화를 추출하여 어휘들의 분석 자료에 반영하였다. 농서에 나타나는 난해 어휘는 품종과 관련된 것이 많아 이들에 대한 어원의 추출은 상당히 힘든 작업이었다. 부분적으로 나타나는 정보를 바탕으로 이러한 어휘들을 분석하여 앞으로의 연구에 바탕을 삼고자 하였다. 제3장은 개별 어휘의 특징적 요소를 점검하였다. 농서 자료에서의 곡식명은 벼, 콩, 조, 기장, 수수 등에서 나타난다. 이들은 설명의 편의상 각각의 어휘 항목으로 나누어 설명하였다. 이들 종류에 대한 특징은 대체로 한문으로 풀이하고 있기 때문에 이를 바탕으로 각 품종의 특성을 먼저 살폈다. 그리고 이 특성들을 바탕으로 그 의미도 함께 살펴보았다. 또한 몃/벗/봇, 柰/林檎/沙果, 쟁기, 그릇, 요리, 양념/고명과 함께 부사, 수량 단위 명사에서 나타나는 어휘의 의미도 점검하였다. 제4장은 농서 자료에 제시된 각 항목을 어휘장으로 설정하여 곡식류, 채과류, 과수류, 구황류, 음식류, 농기류, 어류에 해당하는 항목을 다루었다. 농기류와 어류는 각 자료에서 언급된 명칭만 언급하는 것에 그쳤다. 앞으로 보완해야 할 영역이다.

이 책은 개별 어휘 항목과 각 항목별 어휘장을 따로 언급하다 보니 중복된 요소도 더러 나온다. 한 부분을 제외하면 해당 항목의 연구가 불완전하여, 내용이 일부 중복되더라도 부분 부분 축약하여 제시한다.

다양한 표기 방식을 보이는 농서 자료는 그만큼 다양한 각도에서 연구할 수 있는 기초 자료로서의 가치를 가진다. 하지만 농서는 오랫동안 국어사에서 제대로 인정받지 못했다. 그런데 농서에는 국어사에서 다루어야 하고 국어사를 보완할 수 있는 많은 자료들이 포함되어 있다. 하지만 이 책은 국어사 연구의 한 자료로서 충분한 가치를 가진다는 일면을 제시하는 데 만족한다. 특히 어휘사적 측면에서, 미미하지만 농서 자료가 조금이라도 도움이 된다면 좋겠다.

이 책은 많은 사람들의 도움을 받아 이루어졌다. 대학에서부터 학문의 큰 가르침을 주신 홍사만 교수님은 언제 어디서나 부족한 제자를 격려해 주신다. 그리고 공주대학교 사범대학 국어교육과의 조동길 교수님, 김성수 교수님은 늘 학문적인 갈망을 담고 다니신다. 두 분의 진지한 학문적 자세는 늘 진지하지 못한 저자에게 자극이 된다. 또한 같은 과에 재직하시는 유병환, 송재일, 김영미, 송홍규 교수님은 늘 학교 사랑과 학문 사랑에 대한 많은 긴장감을 가지게 해 주신다. 모든 일에 서툰 저자에게 조그마한 일들 하나하나까지 애정과 기쁨을 보여주신다. 이외에도 못난 필자에게 항상 따뜻한 사랑과 격려를 주시는 조재훈, 강헌규, 김진규 교수님 그리고 새로운 자료의 검색에 많은 도움을 주신 구중회 교수님께도 정말 말로 표현하지 못할 감사의 마음을 드린다.

그리고 이 책의 출판을 흔쾌히 맡아주신 역락출판사의 이대현 사장님

과 거친 원고를 늘 산뜻하게 만들어 주시는 이소희 선생님께도 감사의
마음을 담는다. 끝으로 미완의 연구계획서를 토대로 인문저술 출판에
대한 큰 지원을 해 주신 한국연구재단에도 감사를 드린다.

2013년
계룡산을 바라보며 지은이 씀

차 례

제1장 | 조선시대 농서 개관

1.1. 농서 자료 개관

農書는 農事書로서, 농사에 관한 여러 가지 사항을 적은 책을 말한다. 農書는 담고 있는 내용이 2개 부문 이상을 종합하여 편찬한 것이냐 특정 분야만을 전문적으로 다루어 편찬한 것이냐에 따라 종합 농서와 전문 농서 두 종류로 구별된다. 종합 농서는 주곡 중심에서 벗어나 채소, 과수, 축산·수의, 잠상, 수산 등을 광범위하게 다룬 생산 기술서를 말하고, 전문 농서는 종합 농서에서 분화되어 식품 및 구황, 축산·수의, 잠상, 수리 기구 등 여러 분야 중 어느 특정 분야 하나만을 전문적으로 다룬 농서를 말한다. 우리나라의 농서는 11세기까지 전적으로 중국 농서에만 의존하였으나, 그 이후 우리나라의 農法이 독자적으로 발전하면서 우리의 농업기술 수준이나 실정에 맞는 것만을 골라 편찬한 抄錄本들이 나오게 되었다. 이런 과도기적인 초록본 농서를 거쳐 13세기에 비로소 우리나라 풍토 중심의 한국적 농서가 편찬·이용된다.

우리나라에서 최초로 농서에 한글 사용을 도입한 것은 1480년경 강희맹이 편찬한 『금양잡록』에서다. 이 책에서는 작물의 품종명을 표시할 때 이두식 한자로 표기하고 이를 정음 표기로 다시 병기했다. 예컨대 '東鼎艮里동솔ᄀ리', '宿乙里黍잘으리기장', '火豆블콩'과 같은 방식이다. 그러나 이와 같은 품종의 해설은 모두 한자로 되어 있고 언해가 전혀 없다. 17세기에 들어와서야 비로소 실질적인 한글본 농서가 편찬되기 시작한다.

농서에 나타난 정음 표기 어휘들은 곡식명, 식물(채과류, 구황류, 과수류)명, 동물(조수류, 곤충류)명, 약재명, 농기구명 등이 많다. 물론 여기서 농서에 나타난 어휘라는 것은 한문 표기를 제외한 정음으로 표기된 어휘들을 말하며, 이들은 농서에서 하나의 항목어로 등장하기도 하고, 항목어의 해설 부분에 나타나기도 한다. 그러나 현전 농서가 대부분 한문본이라는 이유로, 이런 많은 한글 어휘들이 그 동안 국어학 연구에서 제대로 다루어진 적이 없다. 그래서 농서는 국어학적 자료로서의 가치조차 제대로 인정받지 못했다. 오히려 농학과나 식품가공학과에서 농서 자료를 살피고 해석하는 연구가 더 많이 이루어졌다. 물론 자료의 해석을 떠나 농서의 내용만을 다룬다면 서로 관련이 있다고 하더라도 자료의 이해를 돕는 기초 작업은 분명히 국어학에서 다루어야 할 작업일 것이다.

그동안 연구되지 못한 한문본 농서들에 나타난 이들 정음 표기 어휘들은 앞으로 국어학 연구의 자료로 심도 있게 다루어져야 할 것이며, 개별적 농서 어휘들로 정리할 필요가 있다. 또 농서 자료에는 이런 정음 표기뿐만 아니라 이두 표기도 나타난다. 농서 자료는 한자와 한자 차자 표기, 그리고 정음 표기를 함께 가지고 있기 때문에 이들에 대한 세밀한 검토는 국어사 연구에 좋은 자료가 될 수 있다. 그리고 현대어에도 여전히 대응 어형이 발견되는 어휘들이 많기 때문에, 농서에 나타나는 특수한 어휘는 어휘사 연구의 기초 자료가 될 수도 있다.

이러한 農書 자료를 토대로 각 어휘장에 나타난 농서 어휘의 표기법적 특이성과 형태적 특성, 그리고 개별 어휘 변화 및 난해 어휘의 의미 등은 본 연구의 기본이 된다. 이를 통해 농서 어휘에 대한 체계적이고도 종합적인 연구가 이루어졌으면 한다. 한동안 의약서가 의약 자료로만 분류되어 국어학적 연구 밖의 자료였지만, 이제는 국어학의 통시적 연구에서 중요한 자료가 되었다. 본 연구에서는 농서에 나타난 국어의 모습을 정밀하게 살피고, 농서 어휘라는 어휘 체계를 수립함으로써, 농서도 국어학 연구의 중요한 자료임을 시사하고자 한다.

農書 및 農書 어휘에 대한 국어학적 연구는 크게 두 가지 방향으로 진행되어 왔다. 첫째는 개별 농서들에 한해 이루어진 것들이고, 둘째는 농서 자료의 한 항목에 해당하는 의약명, 식품명, 향약 약재명, 식물명, 동물명 어휘 등을 어휘장 개념으로 다룬 것들이다.

먼저, 개별 농서를 중심으로 이루어진 연구는 주로 이두 표기에 주목한 연구들로 『양잠경험촬요』, 『금양잡록』, 『우마양저염역병치료방』, 『마경초집언해』 등의 한정된 농서들을 대상으로 비교적 일찍부터 이루어졌다. 이광린(1965)은 『양잠경험촬요』를 현전 최고의 농서로 꼽으면서 서지학적인 사항을 검토하고, 이두를 해석했으며, 안병희(1977)는 『양잠경험촬요』와 『우역방』의 모든 이두를 단어 또는 형태소 단위로 용례를 밝히고, 그 구성을 분석·해명하려고 하였다. 이철수(1992)는 『양잠경험촬요』에 대한 자신의 논문들을 모아 명사류, 동사류, 부사류 차자 표기로 나누어 정리하고 어휘 색인과 전문 해석을 덧붙였다. 이기문(1975)은 『금양잡록』에 나타난 각 穀名을 소개하고, 이들에 나타난 한자 차용 표기의 국어사적 의의와 어휘 변화 양상을 밝혔다. 손병태(1989)는 『우역방』에 나타난 이두 표기의 형태 유형을 밝히고, 이두문에 대한 번역 분석과 서법 체계를 고찰하였다. 김순자(1984)는 『마경초집언해』를 음운, 형태(굴곡

법과 조어법 고찰)를 중심으로 살피고, 어휘 통계를 통해 어휘적인 면도 살폈으며, 송창선(1995)은 『마경초집언해』에만 나타나는 특이한 어휘 30개를 대상으로 그 의미를 밝혔다.

식품명에 대한 연구는 이성우(1981), 김영진(1982)의 서지적 자료 정리에서 시작하여, 이광호(1990)에서 그 연구가 본격적으로 수행된다. 이 논문에서는 음식 관련서에 나타나는 분류 특성과 난해 어휘를 중심으로 한 구체적 연구가 이루어졌다.

의약 관련 어휘들은 가장 연구가 활발했던 분야 중 하나로 많은 개별적인 연구물들이 모여 이미 종합적인 연구 성과들이 나타나게 되었다. 의약서 어휘에 대한 종합적인 연구로는 이철용(1992)과 채인숙(1986)을 들 수 있다. 이철용(1992)에서는 『향약구급방』을 비롯하여 19세기까지 간행된 의약서를 그 대상으로 삼았는데 특히 『동의보감』의 어휘를 기준으로 시대별 목록을 작성하고 공통된 약명 어휘들을 중심으로 표기와 음운, 어휘를 고찰하였다. 채인숙(1986)은 17세기 초 『언해태산집요』, 『언해두창집요』와 17세기 중엽 이후의 『두창경험방』과 『언해납약증치방』을 자료로 하여 표기, 음운, 어휘의 측면에서 살펴보았다.

향약명 어휘에 대한 연구는 차자표기나 통시적 변화에 많은 관심을 가지고 이루어져 왔다. 김종학(1988)은 향약 약재명 어휘들의 의미에 따른 유취 분류를 시도하였다. 한자차용 표기체계에 대한 기존의 연구 성과를 기반으로 하여 향약 약재명 어휘들의 해독 형태로부터 훈민정음 이후의 문헌에 나타난 어휘들을 시대 순으로 비교·검토 하였다. 이은규(1992)는 『향약구급방』에서 채록되는 차자 표기 고유어를 대상으로 각 어휘를 해독·재구하고, 이것을 통해 13세기 국어의 음운 및 어휘론적 특성을 규명하였다. 또 훈민정음 이후의 문헌에서 채록한 약재명 어휘를 제시하여 어형의 변천과정도 아울러 살폈다. 손병태(1996)는 醫方書,

農書, 諺解書와 낱말 자료집 등에서 수집한 차자표기 식물성 향약명을 草部, 木部, 果部, 穀部, 菜部로 나누어 해독하고 각 향약명들의 어원, 표기, 형태, 의미, 명명법 등에 대해 고찰하였다.

식물명에 대한 연구로는 여찬영(1997)이 식물 명칭어의 구성요소로 나타나는 구별 표지들을 분석하여 그 구별 표지의 문법적 특성을 밝혔다. 임소영(1997)은 한국어 식물 이름의 어휘 목록을 작성하고, 이를 통해 식물 이름의 형식 유형과 의미 유형을 밝히고, 명명기반과 명명 과정을 인지 언어학적 관점에서 고찰하였다. 임소영(1999)은 꽃이름 명명 과정을 통해 한국어 사용자가 사물을 인지하는 태도와 그 인지한 내용을 어떻게 정보처리 과정을 거쳐서 어휘화하는가를 살펴보았다. 노재민(1999)은 현대 국어 식물명을 형태론적, 의미론적으로 고찰하였는데, 형태론적으로는 식물명의 합성 구성에서 기본적인 식물명 구성 요소의 존재 여부에 따라 내심적 구성과 외심적 구성으로 나누었고, 의미론적으로는 어휘장을 구성하고, 의미 확장(은유적 확장과 환유적 확장)을 다루었다.

동물명에 대한 연구로는 여찬영(1990)에서 '한영ᄌ전'을 중심으로 우리말 동물 명칭어, 특히 동물의 성별어, 자종어, 가축의 명칭어를 살폈고, 조항범(1998)은 85개의 동물 명칭을 대상으로 그에 대한 역사적 변천 과정을 어휘사의 관점에서 기술하였다. 어류 명칭에 관한 연구로는 2,000여 개의 한국산 어류 명칭을 접미사별로 분류한 김홍석(1996), 경북동남지역에서 70% 이상 방언으로 응답하는 어류 명칭어를 몇 가지 접사의 유형별로 구분하여 방언 어류 명칭어의 유래를 고찰한 손병태(1997) 등이 있다.

그러나 이러한 연구들이 종합 농서에 나타난 국어의 전반적인 모습을 살핀 것이 아니라 특정 서적의 자료 분석이나, 명칭어에 대한 통시적인 어휘 고찰을 중시하였다. 그리고 대체로 공시적인 어휘장을 토대로 한 연구들도 어휘의 개별적 특성을 살피고 있어서 농서 어휘의 전체적 특징을 살피지는 못하고 있다. 즉 지금까지의 연구는 농서라는 전체적 특성을 살펴본 것이 아니라 개별적 어휘 특성을 고찰하고 있기 때문에 독립된 영역으로서 농서가 가지고 있는 국어학 자료를 충분히 활용하지 못하고 있다.

앞에서 살펴본 선행 연구의 문제점들을 보완 발전시키기 위해 다음과 같은 연구 및 논의를 전개하고자 한다.

어떤 연구이건 연구 목적과 주제가 정해지면, 가장 먼저 선행되어야 하는 것이 그 목적과 주제에 적합한 연구 대상의 범위 설정이다. 농서를 연구 대상으로 하는 연구 역시 농서의 개념과 그에 따른 범위부터 한정해야 한다.

기존의 연구에서는 우리나라 농서의 범위를 '농림 수산물의 생산 기술 및 생산과 직접 관계가 있는 지식을 체계적으로 기록한 저술'로 규정해 놓고, 이 정의에 따른 현전 농서들을 검토하여 한글 표기가 있는 총 10개의 농서를 선정, 이를 연구 대상으로 하고 있다. 그러나 앞에 언급한 농서의 범위는 농학에서 통설로 받아들여지는 범위를 그대로 수용한 것인 만큼 본 연구 방향에 적합하도록 국어학적인 관점에서 다소 수정이 필요하다고 판단된다.

즉, 농학적 의미에서의 농서 정의를 따르자면 농업경제, 농업정책, 重農 및 田制, 荒政 등에 관한 저서를 농서의 대상에서 제외시킨다. 그래서 作物, 園藝, 樹植, 蠶桑, 畜牧, 漁業 등의 생산기술과 이에 직접 관련된 저술만을 농서의 주된 대상으로 삼게 된다. 또 농작물을 주된 대상으로 삼고 있더라도 단순한 訓詁的 성질의 것이나 花卉에 관한 것이라도 文人弄筆적인 것, 그리고 『本草書』같이 농업생산에 참고 가치가 충분한 것이라도 진정한 농학적 의미의 저술이 아닌 것은 농서의 범위에서 제외시키고 있다. 그러나 본 연구는 농서 어휘를 국어학적인 측면에서 살펴보는 것이고, 농서 어휘에 대한 종합적 연구를 표방하고 있기 때문에 농학적 관점에서의 농서 정의보다 광의의 정의 설정이 요구된다. 단지 농서의 내용이나 체제와 관련한 것은 국어학적 연구의 주된 대상이 되는 것이 아니기 때문에, 표현 어휘에 국어학적 관련 요소를 담고 있는 농서 관련 자료는 전부 연구의 대상이 된다. 다만 농서로 규정할 수 있는 저술을 대상으로 삼은 것은 동일한 어휘 집단 속에서 나타나는 어휘적 특성을 살피는 데 도움을 받을 수 있기 때문이다.

선행 논구에서는 대체로 농서가 농사서나 농학서로서 가진 어떤 특징이나 가치보다는, 농서에 쓰여진 문자 체계를 중심으로 하여 국어학적인 특징이나 가치를 살펴보았기 때문에 한글 표기가 이루어진 어휘들만이 수집·정리되었다. 이 과정에서 이두로 표기된 많은 어휘들이 버려졌고, 그 결과 시대별 어휘 변천이나 이두 표기 방식, 어휘장 등을 살펴보는 데 있어서 많은 어려움을 겪었다. 따라서 본 연구에서는 정음 표기가 첨기된 농서뿐 아니라 현전하는 농서 자료 중에서 이두 표기가 이루어진 농서들도 주된 연구 대상으로 포함시키고자 한다. 한자 표기가 이루어진 농서 역시 분석의 자료로 삼는다. 또 시대적으로 볼 때 중국 농서를 초록한 12세기 이전 농서나 19세기 말엽 이후 편찬된 국한문 혼용체 농서, 일어체 농서도 광범위하게 연구에 포함시키고자 한다.

이상과 같은 기준에 따라 다음의 자료들을 주된 연구대상으로 삼는다.

部類	書名	刊年	약칭	備考
기본농서	衿陽雜錄	1482	금양	
	農家集成	1655	농집	四時纂要抄포함
	穡經	1676		
	山林經濟	1700년경	산림	
	增補山林經濟	1766	증산	
	厚生錄	1750~1767		
	海東農書	1798	해동	
	杏浦志	1825	행포	
	農政會要	1834~1842	농회	
	林園經濟志	1842~1845	임원	
종합서	攷事撮要	1514	攷事	
	閑情錄	1610-1617		
	穡經增集	1688-1689	색증	
	農家要訣	1700년대초		
	攷事新書	1771	攷新	
	北學議	1782		
	本史	1787		
	課農小抄	1799		
	農書總論	1799		
	千一錄	1800년대초		
	農政書	1834-1879		
	竹僑便覽	1849	竹僑	
	農圃問答	1872		
	穀菜種	1884		
	農政新書	1885	農新	農務牧畜試驗場所存
	撮要新書	1894	撮新	
특수서	秘傳花鏡	1688	秘傳	
	養花錄秘傳花鏡	1688	養花	
	甘藷種植法	1766	甘種	
	種藷方(甘藷耕藏說)	1813	種藷	
	種藷譜	1834		
	陸海法	1834		
	搜聞事說	1849-1864		

部類	書名	刊年	약칭	備考
잠상서	養蠶經驗撮要	1415	양잠	
	增補蠶桑輯要	1884	증잠	
	蠶桑撮要	1884	잠촬	
	蠶桑輯要	1886	잠집	
축산·수의	集成馬醫方	1399	집성	
	牛馬羊猪染疫病治療方	1541	우마	
	新增鷹鶻方	1634	신응	
	馬經抄集諺解	1682	마경	
수산서	牛海異魚譜	1803		
	兹山魚譜	1814	자산	
	蘭湖漁牧志	1820		
음식서·구황서	山居四要	1360	山居	
	忠州救荒切要	1541	忠救	
	救荒撮要	1554	구촬	
	要錄	1611		
	屠門大嚼	1611		
	新刊救荒撮要	1660	구황	
	음식디미방	1670		
	治生要覽	1691	치생	
	酒方文	1600년 말엽		
	攷事十二集	1787	攷事	
	群學會騰	1800년 중엽	群學	
	술빚는법	1800년 말엽		
	술만드는법	1800년 말엽		
	是議全書	1800년 말엽		
	규합총서	1815		
	貞一堂雜識	1856		
	부인필지	1915		
	가정요리	1940		
	刊本閨閤叢書	1869		

이들 외에도 분석의 중요한 참고 자료는 다음과 같다.

會同館(編) : 조선관역어(15세기 초), 최세진 : 훈몽자회(1527), 柳希春 :

신증유합(1576), 司譯院 : 역어유해(1682), 司譯院 : 왜어유해(18세기 초), 洪
命福 : 방언유석(1778), 方孝彦 : 몽어유해(1790), 鄭允容 : 자류주석(1856),
柳僖 : 물명고(1820).

이들은 대체로 분류어휘집의 특성을 가진 것인데, 각각의 분류 항목
에서 농서 자료와 일치하는 항목들이 발견된다. 이들 연구는 어휘장 연
구와 실질적 관련을 가진다. 그리고 다음 자료는 어휘 의미를 밝히는 보
조 자료로 활용한다.

동의보감(동의), 의종금감(醫宗), 방약합편(方藥), 蒙喩, 유합, 물보, 광재
물보(광재), 한영즈뎐, 몽어유해(蒙類), 神仙太乙紫金丹, 구급간이방(救簡),
사성통해(四解), 한한청문감(한한), 노걸대언해(老乞), 박통사언해(朴通), 詩
經物名諺解(詩解), 痘瘡經驗方(痘瘡), 향약구급방(향약), 방언유해(方類), 아
언각비, 자전석요, 계림유사, 본초강목(본초), 삼강행실도(삼강), 소학언해
(소언), 제민요술, 화엄수록, 주씨천자문(周千), 채란잡지 등

1.2. 농서 자료의 활용 방안

농서 어휘에 대한 체계적 분류는 몇 가지 기준을 설정할 필요가 있다.
우선 농서 자료에서 각각의 어휘들을 어떻게 분류하고 있는지 살펴보아
야 한다. 각각의 농서들이 어떤 체재를 갖추고 있으며, 이 체재 안에서
어떻게 분류·기술하고 있는지, 가장 일반적이고 효과적인 체재는 무엇
인지를 안다면 농서 어휘들의 분류 기준을 세우는 데 큰 도움이 될 것
이다. 그리고 여러 가지 분류 기준을 설정하여 농서 어휘들을 다각도로
분석할 수 있어야 한다. 연구 대상이 되는 농서들에 종합 농서가 많고,
또 종합 농서가 아닌 특정 분야를 다루는 것이라고 하더라도 상이한 분

야들을 두루 다루고 있는 경우가 많으므로 상황에 따른 다양한 어휘들이 농서 자료에서 나타난다. 이런 어휘들을 하나의 기준만 적용해 다룬다는 것은 무리가 있다. 다양한 기준을 적용하여 여러 측면에서 세밀하게 살펴보아야 한다. 그런 과정에서 다양한 농서 어휘들을 체계적으로 분류하는 가장 효과적인 방법을 발견해 낼 수 있을 것이다.

본 연구에서 농서 어휘에 대한 논의를 발전시킬 수 있는 연구 방향을 국어사 연구, 어휘사 및 어휘 의미 연구, 어휘장 수립으로 나누어 제시해 보면 다음과 같다.

(1) 국어사 연구

① 15세기부터 19세기에 이르는 기간 동안 동일 어휘에 대한 이두 표기가 어떻게 변화해 왔으며, 그 양상은 어떠한가?

② 개별 농서들에 나타난 표기법의 특성과 시대적 특성은 어떠한가?

(2) 어휘사 및 어휘 의미 연구

① 개별 어휘의 의미는 무엇이며, 그 어원은 무엇인가?

② 개별 어휘 변화가 발생한 시기는 언제이며, 이러한 변화는 이후의 어휘의 변화에 어떤 영향을 미쳤으며, 현재의 농서 어휘와 관련한 어휘 체계에서 어떤 의미 혹은 어휘론적 동기를 제공하는가?

③ 어휘의 변화는 일반적 어휘 생태적 변화와 관련하여 어떤 양상으로 나타나며, 이것이 갖는 어휘론적, 어휘사적 의미는 어떻게 설명할 수 있는가?

④ 어휘의 변화들에서 나타나는 내적 연관성 및 상호간의 관계는 어떻게 파악될 수 있으며, 경쟁적 관계에 놓인 동일 의미 지향의 어휘 변화는 어떤 결과로 통합, 분화 되는가?

⑤ 명칭어의 명명 기반은 무엇인가? 이름붙이기(명명)에는 언어사용자
들의 생활 양상과 인지 구조가 밀접하게 반영되어 있는데, 농서에
나타나는 각 어휘들의 명명 기반과 원리를 연구함으로써 일상 어
휘 명명에 대한 인지 모형이 나올 수 있는가?

(3) 어휘장 수립

① 통시적·공시적 측면을 함께 고려한 어휘장 수립이 가능한가? 농
서는 분류 어휘집의 특성을 가진 자료이다. 동일한 의미 집단을
형성하는 어휘장을 구성하여 각각의 항목을 제시한다. 따라서 동
일 농서에서 출현하는 어휘 집단과 시대적 변화가 반영된 어휘 집
단과의 비교가 용이하다. 이러한 면에서 어휘장의 변화 모형을 제
시할 수 있는가?
② 인지 언어학적인 개념을 이용한 어휘장 수립이 가능한가? 어휘장
의 수립에서 관여한 내면화된 모형이 존재하는가?

이러한 여러 가지 의문을 해결하기 위해, 다음과 같은 과정의 연구
단계를 체계적으로 추진할 필요가 있다.

(1) 자료 수집 단계

① 농서에 대한 서지학적 연구나 고서목록, 農學史 관련 서적 등을 검
토하여 농서 목록과 소장처를 파악하는 작업이 필요하다. 누락된
농서가 없도록 살피고, 알려지지 않은 자료가 있다면 포함시킨다.
② 작성된 농서 목록에 의해 연구 대상이 될 농서 자료를 수집·기록
한다. 영인본으로 간행된 것 외에 규장각, 장서각, 각 대학 도서관
고서실, 농촌경제연구원 등에 소장된 것들을 기본적으로 수집한다.

③ 수집된 농서 자료에서 이두 표기와 한글 표기를 가지고 있는 어휘들을 정리하는 작업도 이 단계에 포함된다. 이때 작성된 각 농서 목록에 의해 연구 대상이 될 농서를 분류·기록하여야 한다.

(2) 개별 농서 연구나 개별 어휘 연구 단계

① 농서에 대한 종합적인 연구를 위해서는 개별 농서에 나타난 어휘 연구가 선행되어야 한다. 개별 농서에 대한 연구는 몇 가지 농서에 한해 이루어졌다. 그러나 『산림경제』나 『해동농서』, 『임원경제지』 등의 종합 농서에 나타난 한글 어휘량은 각각 500개가 넘고, 임원경제지는 830여 개에 이르지만 아직 국어학적으로 다뤄진 적이 없다. 가령 '산림경제에 나타난 어휘 연구', '임원경제지에 나타난 어휘 연구' 등의 논문들을 통해 농서와 농서 어휘에 대해 폭넓게 이해한다.

② 개별 농서 연구뿐 아니라 개별 어휘 연구도 다각도로 이루어져야 한다. 식물명 어휘나 향약명 어휘에 대한 연구 성과는 이미 상당 수준에 이르렀으나, 곡식류, 농기구류, 채과류, 수목류 등에 대한 연구는 거의 없다. 연구되지 않은 어휘들에 대한 분석을 시도하는 한편, 이미 다뤄진 어휘들이라 할지라도 다양한 이론이나 기준을 적용해 종합적 연구를 위한 기반을 마련한다.

(3) 농서 어휘에 대한 종합적인 연구 완성

종합적인 연구로는 먼저 그 동안의 연구 성과가 종합되지 못한 식품서나 잠상서, 수산서 어휘들을 종합적으로 다루는 것이 가능하다. 그 다음으로는 농서 어휘의 어휘장 수립이나 농서 어휘에 대한 국어사적인 연구 등의 결과물이 기대된다.

1.3. 농서 자료 표기법 개관

농서는 국어학 자료로서 상당히 중요한 가치를 가지고 있다. 하지만 기존의 연구에서는 음운 분석을 통한 부분적인 논의만 있었을 뿐이지, 전반적인 검토가 부족하였다. 그리고 현전 농서 전체를 검토하기보다는 일부 농서에 대한 부분적인 검토만 이루어졌었다. 본 연구는 이러한 점을 감안하여 농서 전반에 걸친 국어학적 연구를 수행한다. 여기서는 농서 전반에 대한 본격적인 논의에 앞서, 농서에 나타난 표기법적 특성을 우선 검토한다. 농서에서만 나타나는 어휘 표기 특성이라는 논의 속에서, 앞으로의 어휘 분석의 기초를 마련하는 작업이다.

표기법 연구와 관련하여, 정음 표기가 이루어진 농서는 다음과 같다.

(1) 衿陽雜錄(1482) (2) 農家集成(1655)[1]
(3) 穡 經(1676) (4) 山林經濟(1700년경)
(5) 增補山林經濟(1766) (6) 厚生錄(1750-1767)
(7) 海東農書(1798) (8) 杏浦志(1825)
(9) 農政會要(1830) (10) 林園經濟志(1842-1845)

현재 전하고 있는 농서는 대부분 한문본으로 편찬되었기 때문에 어휘 역시 한자로 표기되어 있다. 이것이 농서가 그동안 국어학 연구에서 주목받지 못한 이유이기도 하다. 그러나 한문본 농서들 중에서 일부 농서는 농작물명이나 품종명, 농기구명 등 특정의 명칭에 있어서는 한자 표

---

1) <農家集成>의 경우는 세종의 <勸農敎文>, 신속이 증보한 <農事直說>, 주자의 <勸農文>, 강희맹이 편찬한 <衿陽雜錄>과 <四時纂要抄> 등 5종의 농서를 합철한 것이다. 그런데, 여기서 한글 표기가 나타나는 것은 <衿陽雜錄>과 <四時纂要抄>뿐이다. 따라서, <農家集成>에 합철된 <衿陽雜錄>은 <農集>으로 표시하고, <四時纂要抄>는 <四時>로 표시하여 구분하고자 한다.

기와 함께 정음 표기가 병기되는 것이 있다. 여기서는 우선 농서 어휘들을 살펴보기에 앞서 농서 어휘들이 각 농서에 따라 혹은 개별 어휘의 특성에 따라 어떤 표기 방식을 취하고 있는지 그 유형을 살펴보기로 한다. 이렇게 어휘들의 표기 방식을 유형별로 검토함으로써 농서 어휘들이 어떻게 국어학적으로 다뤄 질 수 있을지 살펴 볼 수 있을 것이다. 한자 표기와 정음 표기가 병기된 방식에도 몇 가지 유형이 있다. 이 중에서 가장 일반적인 유형이 (1)과 같이 '한자 표기＋정음 표기'의 표기 방식이다. 여기서 한자 표기라고 하는 것은 표기의 수단이 한자라는 것이며 이것이 당시의 漢語(중국 명칭)든 이두 표기든 구분하지 않고 편의상 한자 표기로 칭한다.

(1) 가. 한자 표기＋정음 표기
<衿陽> 牛狄所里쇼되소리　黑沙老里거믄사노리
　　　　火太블콩　早小豆올폿
<農集> 三葉粟세닙희조　瓜花粟욋고지조　阿海沙里稷아히ᄉᆞ리피
<四時> 蒼耳도고마리
<穚經> 大麥보리　小麥밀　水稻논벼　早稻밧벼
　　　　茄子가지　菌子ᄯᅡ희버슷
<山林> 東謁老里동아로리　沒衣菉豆몰의녹두　熊蔬곰둘니
　　　　鯽魚붕어　假梧桐개머귀　蝸牛돌팡이
<增山> 大棗稻대초벼　千金木불나모　白菜머회
　　　　石菜돌ᄂᆞ믈　鱤魚감올치　平髻甲몬다회
<海東抄> 鷄冠만도라미　木頭菜두룹　柰사과
<海東定> 鮮 볏　枸杞구긔
　　　　木瓜모과　冬葵子돌아옥ᄶᅵ
<農會> 蔞蒿물쑥　馬齒莧쇠비름
　　　　苦菜고덜박이　獼猴桃달애　獺너고리
<杏浦> 細稻ᄌᆞ치　小稻져광이

追麥稻보리짜라기　長頸稻목기리벼　駁稷어룽출

<林園>　茜紅稻분홍벼　沙參粟사슴버므레조

風轉粟바람구을이조　杭고미래　古刀魚고도어

　이들은 한자 표기와 정음 표기가 직접 대응한다. 표기상 한자로 기술되어 있다고 하더라도 이들은 부분적으로 이두식 한자 표기를 보이기도 한다. (1가)에서 표기된 한자 표기는 '蒼耳도고마리<四時>'처럼 漢語와 당시 사용한 어휘를 정음 표기한 경우와 '牛狄所里쇼되쇼리<衿陽>'처럼 漢語에 차자표기 방식을 적용한 경우가 있다. 이는 한자가 가진 직접적 의미를 대응하여 어휘를 창출한 방식이다. 이런 표기방식은 고유어에 대응하는 漢語명칭과 함께 訓借 표기, 音借 표기를 아울러 살펴볼 수 있는 자료가 된다. 대체로 훈차 표기가 주를 이룬다. 하지만 '阿海沙里'에 대응하는 '아히사리', 그리고 '東謁老里동아로리', '沒衣몰의'의 음차 표기는 흥미롭다. 그리고 '追麥稻보리짜라기, 長頸稻목기리벼, 風轉粟바람구을이조' 등의 표기는 차자표기 방식에서 통사적 구조를 보이기도 한다.

　　나. 한자 표기＋鄕名(俗名/俗稱)＋정음 표기

　　<增山>　薏似鄕名율모　牛蒡俗名웡

　　　　　　覆盆子鄕名멍덕달기　小薊草藥鄕名조방가시

　　<林園>　耒俗名짜뷔　鏵俗名보십

　　　　　　鐴俗名볏　鐵搭俗名소시랑　鐖俗名도리기

　　　　　　水獺法俗名슈달피　黃鼠俗乎달람쥐

　　　　　　鼫鼠俗乎족더비　貍俗乎숡　青荊俗稱멸애

　(1나)는 농서의 일반적인 정음 표기방식인 '한자 표기＋정음 표기'에서 鄕名(俗名/俗稱)을 넣은 것인데, 여기서의 한자 표기는 당시의 중국 농서에 쓰인 漢語 명칭이고, 이에 해당하는 고유어를 정음으로 병기하고

있다. 따라서 이들도 漢語 명칭에 대응하는 당시의 우리말을 확인하는 방증 자료로 이용될 수 있다. 이들의 표기 방식은 『동문유해』나 『역어유해』 등의 대역 자료에서 나타나는 표기 방식과 일치한다.

(2) 한자 표기+정음 표기+一名(又名)+한자 표기/한자 표기+一名+한 자 표기+俗(又)稱(呼)+정음 표기

<山林> 芡仁거싀년밤一名鷄頭實　壁鏡납검의一名壁錢

芡母草암눈비앗一名野天麻

<增山> 薯蕷마又名山藥

莞草一名黃花菜俗稱넘ㄴ믈黃花菜一名完草又稱넙ㄴ믈

<海東定> 芡仁一名鷄頭實거쉬년밤

<林園> 篊耳俗呼揮羅網후리그믈　紫衣俗呼旁障衣겻마기

(2)는 두 가지 漢語 명칭을 제시하고, 그에 대응되는 고유어 명칭을 정음으로 표기해 놓은 것이다. 즉, 『山林』에 나타난 '芡母草'와 '野天麻'는 두 가지 모두 漢語 명칭으로, 이에 대응하는 고유어는 '암눈비앗'이다. 『海東定』에 나타난 '芡仁'도 '芡'이 중국에서 '鷄頭'라고도 불리고, '仁' 역시 '實'에 대응되기 때문에 마찬가지다. 우리나라 농서가 대체로 중국의 농서를 바탕으로 쓰였기 때문에 표제어도 대부분 중국 농서에 나타난 명칭을 그대로 따르고 있다.

(3) 한자 표기+정음 표기+(一, 又)名, 又(云), 或稱(云, 呼)+정음 표기

<衿陽> 牛得山稻우득산도亦名두이라

<農集> 牛得山稻우득산도亦名두이라

<穡經> 芥子갓又계ᄌ

<山林> 牛得山稻우득산도亦名두이라

莿齊을미又가ᄎ라기　郁李仁뫼이스랏삐又산ᄆᆝ시

車前子길경이삐一名뵈땅이삐

萱草원츄리又名집너믈　蒲公英안쥰방이又名므은들에
<增山>　白頭翁草주지곳又云할미시가빗불히
芥겨즈或稱갓　荼멋或云농비
烏芋올미又名가츠라기　稜莞모골一名왕고시
蒲公英안잔방이名므은드레
<海東抄>　牛得山稻우득산도亦名두이라　蒲公英안즌방이又名믄은드레
郁李仁뫼이슬앗삐又신미시　萱草원츌이又名딥디믈
<農會>　牛得山稻우득산도亦名두이라　芥계자或称갓
蒿苣상취一名부루　絲瓜수셰외又云믈외　薤졸一名염교
<林園>　鰍魚치리或呼어회　黃精듁대불희一名둥구레
芥갓又云겨즈　蒲公英안즌방이又名무음두레
烏芋올미一名가츠라기

고유어의 동일한 명칭을 표시할 때 쓰인 방식의 하나로, 하나의 한자 표기에 정음 표기가 두 종류로 제시되어 있다. 가령 '蒲公英'이라는 한자어에 해당하는 향명이 '안쥰방이'와 '므은들에' 두 종류가 있다. 이 표기 방식은 유의어로 처리할 수 있는 항목으로, 고유어와 고유어의 대응 형식을 보인다.

(4) 한자 표기+정음 표기+(一, 亦)名+한자 표기+정음 표기
<衿陽>　救荒狄所里구황되소리一名氷折稻어름것기
<農集>　救荒狄所里구왕되소리一名氷永折稻어름것기
<山林>　救荒狄所里구황되오리一名氷折稻어롬것기
<增山>　救荒狄所里구황되오리一名氷折稻어름것시
<海東抄·農會>　救荒狄所里구황되오리一名氷折稻어름것기
<海東定>　牛得山稻우득산도亦名後稻두이라
<杏浦·林園>　冰稻어름것기一名戎早稻되오려
<林園>　牛得山稻우득샨도亦名後稻뒤이라

　(4)의 표기 방식은 올벼의 하나인 '구황되소리'의 표기와 '우득산도' 표기에 한해서 나타난다. '구황되소리'라는 벼품종명은 訓借(狄)와 音借(救荒所里)를 이용하여 표기한 것이고, '구황되소리'의 또 다른 명칭인 '어름것기'는 '永折'의 訓借 표기 방식이다. 이는 고유어와 고유어 대응의 유의어를 살펴볼 수 있는 항목으로 이들 고유어 앞에 나타나는 한자는 이두표기이다.

　(5) 한자 표기+지명+정음 표기

<山林> 何首烏江原道名온죠룽黃海道名쎠박블휘

<增山> 何首烏江原道名웃조룽黃海道지박불희

　　　　何首烏狀琭也江原名온조룽黃海名새박불휘

<海東抄> 何首烏江原道名죨룽黃海道名씨박불희

<林園> 何首烏關東名온죠룽黃西名시박불희

　　　　桑魚湖南人호독기海西人쓸독기

　'何首烏'는 강원도에서는 '온죠룽'으로 불리고, 황해도에서는 '새박뿌리'로 불리는 것으로 방언적 차이를 보여준다. 이들 어휘는 『林園』을 제외하고 유독 강원도와 황해도 명칭이 많이 병기된다. 이는 자료의 연원 관계와 관련이 있다. 『林園』에서는 關東名과 黃西名으로 나타나 있다. '桑魚'는 '鱘魚'에 해당하는 것으로 보이는데, 현대어에서 '호드기[2]'와 '꼴뚜기'로 남아 있다. 북한 지역에서 '호드기'는 현재 '꼴뚜기'를 뜻하는 의미로 쓰인다.

　(6) 기타 표기 방식

<海東定> 黃瓜외一種絲瓜수세외

---

[2] 낙지류의 하나. 낙지와 비슷하게 생겼는데 낙지보다 몸집이 작다. 식용하며 김장 속을 만드는 데에도 쓴다. 우리나라 황해에서 난다.

芥겨주一種靑芥밋갓

<增山> 雁晉테俗名언치   鮋魚俗呼生者爲명틔乾者爲북어
<林園> 雁晉테俗名언치   犁장기單犁駕一牛俗名홀이雙犁駕二牛俗名덜이

'黃瓜외一種絲瓜수세외, 芥겨주一種靑芥밋갓<海東定>'은 상위어를 우선 제시하고 그 다음에 '一種'이라고하여 그 하위어를 표시하는 방식을 취하였다. 즉 '수세외'는 '외'의 한 종류이고, '밋갓'은 '겨주'의 일종임을 보여준다. '雁晉테俗名언치<增山>'와 같이 晉을 명시한 표기도 있다. '雁'의 晉이 '테'라는 것을 표기하고, 俗名으로 '언치3)'라고 병기한 것이다. 이런 표기 방식은 '雁'의 표기에만 나타난다. 『林園』에서는 쟁기의 종류를 소 한 마리가 끌면, '홀이', 두 마리가 끌면 '덜이'라고 설명하고 있다. 현대어에서도 소 한 마리가 끄는 쟁기를 '호리', 두 마리가 끄는 쟁기를 '겨리'라고 하여 구분한다. '鮋魚'도 살아 있는 것은 '명틔', 말린 것은 '북어'로 구분한다.

---

3) '언치'란 말이나 소의 안장이나 길마 밑에 깔아 그 등을 덮어 주는 방석이나 담요를 말한다.

제2장 | 조선시대 농서 어휘

농서와 관련한 국어학적 연구는 농사서나 농학서로서의 어떤 특징이나 가치보다는 농서에 쓰인 문자 체계를 중심으로 하여 국어학적인 특징이나 가치를 살펴볼 필요성이 있다. 따라서 이들 자료 중에서는 정음 표기가 이루어진 농서들이 우선 대상이 된다. 이들 농서들이 가진 특성과 범위를 먼저 설정하고, 그 다음에 한자 표기를 분석의 자료로 삼는다. 정음 표기가 있는 어휘들은 농작물명, 동식물명, 약재명 등으로 다양하게 나타나는데, 대부분 명사 어휘들이 주요 대상이 된다. 또 시대적으로 볼 때 중국 농서를 초록한 12세기 이전 농서나 19세기 말엽 이후 편찬된 국한문 혼용체 농서, 일어체 농서는 보조 자료로서의 가치를 가진다.

조선시대 농서 어휘 연구 중, 여기서는 농서 어휘의 표기 방식을 근간으로 그 변화 및 변천에 대한 논의를 하고자 한다. 그리고 이들의 변화 및 변천에서 나타나는 어휘들의 의미 변화를 추출하여 어휘들의 분석 자료에 반영하고자 한다. 농서에 나타나는 어휘는 품종과 관련된 것이 많아 이들에 대한 어원의 추출은 상당히 힘든 작업이다. 부분적으로 나타나는 정보를 바탕으로 이러한 어휘들을 분석하여 앞으로의 연구에 바탕을 삼고자 한다.

2.1. 공시적 어휘 대응

· 농서에 나타난 어휘의 표기 방식은 대체로 중국 농서의 영향에 의해 표제어를 漢語로 달고, 그 뒤에 정음 표기가 이루어지는 것이 일반적이다. 표기의 방식에서 두 개의 정음 표기 명칭이 등장하는 것은 이들이 당시 유의어로 공존하였다는 것을 짐작할 수 있다. 그렇지만 이들이 어떤 의미적 차이를 가지고 대응하였다기보다는 두 명칭이 동시에 사용된 것으로 볼 수 있다. 이들 중 '又名, 俗名, 鄕名'이라고 하여 명칭을 대응하여 표기한 것은 이들이 동일한 의미의 동일 명칭으로 공존하였음을 나타낸다. 또한 비슷한 시기에 간행된 농서들에서 동일한 중국어 명칭에 대응된 여러 개의 정음 표기도 이들이 동일 지시물에 대한 동일한 명칭으로 사용되었음을 표시한다. 이처럼 두 개의 고유어가 함께 나타나 있지 않더라도 비슷한 시기에 간행된 농서들에서 동일한 漢語에 대응된 고유어들도 유의어로서 다뤄질 가능성은 있다. 여기서는 이런 어휘들의 대응 양상을 고유어와 고유어, 고유어와 한자어로 나누어 살펴보고자 한다. 물론 이외에도 '薯蕷/山藥, 牛蒡子/惡實' 등 한자어와 한자어의 유의 관계를 이루는 어휘들도 있으나 이들은 중국 농서에도 그대로 나타나는 漢語 유의어이다.

2.1.1. 고유어와 고유어

2.1.1.1. 우득산도, 두이라

牛得山稻우득산도亦名두이라＜衿陽・山林1・海東抄1・海東定2＞
牛得山稻우득산도亦名두이라＜農集・農會3＞
牛得山稻우득산도亦名두리라＜增山1＞
牛得山稻우득샨도亦名後稻뒤이라＜林園本6＞

'산도'는 '山稻'에 대응하는데, 『조선관역어(花木門)』에서는 '粳米傘朶色二'가 대응하고, 『역어유해(下9)』에서는 '旱稻米산도미'로 대응한다. 다른 명칭인 '두이라'에 대해 『海東定・林園』에서는 '後稻'라는 한자 표기를 하고 있다. 여기서 '두'는 '後'에 대응된다. '두＞뒤(林圓)'가 '後'에 대응이 된다는 것은 이 품종의 시기적 특성과 관련하여 晩稻에 해당한다. '우득'은 '까락이 길다'는 특성에 비추어 볼 때, '우득ᄒ다 / 우둑ᄒ다'와 관련지어 볼 수 있다.

2.1.1.2. 안준방이, 므은드레

蒲公英안즌방이又名므은들에＜山林4＞
蒲公英안잔방이名므은드레＜增山6＞
蒲公英안즌방이又名믄은드레＜海東抄7＞
蒲公英안즌방이又名무음두레＜林園本6＞

'蒲公英'은 약재명으로, 민들레 말린 것을 말한다. 다른 의약서에도 '蒲公草안준방이又名므은드레＜東醫三22＞,　蒲公英안준방이又名므음둘네＜醫宗15・方藥19＞'로 나타나 두 고유어가 유의어로 공존했던 것으로 보인다. 그러나 현대어에서는 '므은들에＞민들레'가 널리 쓰이고, '안즌

방이>앉은뱅이'는 평안도 방언에서만 '민들레'의 의미로 쓰인다. '앉은
뱅이꽃'은 '민들레' 외에도 키가 비교적 작은, 몇 가지 다른 꽃들을 의
미하기도 하는데, 강원도와 평안도 방언에서는 '제비꽃'으로, 강원도와
함경도 방언에서는 '채송화'의 뜻으로 쓰이기도 한다.

2.1.1.3. 원추리, 넘나물

黃花菜넙ᄂ믈<山林2>	萱草원츄리又名넙ᄂ믈<山林2>
莞草一名黃花菜俗稱넘ᄂ믈<增山6>	黃花菜一名完草又稱넙ᄂ믈<增山8>
萱草원츌이又名넙너물<海東抄7>	萱草원츄리<林園仁24>

엄밀히 말한다면, '萱草'는 '원추리(<원츄리)'를 말하고, '黃花菜'는 '넘
나물'에 해당하지만, 이들 농서 자료에서는 함께 쓰이고 있다. '넘나물'
은 원추리의 잎과 꽃으로 무쳐 먹는 나물로 '광채(廣菜)'라고도 한다. '넘
나물'은 '넙나물'에서 비음동화에 의한 'ㅂ>ㅁ'의 표기이다. 이렇게 '원
추리(萱草)'와 '넘나물(黃花菜)'을 함께 쓰는 경우는 '萱草根원츄리又名넙ᄂ
믈<東醫三23>, 넘나물 萱草<蒙喩上15>, 萱 넙ᄂ믈 휜<類合上7>'에서
와 같이 다른 문헌에서도 보편적으로 나타난다.

2.1.1.4. 나모딸기, 멍덕딸기

覆盆子나모딸기<山林3>	蓬蔂멍덕딸기<山林3>
覆盆子鄉名멍덕달기<增山6>	覆盆子멍덕딸기<增山7>
覆盆子나무딸기<海東抄7>	蓬虆멍덕딸기<林園仁24>
覆盆子나무딸기<林園仁24>	蛇苺비얌딸기<林園仁24>

'딸기'는 상위 개념의 항목은 없다. 따라서 농서 자료에서는 상하위어
의 유개념으로 존재하지 않고, '나모딸기'와 '멍덕딸기'가 구분되어 나

타난다. 또한 '비얌딸기'(蛇莓)도 구분된다. 현대어에서 나무딸기가 '覆盆
子'이고 멍덕딸기가 '蓬虆'인데, 『增山』에서는 멍덕딸기를 '覆盆子'라 하
여 혼용된다. 이런 혼용은 다음의 의약서에서도 나타나는 현상이다.

> 覆盆子 : 멍덕딸기<救簡6:12>　　　멍덕달기/未應德達只<村家56>
> 　　　　　나모딸기<東醫2:19>　　　나모뙬기<濟衆15> <醫宗33> <方藥41>
> 蓬虆 : 멍덕딸기<東醫2:19>　　　멍덕뙬기<醫宗33> <方藥41>

'覆盆子'를 '곰딸기'라고 하는 경우도 있는데, '곰딸기'는 현대어의
'고무딸기'에 해당하며, '覆盆子곰딸기<物名3>, 蓬草子 普盤 木苺 蒚 곰
딸기<物譜上>'에도 나타난다. 한편, 『東醫』에서는 넝쿨에서 난 것을 '蓬
虆'라 하고, 나무에서 난 것을 '覆盆子'라고 하는데, '覆盆子'는 익으면
형이 작아지고, '蓬虆'는 익으면 형이 커진다고 설명한다. 또 『廣才』에서
는 '蓬蘽멍셕뙬기, 覆盆子곰뙬기, 懸鉤子나무뙬기, 蛇莓비얌뙬기'로 보다
다양하게 구분된다. 그런데 이들은 '覆盆子딸기<譯語下41>, 覆盆子딸기
<戌部方言27>, 뙬기 覆盆子<한영ᄌ뎐>'로 나타나 하위 구분 요소가 드
러나지 않는다. 이는 『訓蒙字會』에서도 '苺딸기미<訓蒙上6>'로 나타난
다. 이는 다양한 하위어에 대응하는 상위어로 설명 가능하다.

2.1.1.5. 올믜, 가츠라기

> 荸薺올믜又가츠라기<山林3>　　　烏芋올믜<山林4>
> 烏芋올믜又名가츠라기<增山6>　　　荸薺올믜又ᄀ지라기<增山14>
> 烏芋올믜<海東抄6>　　　烏芋올믜一名가츠라기<林園仁25>

'올믜', '가츠라기'는 현대어에 '올방개'에 해당하는 어휘로, 농서 자
료에서 함께 쓰였다. '올방개'는 『표준국어대사전』에 다음과 같이 설명

한다.

    사초과의 여러해살이풀. 꽃줄기의 높이는 70cm 정도이며, 잎은 없다. 7~10월에 꽃줄기 끝에 꽃이삭이 달리고 열매는 수과(瘦果)이다. 덩이줄기는 식용하고 논이나 연못에서 자라는데 한국, 일본 등지에 분포한다.

    그런데 '올미'는 '烏芋'에 대응하여 단독으로 표기되는 것에 비해, '가츠라기'는 단독으로 표기된 경우가 없다. '올미'가 보다 더 일반적인 표현이었던 것으로 보인다. '오우(烏芋)'는 '올방개'의 뿌리를 말한다. 다른 문헌에서도 '烏芋올미又云가츠라기<東醫二26>, 烏芋올미<廣才>, 올미를 ᄀᄅ 밍그라 먹거나 혹 술마 닉게ᄒᆞ야 머그면<救撮17>' 등으로 나타난다. '을미<山林>'와 'ᄀ지라기<增山>'는 각각 '올미'와 'ᄀ치라기'의 오기이다.

2.1.1.6. 도토리, 상수리

<table>
<tr><td>橡實도토리<山林4></td><td>橡實도토리<海東抄2·定3></td></tr>
<tr><td>橡實도토리<林園仁25></td><td>橡상슈리<增山3></td></tr>
</table>

    '도토리'는 떡갈나무의 열매이고, '상수리'는 상수리나무의 열매인데, 도토리와 거의 비슷해서 혼용된다. 『增山』에만 '橡'에 대해 '상슈리'라고 표기하고 있는데, 의약서에서도 '橡實상소리<醫宗33, 方藥41>, 橡상슐리<물보12>'로 나타난다. 이철용(1992 : 106)에서는 '도토리를 槲實, 상수리를 樫實, 橡實이라고 하는데, 槲은 떡갈나무, 도토리참나무로, 樫은 떡갈나무, 橡은 상수리나무, 도토리로 풀이된 것으로 보아 우리나라에서는 엄밀히 구별하여 인식한 것 같지 않다'고 하였다.

2.1.1.7. 마늘, 족지, 둘닉

蒜마눌<穡經上1> 大蒜마날<增山6>
蒜마눌<海東抄2·海東定3> 蒜마날<農會5>
葫마눌<林園仁25> 蒜薹마늘동收藏法<增山8>
蒜薹灸法마늘동이라<增山8> 蒜薹마늘동<農會4>
鵲蒜가츳마눌<山林4> 鵲蒜가치마눌<海東抄8>
鴉蒜鄕名가마귀믈옷<海東抄8> 小蒜족지<增山6>
小蒜족지<農會5> 蒜족지<林園仁25>
野蒜둘닉<增山6> 野蒜달닉<農會5>

현대어에서는 보통 '蒜'이 '마늘'의 의미로, '蒜'이 '달래, 작은 마늘'
의 의미로 쓰이는데, 농서 자료에서는 이것이 혼란스럽게 나타난다. 즉,
『增山』에서는 '마늘'이란 의미로 '蒜'과 '蒜', 두 가지가 쓰이고 있으며,
『海東』에서는 통칭의 '마늘'은 '蒜'을 쓰고, 다른 경우에는 '蒜'을 쓰고
있다. 한편 『林園』에서는 '葫'를 '마늘'이라고 하고, '蒜'을 '족지'라고
하고 있다. '족지'는 '작은 마늘(小蒜)'을 가리키는 말이다.『구급간이방』
에 보면 '쏘효근마눐汁집을<救簡下44>'이 나오는데, 여기에 나오는 '효
근마눌' 역시 '족지'와 같은 뜻이다. 그러나 『訓蒙』에서는 '野蒜'를 '족
지'로, '小蒜'은 '둘뢰'로 쓰고 있고, 『東醫』에서는 '野蒜'을 '둘랑괴'로
쓰고 있어서 혼란스럽다. 둘랑괴(野蒜)는 나중에 '달래'가 되어 마늘과 구
별된다. 서부 경남 방언에서는 '달롱개'로 쓰여 이와의 관련성을 보인다.
『同文』과 『蒙類』에서는 '小根菜둘랑귀<同文下3·蒙類下3>'로 나온다.
'鵲蒜'은 『산림』과 『해동초』에서 '가츳마눌, 가치마눌'로 쓰이는데, 현대
어의 까치무릇, 山茨菰에 해당하는 것이다. 농서에 따라서는 '山茨菰'는
'믈믈옷'이라 하여 서로 다른 것으로 다루고 있는 것도 있다. 서부 경남
방언에서는 '믈곳'으로 나타나 참고가 된다.

山茨菰가치무웃<山林3>　　　　　　山茨菰諺書몰물웃<山林4>
山茨菰가지무릇<增山6>　　　　　　山茨菰가치무웃<海東7>
山茨菰諺書몰믈웃<海東8>

『神仙太乙紫金丹』에 의하면, '山茨菰'는 중국에서 뿌리가 작은 점이 같아서 '가마귀물웃'이라 하는 '老鵲蒜'으로써 잘못 사용되고 우리나라에서는 '馬蒜'으로써 사용하니 우스운 일이라고 하고 있다. 한편, '馬蒜'은 잎과 뿌리가 커서 중국에서 말하는 '山茨菰'와 전혀 다른데, 『구급간이방』에서 '山茨菰' 아래에 '물물웃', 곧 '馬蒜'이라 써 놓았으니 매우 탄식할 일이라고 하면서, '山茨菰'는 아이들이 '鵲蒜', 곧 '가치마늘'이라 하여 날로 먹는 식물이라고 하고 있다.

2.1.1.8. 부추, 염교, 졸

韭부칙<稽經353:7>　　　　　　　　　　韭부쳐<山林1>
韭부치<增山6·海東抄2·海東定3林園仁25>　　韭부취<農會2>
薤염교<稽經353:7·山林1·增山6·海東抄2·海東定3林園仁25>
薤졸─名염교<農會2>

농서 자료에서 부추에 대한 표기는 '韭'로, 염교에 대한 표기는 '薤'로 일정하게 나타난다. 그러나 다른 여러 문헌들에 나타난 '부추'와 '염교'에 대한 표기를 살펴보면, 매우 혼란스러운 양상을 띤다.

韭염교 구<訓蒙上7>　　　　　　　薤염교<物譜>
韭염규 구<詩解 物名13>　　　　　韭菜염규<譯語下10>
韭根염곳불휘<救簡6:38>　　　　　薤부치<四解上47>
薤부치 혜<訓蒙上13>　　　　　　　薤부치 희<類合上10·倭語下5>
薤부치<老乞下34·朴通中33>　　　　韭菜부치<漢淸12:36>

韮부치<物名3>

한편, 『農會』에서는 '薤'에 대응하는 고유어로 '졸, 염교'가 나타난다. 보통 다른 문헌에서는 '韮 졸<物譜上3>, 韮 부추又졸又솔又졍구지<廣才>'와 같이 '졸'과 '부치'를 같은 것으로 다루고 있고, 『物名』에서는 '韮'를 '부치'로, '山韮'는 '졸'이라고 설명한다. 현대어에서도 '부추'는 충청도 방언에서 '졸'로, 경상도 방언에서는 '졍구지'로 서부 경남 방언에서는 '소풀'로 남아 있다.

2.1.1.9. 듁대블희, 둥구레

<table>
<tr><td>黃精듁대블휘<山林4></td><td>萎蕤둥구레<山林4></td></tr>
<tr><td>黃精듁대블회<山林4></td><td>黃精듁디불희<增山6></td></tr>
<tr><td>萎蕤둥구레<增山10></td><td>黃精듁디불히<增山10></td></tr>
<tr><td>萎蕤둥구레<海東抄6></td><td>黃精듁디블희<海東抄7></td></tr>
<tr><td>黃精듁대블희<海東抄7></td><td>黃精듁대불희一名둥구레<林園仁24></td></tr>
</table>

『林園』을 제외한 다른 농서 자료에서 '죽대뿌리'는 '黃精'[1]으로, '둥굴레'는 '萎蕤'로 구분되어 나타난다. 의약서에서도 '黃精'은 '듁대 불휘<東醫二37>, 쥭딧 불휘<濟衆8:12>, 듁딧 불휘<醫宗2>'와 같이 '죽대 뿌리'로 나타나지만, '둥구레 黃精<物譜>, 둥구레 삭 黃精苗<物譜>, 黃精 둥구레<廣才>'에서는 『林園』에서와 같이 '黃精'을 '둥구레'라고 한 것으로 보아 함께 썼던 것으로 보인다.

---

1) 죽대의 뿌리를 한방에서 이르는 말. 몸이 허약하고 기운이 없으며 여위는 데 보약으로 쓴다.

2.1.1.10. 모골, 왕고싀

稜莞모골一名왕고싀<增山6>　　　三稜민자깃불휘<增山6>
荊三稜왕고싀<海東抄3>　　　荊三稜왕고새<海東定4>
蓆草왕고싀<農會4>　　　三稜왕고싀불희<林園仁24>

‘왕고싀’는 현대어 ‘고수’에 해당하는 ‘고싀’에 ‘보다 큰 종류’의 뜻을 더하는 접두사 ‘왕-’이 결합한 것으로 보이는데, ‘고싀’는 ‘莞고싀 원, 荽고싀 슈<訓蒙上>, 胡荽고싀<東醫2·林園仁25>’로 나타난다. ‘莞草’는 오늘날 ‘왕골’이라고 불리는 것이다. ‘왕고싀’는 ‘三稜, 荊三稜’에 대한 표기에도 나타나는데, 이는 ‘매자기의 뿌리’를 말하는 것으로 약재로 쓰이고, 『物名』과 『廣才物譜』에서는 ‘荊三稜 왕듸’로 나타난다. 한편, ‘모골’은 『물명』 ‘蓆草’ 항목에 ‘生水中三稜 可以爲屨 卽似今모골’이라고 나타난다. 결국 ‘왕고싀’, ‘모골’, ‘왕듸’, ‘三稜’, ‘荊三稜’, ‘莞草’ 등은 그 모양과 쓰임새의 유사성으로 인해 함께 쓰였던 것으로 생각되며, 단, ‘三稜, 荊三稜’이 단순히 풀이름이 아니라 약재명으로 사용될 때는 ‘매자기뿌리’를 지칭하는 것으로 쓰였다.

2.1.1.11. 치리, 어희

鰶魚 치리或呼어희<林園佃4>

‘치리, 어희’는 <林園>에만 나타나는 어휘로 그 형태와 명칭에 대한 설명(背黃腹白脣作山字形上下脣凸凹相入如犬牙然大者尺餘小或五六寸江湖川澗在處有之案字書鰶音七魚名也不言其刑狀余以今俗所謂七伊魚者哇俚無義故取其音同强名之曰鰶)등은 황색이고, 배는 흰색이다. 입술은 山字形을 이루는데, 상하 입술은 凸凹모양으로 개의 어금니와 같이 맞물린다. 큰 것은 한 자가 넘고, 작은 것은 혹 5~6촌 정도이다. 강

호천간에 사는데 字書에 보면 鰣은 音이 七이라서 七魚로 이름한다. 그 형상은 말하지 않았다. 지금 소위 七伊魚라는 것은 속된 말로 뜻이 없고, 같은 음을 취하여 억지로 이름 붙여 칠이라 한다)에 비추어 볼 때 오늘날의 '끄리' 또는 '칠이어(七伊魚)'라고 불리는 물고기 명칭이다. 중국에서는 입 모양이 말의 입을 닮았다고 해서 '馬口魚'라고 한다. 우리나라에서도 꽃날치, 날치, 날피리, 북치리, 색치리, 치리, 칠어, 칠이, 치어, 어위, 어희, 강치리, 끌이, 물치리, 바둑끄리, 바디끄리 등 다양한 방언을 가지고 있는데, 대체로 경기지방에서는 '끄리', 강원지방에서는 '어희', 충청지방에서는 '칠어', 전라지방에서는 '날치'로 불린다. 『한국민족문화대백과』에는 '끄리'를 다음과 같이 설명한다.

학명은 Opsariichthys bidens Gunther.이다. 몸은 약 30cm로 길고 측편(側扁)하다. 피라미와 닮았으나 피라미보다 훨씬 큰 하천어류 중의 대형어이다. 주둥이가 길게 튀어나와 있고, 눈은 작으며 입은 옆에서 볼 때 弓(궁)자 모양으로 되어 있는 것이 특징인데, 입을 다물면 서로 맞게 끼워진다. 몸빛은 등쪽은 암갈색에 가깝고, 옆구리는 옅은 빛이고, 배쪽은 은백색이다.

낙동강 서쪽에서 압록강에 이르는 사이의 큰 강과 그 인근의 수역에 분포하며, 중국에도 분포한다. 활발히 헤엄쳐 다니며 성질이 난폭하다. 산란기는 8월경이고, 곤충·갑각류·유충 등과 각종 작은 물고기를 먹고 산다.

이 물고기는 당시의 속명이 칠이어(七伊魚)였는데, 서유구(徐有榘)가 『자서(字書)』에 어명(魚名)이라고만 하고 모양을 설명하지 않은 칠(鰣)을 따서 칠어라고 하였다. 오늘날의 물고기 분류에 있어서 잉어과에 속하는 민물고기의 하나로 취급하고 있는 치리는 끄리와는 전혀 다른 물고기이다.

2.1.2. 고유어와 한자어

2.1.2.1. 갓, 계즈(芥子)

芥子갓又계즈<穡經1>   芥계즈<山林1>
芥겨즈或稱갓<增山6>   芥겨즈一種靑芥밋갓<海東定3>
芥계자或称갓<農會5>   芥갓又云겨즈<林園仁25>
白芥흰겨즈<林園仁25>

위에서 볼 수 있듯이 대부분의 농서에서 '갓'과 '계자'를 같은 것으로 나타내고 있다. 이런 예는 의약서인 『동의보감』에서도 찾아볼 수 있는데, '갓又云계즈<東醫2>'와 같이 나타내고 있다. 『海東定』의 표기에 따르면 '겨즈'의 한 종류로 '靑芥밋갓'이 있는데, 『物譜上』에는 '菘芥'으로, 『物名3』에서는 '花芥'로 나타난다.

갓(芥菜)<同文下3・蒙語補22>
갓(芥)<物名3:88>
계즈(芥)<訓蒙上7・類合上10・倭語下5・同文下3>
계즈(芥菜)<醫宗29・方藥36>
계즈 혼되를 초 서되예 글혀<救簡1:15>
계즈삐(芥子)<瘟新4>

여러 문헌에서 '갓'형과 '계즈'형이 함께 쓰이는데, 고유어인 '갓'과 한자어인 '계즈(芥子)가 유의어로서 서로 교체되어 쓰였음을 짐작할 수 있다. 한편, 『同文』에서는 '갓'은 '芥菜'로, '계즈'는 '芥子'로 각각 구별하여 쓰고 있다. '계즈'가 『醫宗29・方藥36』에서는 '芥菜'에 대응하지만 대체로 '芥菜'는 '갓'에 해당한다. 『瘟新4』에서의 '계즈삐(芥子)'의 대응으로 볼 때 혼용되는 부분이 있지만, 구분의 이유가 있는 것으로 보인다.

『同文』에서는 '芥子계ᄌ'가 만주어 '할기 소기 이 우스'에 해당하는데, '우스(Use)'는 '種子 通稱쎄(同文1b)'로 풀이된다. 또한 '芥茱'를 '갓'에 대응하여 만주어 '할기 소기(Hargi sogi)'로 풀이한다. 둘을 엄격하게 구분한 것이다.

2.1.2.2. 묏이스랏쎄, 산미ᄌ(山梅子)

郁李仁뫼이스랏쎄又산미ᄌ<山林3>
郁李仁묏이스랏씨<增山6>
郁李仁뫼이슬앗쎄又신민지<海東抄7>
郁李仁뫼이슬앗쎄又신민지<海東定2>
郁李산이슬앗<林園仁25>

'산이스랏'은 '산이스랏나무, 산앵두나무'의 열매인 '산앵두'를 말하는 것으로 '욱리(郁李), 울리(鬱李), 작매(雀梅)'라고도 한다. 이는 『표준국어대사전』에 다음과 같이 풀이한다.

> 철쭉과의 낙엽 활엽관목. 높이는 1미터 정도이며, 잎은 어긋나고 달걀 모양으로 가장자리에 톱니가 있다. 4~5월에 연붉은색 또는 흰색의 꽃이 겨드랑이에 피고 열매는 핵과로 7월에 붉게 익는다. 열매는 식용하고, 씨는 약용하며 산기슭 숲 속에 난다.

북한 지역에서는 '산이스랏나무'를 '산이스라치'라고 한다. '산매자'는 산매자나무의 열매를 말하는데 익으면 짙은 붉은색이 되고 신맛이 강하다. '산이스랏'과 '산매자'는 둘 다 산기슭에서 자라고, 붉은 열매가 열린다는 점에서 유사해서 같이 쓰였던 것으로 보인다. 이철용(1992)은 '산미ᄌ'는 대체로 16세기까지 쓰였으며 17세기부터는 '묏이스랏쎄'가 주로 사용되었다고 하고 있다.

산미ㅈ삐 세닐굽 나출<救簡2:30>, 산미ㅈ(郁)<訓蒙上6>, 산미ㅈ삐/山梅子<村家55> 묏이스랏삐/산미ㅈ<東醫3:40>, 묏이스랏삐<濟衆15>, 묃이스랃<字類下58>

2.1.2.3. 엿귀, 료화(蓼花)

辣蓼달엿괴<四時>	蓼엿귀<穡經>	辣蓼달엿괴<山林1>
辣蓼날엿괴<山林2>	辣蓼달엿괴<增山9>	廖역긔<增山13>
辣蓼달엿괴<海東抄6>	蓼녁귀<林園仁24>	馬蓼말녁귀<林園仁24>
荘艸뇨화<林園仁24>		

『增山』과 『林園』에서만 상위개념으로서의 '엿귀(蓼)'가 등장하고 다른 농서들에는 종개념인 '날엿귀(辣蓼)'가 나타난다. 특이하게도 『增山13』에서는 한자 '廖'에 '역긔'가 대응한다. '날엿귀'는 '辣蓼달엿괴'라고도 표기되어 있는데, '辣'은 '매운'의 의미를 가지고, 음이 '날(랄)'임을 감안하면 '달'로 표기된 것은 잘못된 것이다. 그런데 '蓼'가 '엿귀'에 해당하는데, '苦蓼역괴<物譜>'라는 표기도 나온다. 현대어 '여뀌'에 대응하는 것은 '蓼'가 가장 보편적이고, '蓼莪茱'와 '蓼子'에도 대응되는 것은 다음 문헌들에서 확인된다.

역괴 : 蓼莪茱<同解下4>　　역괴 : 蓼子<杜解中33>　　넛귀 : 蓼<廣才>

다음의 예를 보면, 현대어의 '여뀌'와 같은 의미로 쓰이고 있는 '수료(水蓼)'는 '물엿귀, 물넛귀, 말넛귀' 혹은 '료화'로 쓰인다. '믈/물'은 '水'에 해당하는 표기이다. 『東醫3』에서의 '물'은 '물(水)'과 '말(馬)'의 오인에 따른 잘못된 표기이다. 따라서 『廣才』의 '馬蓼말넛귀'에서 나타나는 '馬'는 동일한 책에서 '물넛귀'와 다른 항목으로 구분한 것으로 보아 다른 종류의 '여뀌'이다. '여뀌'와 구분하여 '여뀌의 꽃'을 의미하는 '蓼花'는 『譯語下』39에서 '水蓼료화'에 대응하고 『韓漢』99에서 직접적으로 '蓼花료화'와 연결되지만 '水葒花, 葒艸'도 '蓼花'에 해당한다.

水蓼 믈엿귀＜東醫3＞	水蓼 믈넛귀＜廣才＞	馬蓼 말넛귀＜廣才＞
水葒花 료화＜譯語下39＞	水蓼 료화＜譯語下39＞	葒艸 요화＜廣才＞
蓼花 료화＜韓漢99＞		

하지만 '水葒花/葒艸'는 『廣韻』에 나타나는 '葒, 馬蓼也'라는 풀이로 보면 이는 '馬蓼'이다. 현대어에서는 '馬蓼'는 '마료, 개여뀌, 말여뀌'로 남아있고, 『廣才』에 나타나는 '믈넛귀'는 현대어의 '물여뀌'에 해당하는 것으로 설명한다. 『표준국어대사전』에 의하면 '말여뀌'는 들이나 길가에 자라고, '물여뀌'는 물속이나 물가에 자라는 것으로 구분된다. 학명도 각각 Persicaria blumei와 Persicaria amphibia로 구분된다.

2.1.2.4. 족, 쳥디(靑黛)

藍족＜增山6＞	蓼藍쪽＜海東抄3＞
藍쪽＜海東抄5＞	蓼藍쪽＜海東定4＞
靛쳥디＜增山6＞	菘藍쳥디＜海東抄3＞
菘藍쳥디＜海東定4＞	藍實쪽씨＜林園仁24＞
菘藍쳥디풀닙＜林園仁24＞	藍澱쳥디쪽지＜林園仁24＞
靑黛쳥디거품＜林園仁24＞	

'족, 쪽'은 현대어 '쪽'[2])에 해당하고, '쳥디'는 현대어 '청대(靑黛)'[3]) 또

---

2) 여뀟과의 한해살이풀. 높이 50~60cm, 잎은 어긋나고 긴 타원형. 7~8월에 붉은 꽃이 수상(穗狀) 꽃차례로 피고 열매는 수과(瘦果)를 맺으며, 잎은 염료로 씀. 중국, 인도차이나가 원산지로 아시아, 유럽에 분포.

는 '대청(大青)'4)에 해당한다. 농서 자료에서는 대체로 일정한 표기를 보이고 있으나, 기타 다른 문헌들에는 아래와 같이 다양한 양상으로 나타난다.

<table>
<tr><td>藍 족 남<訓蒙上5></td><td>족 람 藍<倭語下10></td></tr>
<tr><td>藍 쪽<廣才></td><td>쪽(小藍)<蒙喻上15></td></tr>
<tr><td>蓼藍 족 一云 小藍<譯語下41></td><td>小藍 족<蒙語下39></td></tr>
<tr><td>小藍 쳥디<同文下26></td><td>大藍 쳥디<蒙語下21></td></tr>
<tr><td>쳥듸(大藍)<蒙喻上15></td><td>馬藍 쳥디 一云 大藍<譯語下41></td></tr>
<tr><td>青黛 쳥대<廣才></td><td></td></tr>
</table>

문헌에 나타난 표기로 볼 때, '藍'을 상위의 개념으로 보고, '大藍'과 '小藍'을 하위의 종개념으로 다루어 온 듯하다. 그리고 대체로 '大藍'이 '쳥디'에 해당하고, '小藍'이 '족'에 해당하는 것으로 나타난다. 한편, '青黛'는 '金精이어나 青黛어나 므레 두마 묽게 ᄒ야<月釋10>, 板籃根 닉 兩과 貫衆과 青黛와 甘草와 各 한 兩올 ᄀᄅ 밍ᄀ라 뿌레<救急下47>'에서 보듯이 꽤 이른 시기의 문헌에서부터 한자어로 나타난다. 『增山』에 나타나는 '靛'은 다음 문헌자료에서는 '梁靛반믈드리다<同文下26>, 靛青 반물<方類27>, 染靛반믈드리다<蒙類下21>'와 같이 나타나는데, '반물'은 '검은빛을 띤 짙은 남색'을 뜻한다. '믈>물'에 대응하는 '色'의 의미를 확인할 수 있다. 『林園』에 나타나는 '藍澱쳥디쪽지'는 '澱'이라는 표기를 볼 때, '쳥대'의 '찌끼, 찌꺼기'를 의미하는 것으로 보이고, '青黛쳥

---

3) ① 쪽으로 만든 검푸른 물감. ② 한의학 : 쪽을 가공하여 만든 약재. 열독(熱毒)으로 인한 발반(發斑)과 각종 출혈증, 어린아이의 경풍(驚風) 따위에 쓴다.

4) 십자화과의 두해살이풀. 높이 70cm 정도, 줄기잎은 어긋나고 긴 타원형 또는 피침 모양. 초여름에 노란 네잎꽃이 가지나 줄기 끝에 총상(總狀) 꽃차례로 피고 열매는 둥글넓적한 장각과(長角果)를 맺음. 열매는 해독제나 해열제로 쓰고 잎은 쪽빛 물감의 재료로 씀. 바닷가에 자라는데 원산 이북에 분포.

더거품’은 ‘청더거풀’, 즉 ‘청대꺼풀, 청대껍질’로 보여진다. 한편, 『物名』
에는 ‘靑黛쪽청대<物名3>’는 ‘쪽으로 만든 물감’이라는 의미로 나타난다.

2.1.2.5. 죠피, 분디, 천죠(川椒)

蜀椒죠피나모<山林3>	蜀椒죠피나모<海東抄7>
蜀椒죠비나무여름<林園仁25>	
蜀椒쳔초<海東抄2>	蜀椒쳔죠<海東定3>
山椒분지<增山3>	崖椒산죠<農會5>
川椒죠외나무여름<農會5>	秦椒분디여름<林園仁25>

‘蜀椒’는 ‘蜀椒, 山椒, 川椒, 秦椒’ 등의 異名으로 섞여 나타난다. ‘山椒’
와 ‘秦椒’는 ‘분지’와 ‘분디’로 나타나고,[5] ‘蜀椒’는 ‘죠피, 천초’로 나타
난다. 현재 서부 경남 방언에서는 ‘제피’로 나타나 현대어의 ‘조피’와
관련된다. 한편 남풍현(1981 : 128)은 ‘山椒’에 대립되는 개념으로 ‘眞椒’
를 사용했을 것이라고 추정하고 있다. 『物譜』에 ‘秦椒난뒤’, 『物名』에 ‘崖
椒난듸나모’, 『廣才』에 ‘崖椒난듸나무又산쵸’라고도 나타나는데, 이는 현
재 경북 경산지역에서 ‘산초나무’를 ‘난대나무’라 하여 방언으로 그 흔
적이 남아 있다.

2.2. 통시적 변화

통시적 변화는 형태와 음운의 변화를 다루는 것이 일반적이다. 하지

---

5) 김병제(1980 : 302)에서 ‘분지나무’를 ‘산과 들에 나는 잎 지는 떨나무의 한가지’라고
  풀이하고 있다.

만 어휘에 있어서도 그 변화는 드러난다. 어휘에 있어서의 통시적 변화는 동일한 의미를 가진다는 전제 하에 이루어진다. 그리고 동일한 의미를 가진 어휘가 시기적인 구분에 의해 그 변화가 뚜렷하다고 인정될 때 어휘의 통시적 변화를 고려할 수 있다. 대체로 어휘 변화의 실마리는 동일한 한자어 혹은 한자 표기에 의해 발견된다.

2.1.1. 부루>상취(萵苣)

萵苣부로<山林1·增山6·海東抄2·海東抄3·林園>
萵苣부루동<增山8>
萵苣薹부루동<農會4·林園>
萵苣상취一名부루<農會5>
상취<醫宗30·方藥38>

『農會』 이전에는 전적으로 '부루'만 사용되고 있다가『醫宗·方藥』에 가면 '상취'만 쓰이게 된다. 즉 19세기 이전까지는 '부루'가 쓰이다가 '상취'와 함께 쓰이는 시기를 거쳐 19세기 중반 이후부터는 '상취'로 바뀌고, 오늘날의 '상추'로 남게 된 것이다. 한편 강원도 방언에 '부루'가 남아 있어서 강원도 방언을 동서로 구획[6]하는 기준의 하나로 이용되기도 한다. '苣'에는 '白苣, 苦苣, 萵苣'의 세 종류가 있는데, '白苣'는 '萵苣'와 비슷하나 잎이 백색이며 흰즙이 나오는 것으로 일반적으로 '苣'類를 지칭하는 이름이다. '萵苣'는 잎이 뾰족한 것이며 푸른색이다. '苦苣'는

---

6) 이익섭(1981 : 37)은 '상추'의 강원도 방언은 크게 '생추, 상추'(영서)의 계열과 '부루, 불기'(영동)의 다른 계열로 양분하였으며, 곽충구(1995)는 '부루 / 상추', '반디 / 개똥벌레'형의 분화형을 들어 강원도·경상도 동해안을 잇는 등어선과 경기도 서해안 지역과 충남 서해안 지역을 잇는 등어선을 동서분리형으로 처리하고 있다.

맛이 쓴 종류이다.[7] 『增山』과 『農會·林園』에 나타난 ‘萵苣부루동, 萵苣
薹부루동’에서 ‘동’은 ‘薹’에 해당되는데, ‘꽃줄기’ 정도의 의미를 가진
다. 이것은 현대어에서 ‘마늘종’과 같은 어휘에 남아 있다.

2.2.2. 뵈땅이삐>길경이삐(車前子)

뵈땅이삐 ᄀᆞ론 ᄀᆞᄅᆞ와<救簡2:97>   芣 뵈땅이 부<訓蒙上8>
芑 뵈땅이 이<訓蒙上8>   車前子길경이삐一名뵈땅이삐<山林3>
車前子길경이씨<增山6>   車前子길경기삐<海東抄7>
길경이삐<濟衆5·醫宗14·方藥18>   길경이<物譜10·物名3-96·字類下79>
챠젼ᄌ<痘瘡下18·馬經下79>

『山林』까지는 ‘뵈땅이삐’라는 어형이 보이나, 그 이후에는 모두 ‘길경
이삐’로 교체되어 나타난다. ‘뵈땅이’는 곤충의 ‘뵈땅이’와 같은 어형이
므로 구별하기 위해서 새로 대체된 듯하다. 『馬經』에서와 같이 한자어
‘車前子’를 그대로 쓰고 있는 경우도 있다. 한편 이익섭(1981 : 29~30)은,
강원도 방언은 크게 ‘질겡이’계와 ‘뺌장우’계로 나누어지고, 두 방언형
중 ‘질겡이’는 영서 쪽에, ‘뺌장우’는 영동 쪽에 나뉘어져 분포되는데,
함경도의 ‘빼장우’로 이어지는 것으로 보아 함경도의 영향이 이 지역까
지 뻗쳐온 것이라 할 수 있다고 하였다. 또 임소영(1997 : 41)은 ‘車前子’
로도 불리는 ‘질경이’는 한자어 ‘吉更’에서 온 말이라고 하고, 이기문
(1973 : 99)은 『鄕藥救急方』에서 ‘吉更 刀ᄉ次, 道羅次’의 표기를 볼 수 있
는 바, 한자어 吉更은 도라지를 의미하나, 질경이로 고유어화 되면서
‘빠뿌쟁이’, ‘차전초’를 지시하게 된 것으로 어휘 분화의 좋은 보기를

---

7) 本草綱目 卷二十七 ‘白苣’, ‘萵苣’條.

제시한다고 언급하였다.

2.2.3. 주지곳>할미십가비(白頭翁)

> 白頭翁草주지곳又云할미시가빗불히<增山2>
> 白頭翁할미십가비불희<林園仁20>

‘주지곳’은 농서 중에 『增山』에 유일하게 나타나는 어휘인데, 『村家救急方』에는 ‘注之花(주짓곳)’으로 나타나고, 『東醫寶鑑』에는 ‘주지곳, 주리곳, 할미십가빗불휘’ 등 여러 가지로 나타나며, 후대로 오면 ‘할미곳<物譜10>, 할미십갑<物名3:98>’으로 나타난다. ‘白頭翁(머리털이 허옇게 센 노인)’은 할미꽃을 말하는데, 이 꽃이 온몸에 짧은 하얀 털이 빽빽하게 나 있고, 꽃이 줄기 끝에서 밑을 향하여 피는데, 이런 모습에 연유하여 머리털이 허옇게 센 노인이라는 뜻의 ‘백두옹’이란 명칭이 붙은 것으로 보인다. ‘할미십가비’는 현대어 ‘할미씨깨비’에 해당하는데, ‘가는잎할미꽃’이라고도 하는 것이다.

2.2.4. 예초>묏대쵸

> 酸棗仁묏뎌쵸삐<山林3>
> 酸棗仁묏대쵸삐<海東抄7>
> 酸棗묏대툐<林園仁25>

‘예초’는 ‘멧대추’의 옛말로, 『救簡』에 ‘예초 스희디 아니케 스론 죄롤<6:20>, 예초삐 솝반량을 누르게 봇가<1:13>’으로 그 예가 나타나는데, 농서 자료에는 그 예가 나타나지 않는다. 농서 자료에서는 한자어

‘酸棗’가 ‘멧대추’에 해당하는데 ‘仁’은 ‘씨’를 지칭한다. 『山林』 이전에
이미 ‘멧대추’를 의미하는 ‘예초’는 ‘묏대쵸씨’로 대체된 것으로 보인다.

2.2.5. 멋, 농비>사과(沙果)

奈멋或云농비<增山2>

奈사과<海東抄2>　　　　林檎님금<海東抄2>

奈사과<海東定>　　　　　林檎님금<海東定>

林檎능금<林園仁25>

『增山』에 나타난 ‘농비’라는 어휘가 특이한데, ‘농비’의 오기일 것이
다. 이는 ‘奈子멀或云농비<東醫二25>’에도 보인다. ‘멋 / 농비’라는 어휘
가 『增山』까지만 나타나고, 이후에는 ‘사과(沙果)’라는 한자어로 대체된
다. 이런 양상은 다른 문헌에서도 확인할 수 있다.

奈 멀 내<類合上8>　　　　　奈子 멀 或云 농비<東醫二25>

奈子 멋<譯語上55>　　　　　奈 멋 내<類合6>

林檎 림금<倭語下7>　　　　　奈 멀 내<倭語下7>

奈 사과<廣才>　　　　　　　林檎 능금<廣才>

奈 사과 내<新訂千字文20>　　檳子 님금<同文下5>

蘋艹婆果 굴근 님금<同文下5>　檳子 림금<方類27>

蘋果 사과<方類27>　　　　　蘋果 사과<蒙v下4>

檳子 님금<蒙語下4>

한편, 농서와 다른 문헌들에서 ‘奈’는 ‘멋 / 농비’와 ‘사과’로 나타나고,
‘林檎’은 ‘님금 / 임금’으로 나타난다. 이렇게 표기가 구별되는 것은 그
의미하는 바도 서로 다르다는 것을 뜻한다. 즉, ‘奈 / 蘋果’는 ‘멋 / 농비’,

‘사과’를 의미하고, ‘林檎 / 檳子’은 ‘님금 / 임금’, ‘능금’[8]을 의미하는 것으로 서로 구별된다. 여러 다른 문헌 자료에서도 이들은 다른 항목으로 처리되어 있고, 『왜어유해』에서는 이들의 일본음 표기로 각각 ‘린꼬’와 ‘가라나시’로 나타내고 있다. 그런데 『표준국어대사전』에는 ‘농비’가 ‘능금의 옛말’이라고 하고, 『교학고어사전』에서는 ‘멋’을 ‘능금’이라고 하고 있다. 한편, 『譯語類解』에는 ‘蘋婆果 굴근 님금, 白檎 굴근 님금, 小紅 즌 님금<譯語上55>’으로 나타난다.[9]

---

8) 능금나무의 열매. 사과와 비슷한 모양이지만 훨씬 작다.
9) 이들에 대한 자세한 논의는 3.2와 3.3의 개별 어휘 항목에서 다루도록 한다.

제3장 | 농서 자료에 나타난 개별 어휘

3.1. 곡식 어휘

농서들에 표기된 곡식명은 현대어에서 거의 찾을 수 없다. 이는 농서에 나타나는 우리의 재래 품종보다는 수확량이 많은 개량종이나 수입 품종을 경작해 왔기 때문에 이들 품종이 사라진 것과도 관련이 있다. 이런 이유로 곡식명의 의미나 어원들을 규명해 내기가 매우 어렵다. 다만 농서에 있는, 각 품종(항목)에 대한 한문 해설들을 통해 그 품종이 어떤 특성을 가지고 있었는지를 알 수 있어 이런 특성들과 연관 지어 의미나 어원들을 짐작해 볼 따름이다.

먼저 농서에서의 곡식명은 벼, 콩, 조, 피, 기장, 수수 등에서 나타난다. 이들은 설명의 편의상 각각의 어휘 항목으로 나누어 설명하겠다. 이들 종류에 대한 특징은 대체로 한문으로 풀이하고 있기 때문에 이를 바탕으로 각 품종의 특성을 먼저 살펴본다. 그리고 이 특성들을 바탕으로 그 의미를 살펴보기로 한다. 이들은 품종의 특성과 함께 그 언어적 관련성을 밝히는 자료가 된다. 앞으로의 연구에서도 이러한 관련성을 점검하여 그 어휘적 특성이나 어원을 살펴보는 바탕이 될 수 있을 것이다.

농서에 나타나는 벼의 종류는 대체로 다음과 같다. 설명의 편의상 가장 이른 시기의 『금양잡록』의 자료를 중심으로 제시하고, 그 외의 농서는 비교 및 참고 자료로 하여 그 특징을 살펴보고자 한다.

> 구황되쇼리 에우디 쇠노되쇼리 사노리 소되소리 검은사노리 사노리 고새사노리 쇠노리 늦왜ㅈ 동아노리 우득산도 힌검부기 검은검부기 동숃ㄱ리 령산되쇼리 고새눈거미 다다기 구렁출 쇠노출 다다기찰 보리산도

이는 정음 표기가 있는 품종만 나타낸 것이며, 여기서 설명되지 않은 품종에는 '自蔡, 著光, 黃金子, 粘山稻'가 있다. 위 품종들의 분류체계를 볼 때 숙기별로는 早生種은 3품종, 중생종(次早稻) 4품종, 만생종(晩稻) 20품종으로 만생종 수가 압도적으로 많다. 이들의 숙기별에 따른 언어적 관련성은 별로 발견되지 않는다. 다만 쌀의 점질별 분류에 따라서는 그 관련성이 일부 발견된다. 벼 품종 풀이를 유형별로 나누어 살펴보면, 쌀의 점질(粘質)별로는 메벼(粳米벼)가 26품종, 찰벼(糯米)가 1품종인데, 찰벼는 밭벼인 '粘山稻' 하나뿐이다. 메벼 중에도 '仇郞粘구렁출, 所伊老粘쇠노출, 多多只粘다다기출'에는 '粘'이 붙어 있고, '-출'이라고 訓讀되는 것을 고려해 볼 때 이들은 찰벼의 성질을 가지고 있었던 품종으로 생각된다. 각 품종들의 성질은 까락 모양 및 색, 이삭·쌀·껍질의 색, 재배 적지, 성상, 밥을 지은 후의 품질, 벼알의 탈립성 등을 기준으로 기술되어 구별된다. 그런데 이 중에서 품종 구분은 주로 까락 모양 및 색, 이삭·쌀·껍질의 색으로 했던 것으로 보인다. 이런 특징은 부분적으로 그 명칭에 반영이 되는데 주로 색채어와 연관된 것이 많다. 예를 들어 '黑沙老里거믄사노리, 白黔夫只힌검부기, 黑黔夫只거믄검부기, 仇郞粘구렁출' 등과 같은 것은 색채어가 결합된 경우이다. '거믄'은 黑, '힌'은 白, 그리

고 '구렁'은 몽고어와의 관련성을 생각할 수 있는 것으로 '갈색'을 뜻한다. 그러므로 위 벼 품종명 중에서 현재 분석이 난해한 어휘들도 이런 맥락으로 그 가능성을 생각해 볼 수 있다. 한편 '-되쇼리'가 붙은 품종은 모두 까락이 없어 공통성을 발견할 수 있으나, 다른 품종들은 품종명에서 공통되는 부분이 있어도 일관된 특성을 추출하기가 어렵다. 김영진(2000)은『문종실록』에 나오는 '오십일조(五十日租)'[1]가 '구황조'라는 품종명에 해당한다고 볼 때『衿陽』의 '救荒狄所里구황되쇼리'일 것이라 보고 있다.

콩의 종류는 '오히와디콩, 온되콩, 블콩, 쟐외콩, 왁대콩, 봄가리풋, 져비우체, 먹풋, 올풋, 셩동풋, 몰의녹두' 등이 나타난다.

한글 표기가 없는 것은 '黑太, 黃太, 六月太, 根小豆, 靑綠豆, 東背, 光將豆, 豌豆'인데, '東背, 光將豆'는 현대어의 '동부, 광저기'인 것으로 생각된다. '吾海波知太오히와디콩'에서 '波'와 '와'의 대응이 흥미로운데, 이는 '히'의 y뒤에서 [ba]>[βa]>[wa]의 변화가 있었음을 짐작케 한다. '渚排夫蔡小豆져비우체'에서도 '夫'와 '부'의 대응을 볼 때 앞에 있는 '비'의 영향으로 '부'의 [b]가 [β]로 변화된 것으로 보인다.

기장은 '쟐으리기장, 주비기장, 달이기장, 옷기장' 등이 나타난다. '走非黍주비기장, 漆黍옷기장'은 현대국어에서 '주비, 옻기장'으로 남아 있다.

조의 목록은 '세닙히조, 윗고지조, 돋우리조, 도롱고리조, 사슴버므레조, 와여모기조, 므프레조, 져므싀리조, 새고딜이조, 경ㅈ마치조, 져므시리츠조, 셩동츠조, 누역츠조, 거믄더기조, ㄱ랏조' 등이 나타난다.

---

1) 문종실록에서 1450년 중추원사 이징옥이 상소한 내용
　臣聞民間有稻五十日而熟 故名之曰五十日租 此稻民不興用 其種亦不多也 方其播種之時 遇旱不耕至五月有雨則猶可及種而穫也 問有老農 或於麰麥旣收之後 飜耕引水種此 五十日之租 而穫利者有之 … 救荒租種…＜文宗實錄 卷4＞ 문종 즉위년 10월 경진조, 영인본 6책, p.302.

'瓜花粟욋고지조, 都籠箕粟도롱고리조, 鳥鼻衝粟새고딜이조, 擎子ケ赤粟 경ㅈ마치조, 生動粘粟싱동ㅊ조, 婁亦粘粟누억ㅊ조, 黑德只粟거믄더기조'는 현대국어에 '외꼬지, 도롱고리, 새코찌리, 경자마지, 생동찰, 누역차조, 검은데기'라고 남아 있다. '경자마치'는 '경ㅈ＋마치＋조ㅎ'로 구성된 단어이고, '누역차조'는 차조의 하나로 '누역＋출＋조ㅎ'으로 분석되는 데, '누역'은 '도롱이'의 옛말이다. '三葉粟세닙히조, 瓜花粟욋고지조'에 서 '세닙히', '고지'라고 '-이'가 접미되었는데, 이는 '臥余項只粟와여모 기조, 五十日稷쉬나리피'에서도 볼 수 있는 현상이다. 이기문(1975 : 7)은 '開羅叱粟ㄱ랏좃'에서 'ㄱ랏'은 훈몽자회(上9)의 '稂, 莠, 稊, 稗'의 釋에 보이는 'ㄱ랏'과 同一語일 것으로 추측하고 있다.

피의 종류는 '아희ᄼ리피, 쉬나리피, 댱재피, 듕올피, 강피' 등이 나타 난다. '아희ᄼ리피'는 한자 표기의 '沙'와 한글 표기 'ᄼ'의 대응이 주목 되는데, 원래 '사'였던 것이 '희'의 y뒤에서 'ᄼ'로 변화한 것으로 보인 다. '五十日稷쉬나리피'는 '五十'이 '쉰'이기 때문에 '쉰날'의 '-nn-'이 '-n-'으로 단순화된 것으로 보인다. 이기문(1975 : 8)에서는 이런 변화를 드물지 않은 현상으로 보고 있는데, 그 예로 15세기 문헌의 '호녁'(釋譜詳 節 6.3, 24.31 등)과 '쉬나믄'을 들고 있다. '阿海沙里稷아희ᄼ리피, 長佐稷 댱재피, 中早稷듕올피, 羌稷강피'는 현대어 '아해사리, 장죄피, 중올피, 강피'로 남아 있다.

수수는 '뭉애슈슈, 뿔슈슈, 밍간슈슈, 막디밀' 등이 나타난다. 농서 자 료에서 黍는 '수수'를, 麰는 '보리'를, 麥은 '밀'을 각각 나타냈던 것으로 보인다. 한글 표기가 없는 것에는 '秋麰, 春麰, 兩節麰, 米麰, 眞麥' 등이 있는데, '秋麰, 春麰, 米麰, 眞麥'은 현대국어에 '가을보리, 봄보리, 쌀보 리, 참밀'로 남아 있다. '莫知麥막디밀'도 현대국어에 '막지밀'로 남아 있다. '뭉애슈슈'는 알이 붉고 가시랭이 없는 '무웅에수수'의 옛말이다.

3.2. '멎/벚/봋'

　한 단어의 의미는 시대의 변화에 의해 여러 가지 과정을 밟는다. 한 단어의 변화는 공시적인 관점에서의 서술이 불가능하다. 통시적인 흐름을 통해 이들의 변화 양상을 기술하여야 한다. 유의어군들은 동시대에 공존할 수 있는 근거를 얻기 위하여 각각의 역할을 찾는다. 하지만 유의어가 아닌데도 형태상의 유사성으로 인해 유의어로 오인되는 경우도 있다. '멎/벚/봋'은 유의어로 오인되는 대표적인 예이다. 이들은 문헌상에서 동일한 의미를 전달하는 단어로 설명하기도 하고, 오해와 혼란 혹은 무지로 인해 동일한 단어의 잘못된 표기로 취급하기도 한다. 중, 근세국어 자료에서 유의성을 검증하는 것은 의미적 연관성을 바탕으로 한다. 동일한 문맥을 통해 교체 가능성을 살필 수 있는 직접적 자료가 드물기 때문이다. 어휘의 변화는 형태의 변화를 동반하지만 이것은 또 다시 의미의 변화도 초래할 수 있다. 하지만 단순한 형태적 유사성으로 인해 동일한 단어로 취급하는 예들에 대해서는 정밀한 검증이 필요하다. 완전히 다른 대상으로 존재하는 개체가 동일한 개체로 인정되는 것은 정밀한 학문의 연계에도 도움이 되질 않기 때문이다. 지금까지 출간된 고어사전에는 현존 단어와의 형태적 유사성과 연계하여 의미적 관련성을 설명하는 예들이 적지 않게 존재한다.

　중·근세 국어에 공통적으로 출현하는 '멎/벚/봋'[2]은 형태적 유사성으로 인해 의미적 연관성까지 확보한다. 유사한 음상의 대립이 언중들에게 혼란을 야기하고, 결국 대상에 대한 혼란까지 야기한다. 이러한 현상은 대상의 유사성까지 겹쳐지면서 더욱 심화된다. 이들에 대한 잘못

---

[2] 멎은 '멋/먿'의 형태로 나타나지만 모음 앞에 실현되는 형태를 기준으로 하여 기저형은 '멎'으로 한다. 마찬가지로 '벗/벗'은 '벚'을, '봇'은 '봋'을 기저형으로 삼는다.

된 의미 역할은 현재까지도 지속된다. 현대어에서도『표준국어대사전』
에서 이들은 다음과 같이 언급된다.

> (1) ㄱ. 멎 : 버찌의 옛말
> ㄴ. 벗 : 버찌의 준말
> ㄷ. 봧 : 벚나무의 껍질

이들은 전부 현재의 벚나무와 관련 있는 대상으로 취급한다. 이는『이
조어사전』과『고어사전』에서도 마찬가지이다.

> (2)『이조어사전』(유창돈)
> ㄱ. 멎 : 버찌, 벗   ㄴ. 벗 : 벗   ㄷ. 봋나모 : 벚나무
> (3)『고어사전』(남광우)
> ㄱ. 멎 : 버찌, 벗   ㄴ. 봋 : 벚나무

이들은 농업진흥청에서 해설한 농서 자료에서도 '柰樹'는 '벚나무'로
'柰子'는 '버찌'로 해석한다.[3] 그리고 부천의 활박물관 소장품 감상 페
이지에서는 '樺皮'를 벚나무 껍질로 설명한다. 하지만 결론적으로 말한
다면, 이들은 현재의 '벚나무'와 이의 열매인 '버찌'와 관련이 없다. 본
고는 이들의 논의에서 야기된 혼란의 현상 및 원인을 살펴보면서 이들
의 의미적 현상을 추적하기로 한다.

---

3) 농업진흥청 발간 증보산림경제의 '멋' 항목에서 '柰樹벚나무, 柰子버찌'로 해석하고 있
다. 그리고 증보산림경제에서는 '林檎'과 크기를 비교하여 '柰子버찌'는 임금보다 작다
고 설명한다.

3.2.1. '멎/벚/봊'의 혼란상

'멎/벚/봊'은 분명히 상이한 대상이다. 하지만 이들을 동일한 대상으로 판단한 흔적이 문헌상에서 여럿 발견된다.

'멎'은 '멋'과 '먿'의 형태로 출현한다. 유창돈(1985)에서는 '멎'을 현대어의 '버찌, 벚'으로 해석한다. 그런데 같은 책에서 '먿(柰)'은 '林檎, 사과'에 대응시킨다. 서로 다른 의미로 파악한 것이다. 형태상으로 '멋(먿)'과 '멎', 그리고 '벗(벋)'과 '벚'의 혼란은 이들의 명칭에 대한 혼란을 더욱 가중시킨다.[4] 이는 결국 대상에 대한 혼란까지 야기한다. 문헌에 나타나는 이들에 대한 설명을 시대적으로 구체화 시켜 그 대상을 세밀하게 살펴 볼 필요성이 제기된다.

『두시언해』에서는 '멎'이 한자 '楙'에 대응한다. 『훈몽자회』에서 '楙'은 '멋내通作柰'로 설명하고 있다. 결국 '楙'와 '柰'는 통용된다. 『대한화사전』에서도 '楙'는 '果樹の名, 柰の俗字'로 설명하여 통용됨을 보인다. 그런데 『두시언해초간본』에서는 '멎'이 『두시언해중간본』에서는 '벚'에 대응하는 예가 (4)에서 확인된다. 그리고 『두시언해중간본』에서는 '벚'과 함께 '멎'도 동시에 출현한다. '멎'과 '벚'이라는 두 언어 형태가 『두시언해중간본』에서는 동일한 의미로 동시에 사용된 것이다.

    (4) ㄱ. 니근 <u>머지</u> 곳답도다(熟楙香, 두초15:23)

         ㄴ. 니근 <u>버지</u> 곳답도다(두중15:23)

    (5) ㄱ. 오란 어드우믄 흰 <u>멎</u> 남기 하고(宿陰繁素楙, 두초20:51)

         ㄴ. 오란 어드우믄 흰 <u>멎</u> 남기 하고(宿陰繁素楙, 두중20:51)

---

4) '멋(먿)'과 '멎', 그리고 '벗(벋)'과 '벚'의 형태에 대한 기저형은 각각 '멎'과 '벚'으로 잡는다는 것은 이미 언급하였다. 두시언해(15:23)에서 나타나듯이 모음 앞의 형태가 '멎'과 '벚'으로 실현되기 때문이다.

그러나 위의 예문으로 봐서는 이것이 정확하게 무엇을 지시하는 것인지 명확하지 않다. 다만 한자 '㮕'를 고려할 뿐이다.

당시에 '멋(멎)'과 '벗(벚)'이 혼동되었다는 언급5)은 『농정회요』의 '㮕俗稱벗非'에서도 확인된다. '㮕'는 '벗'이 아니라는 설명이다. 이는 당시에 '㮕'를 '벗'이라고 부르는 것이 잘못이라는 것을 지적한 것이다. 그리고 이러한 설명은 『물명고』<권4-木>의 '林檎' 항목에서 '我東北道有呼멋者是也云而今之少見者訛傳爲벗有識者又以爲사과均非也'라고 언급된다. 동북도에서는 '林檎'을 '멋'이라고 부르는 것이 맞는데도 少見者는 이의 와전인 '벗'으로 쓰는 것을 지적한다. 아울러 有識者 또한 '林檎'을 '사과'로 지칭하는데 이도 잘못된 것임을 지적한다. 이러한 혼동은 이 시기에 여럿 나타난다. '벚(벗, 벋)'이 지칭하는 대상이 '㮕'를 비롯하여, '黑櫻桃, 山桃, 野櫻' 등에도 대응한다. 17세기 자료인 『역어유해』에서는 '멋(㮕)'과 '벗(山桃)'이 분명히 구분된다. 그러나 18세기 후반이 되면 '㮕'에 대응하는 '멋(멎)'이 사라지고 이후 '멋(멎)'은 더 이상 문헌상에서 나타나지 않는다. 이때를 기점으로 문헌상에서는 동일한 한자 '㮕'에 대한 '멎'과 '벗'의 혼란이 드러나지 않는다.

(6) ㄱ. 멋(㮕子, 역상55), 벗(山桃, 或云烏櫻桃, 역상55)
    ㄴ. 벋(黑櫻桃, 물명고4木), 벗(山桃, 물명고4木)
       벗 내(㮕, 周千3), 벗(野櫻, 物譜木果)

다만 19세기 자료인 『아언각비<三媤>』에 '㮕者蘋婆也 訓之爲山櫻(方言㮕曰沙果 山櫻曰벗 又訛爲멋)'이라는 설명이 나온다. 여기서 보면 '㮕'는 '蘋婆'인데, 이를 뜻하여 '山櫻'이라 한다'라고 하고, 방언에서는 '㮕'를

---

5) '벗'은 '멋'에서 변했을 가능성은 '숨막질>숨박질', '곤두막질>군두박질' 등에서도 확언된다.

'沙果'라고 하고, '山櫻'은 '벗'이라 칭했는데 '멋'이라고 잘못 쓰인다고 하였다. 지금까지 '멋'에 대응한 '柰'는 '蘋婆, 沙果'라는 새로운 어형과 대응하고, '山櫻'이 '벗'과 대응한다. '柰'와 관련한 '멋'과 '벗'의 혼란이 '山櫻'으로 옮겨간 것이다. 다만 '벗(벚)'에 대한 설명에서 이전에 쓰였던 '멋(멎)'이 비교 언급된다. '山櫻'에 대응한 '벗'이 설명의 중심이 되고 기존의 '멋'은 잘못된 쓰임으로 부가 설명된다. 그러나 일상에서는 여전히 '멋'과 '벗'이 혼란스럽게 쓰였음을 간접적으로 짐작할 수 있다. 결국 이러한 오해와 혼동은 식물의 형태적 속성이 유사한 것에 기인한다. 그리고 이들에 대한 정밀한 검증 없이 언어의 형태적 유사성에 근거한 추정으로 이러한 혼란은 가중된다. 더욱이 새로운 품종의 등장은 새로운 어형과 연결되어야 하지만, 처음부터 기존의 품종과 관련하여 판단함으로써 이러한 혼란은 더욱 심해진다. 결국 이러한 잘못은 문헌 기술 당시, 식물학적 혹은 언어적 지식의 결여로 연결되어 상이한 대상에 대한 명칭의 혼란이 빚어진 것이다. 이러한 오류는 특별한 검증 과정을 거치지 않고 현재까지 영향을 미치고 있다.

그런데 '벗'이 '山櫻'에 대응한다는 것은 『아언각비』에서 언급하였다. 그렇다면 이는 『해동농서』에서 언급한 '벗(樺實)'과도 명칭에서 혼란이 있는 것이 분명하다.[6] 그런데 현대어의 '벚'으로 설명하는 '화목(樺木)'은 문헌에서 '봇(봊)'[7]으로 광범위하게 분포한다. 『훈몽자회＜상10＞』에서도 '樺봇화俗呼樺皮木'으로 나온다. 이로 볼 때, 이때의 '봇'은 현대어의 '벚'과는 관련이 없는 품종이다. '樺'는 19세기 자료인 『자류주석』에 '봋

---

6) 명칭에 대한 혼란은 안명철(1999)에서도 언급되는데, '벚나무'는 '櫻', '봊나무'는 '樺木'에 대응하여야 함을 지적하였다.

7) '봇'의 기저형도 이미 언급한 대로 모음 앞에서 실현하는 형태를 기준으로 '봊'으로 잡는다.

화木皮可爲燭又貼弓華通或作檴'로 풀이한다. 그런데 이는 『자전석요』에서 '皮可貼弓벗나무화(樗通)'로 풀이한다. '벗나무'에 대응된 것이다. 따라서 이때까지도 '볻(봊)'과 '벗(벚)'은 혼동된다. 따라서 '멎'과 '벚', 그리고 '봊'은 동일한 의미를 가진 단어로 취급하기도 하면서, 또한 상이한 어형으로 언급되기도 하였다. 결국 '멎, 벚, 봊'에 대한 혼란은 이들에 대한 식물학적인 오해와, 언어적인 형태의 유사성으로 비롯된 것임을 간접적으로 짐작할 수 있다. 현재의 『표준국어대사전』에서는 '벚나무'와 '산벚나무'는 서로 비슷하다고 언급하면서 한자는 동일한 '山櫻'에 대응시킨다. 여기서는 이들과 상관성이 떨어지는 '樺木'도 동일한 항목에 포함시키고 있다. 문헌에 등재된 이들 관련 내용을 광범위하게 점검할 필요성이 제기된다.

3.2.1.1. '멎'의 의미

『계림유사』에 '林檎[8]曰閟子訃[9]'가 언급되고, 강신항(1980 : 49)에서는 이를 '문△ᄫᆡ'로 재구한다. 이에 대한 방증 자료로 『역어유해<상55a>』의 '抄梨문빈一云山산梨리'를 들고 있다. 반면에 김완진(2002 : 1-19)에서는 閟子訃를 '멎'으로 재구한다.[10] '멎'은 '멋'과 '먿' 그리고 '멎'의 형태로 여러 문헌 자료에서 확인된다. 그러나 '檖'를 '李時珍曰山梨野梨也'로 설명하고 있고, '樝'는 禮記內則에 '相梨薑桂'라고 하면서 '相'는 '배 중에서 좋지 않은 종류'라고 설명한다. 이는 '아가비(물보果)>아가외'와

8) 順治板 說郛에는 林檎으로 표기되었지만, 중화민국 16년(1927) 張宗祥(涵芬樓) : 校印明鈔本說郛 卷제55에는 '禽'으로 표기된다.

9) 順治板 說郛에는 訃로 표기되었지만, 중화민국 16년(1927) 張宗祥(涵芬樓) : 校印明鈔本說郛 卷제55에는 '計'로 표기된다.

10) 김완진(2002 : 16-17)에서 訃(혹은 計)가 다음 항의 첫 글자임을 밝히면서 林檎曰閟子로 살펴 閟子를 '멎'으로 재구하였다. '멎'은 15세기 문헌 자료에서부터 보편적이다.

관련이 있는데,『역어유해<상55a>』에서의 '棠梨즌비'에 해당한다. 이로 볼 때, 의미상 '林檎'은 '문비'와의 관련성은 떨어지는 것으로 보인다.[11] 하지만 '林檎'은 '柰'나 '멋' 혹은 '농비', '사과' 등과의 관련성이 직접적으로 확인된다.

『색경』에서는 '林禽'에 '柰'를 병기하고 있다. 이에『색경증집』은 '林禽'에 '柰농비'를 부기한다. 이들에 대한 해설에서 '林禽'과 '柰'는 동일한 항목 내에서 壓條法으로 재배할 것을 권한다.『증보산림경제』에서는 '柰멋或云농비'로 나타난다. '농비'는 '농비'의 오기이다.『해동농서』에서는 '柰사과'와 '林檎님금'을 구분하고,『농정회요』에서는 '柰'와 '林檎'을 구분하고 있다.『색경증집』의 '柰농비'와『증보산림경제』의 '농비'는『동의보감<2:25>』에서 '柰子멀或云농비'로 나타난다. '柰'가 '멋(멀)'에 대응하는 예도 여럿 보인다.

    (7) 柰멀내(類合上8), 柰子멋(譯語上55), 柰멀내(가라나시, 倭類下7)

그런데 동일한 한자인 '柰'가 19세기 이후에는 '사과'에 대응하기도 한다.

    (8) 柰사과(廣才), 柰사과내(新訂千字文20)

이로 볼 때, '柰'를 중심으로 '멀(멋, 몇)'은 '사과'와의 동의적 측면이 확인된다. 그런데 '사과'는 18세기 문헌에서 '蘋果'에 대응하기도 한다. 그렇다면 '柰'와 '蘋果'의 동의성도 확인된다.

---

11) 김완진(2002 : 6-7)에 사과와 배의 혼란에 대해서 번역상의 문제나 환경에 따라 가능했음을 실례를 들어가며 설명하고 있다.

(9) 蘋果사과(方類27), 蘋果사과(蒙類下4)

다음의 18세기 문헌에는 '檳子'에 '님(림)금'이 대응한다. 여기서도 '檳子'와 '林檎'의 동의성이 확인된다.

(10) 檳子님금(빈스, 同文下5), 蘋蔆果굴근님금(펑우, 同文下5), 檳子림금
    (方類27), 檳子님금(蒙類下4), 林檎림금(린꼬, 倭類下7)

『삼강행실도』에서도 '멎'이 나온다. 그런데 여기서는 '멎'이 '丹柰'에 대응한다.

(11) <u>멎</u>지 여럿거늘 어미 디킈라 ᄒ대(有丹柰結實母命守之, 삼강효17)

'丹柰'는 '柰'의 종류로 적색인 것을 '丹柰' 혹은 '朱柰'라고 한다는 것이 『해동농서』, 『농정회요』, 『본초강목』 등에서 확인된다.[12) '멎'은 16세기의 다음 자료에서 '멋'과 '멀'으로 언급된다.

(12) ㄱ. 㮈멋내通作柰(훈몽상11)
    ㄴ. 柰멀 내(유합상9)
    ㄷ. 블근 멀이 이셔 여롬미 잣거늘(丹柰, 소언6:22)

『소학언해』에서의 내용은 『삼강행실도』와 동일한데, 열매가 '블근' 것이라는 내용이 확인된다. 이는 『해동농서』, 『농정회요』, 『본초강목』 등에서 언급된 '素柰(백색), 綠柰(靑色)'와 함께 三色의 '柰' 중 하나이다. 17

---

12) 이 글에서는 자료의 연원관계는 고려하지 않기로 한다. 농서 자료에서는 인용 자료를 예시하기도 하고 참고한 내용도 확인할 수 있기도 하지만, 이 글은 자료의 내용이 중요한 것이기 때문에 별개의 자료로 취급하여 언급하기로 한다.

세기 자료에서도 '멀'과 '멋'이 통용된다.

    (13) ㄱ. 㮈子멀或云농빅(동의보감2:25)
        ㄴ. 멋(㮈子, 역어上55)

『동의보감』에는 '㮈子'의 설명에 '性寒(一云冷)味苦(一云澀苦)無毒益心氣 和脾補中焦諸不足氣 在處有之似林檎而小多食令人脹'이라 하여 『본초』를 인용한다. 『역어유해』에서도 '멋'에 '㮈子'가 대응한다. 이는 현대 중국어의 과수류의 명칭에 나타나는 '-子'의 쓰임과 무관하지 않다(梨子, 栗子, 李子, 柿子, 桃子 등). 『박통사언해』 <상4a-b>에서도 '榛子, 松子, 栗子, 荔子, 柑子, 杏子' 등에서 이와 동일한 명칭이 쓰인다. 이는 『역어유해』 <상55>에서도 '柿子, 栗子, 榧子, 李子, 松子, 榛子, 杏子, 桃子, 柑子, 㮈子, 柚子' 등과 같이 마찬가지이다. 『왜어유해』에서는 '멀'에 대해 일본어 '가라나시(からなし)'를 대응시킨다. 이는 배의 생김새와 유사한 속성을 반영한 것이다. 이는 '농-빅'와 관련 있는 명칭으로 보인다. 이는 '梨 兒빅'의 종류인, '香水梨믈한빅, 棠梨쥰빅, 抄梨문빅一云山산梨리'와 동일한 구성으로 생각된다. 『대한화사전』에서도 㮈는 '木の名, からなし, べにりんご'로 풀이하면서, 大而長者爲㮈圓者爲林檎으로 '㮈'와 '林檎'을 구분한다. 이때의 'から'의 의미가 '농-'과 관련 있을 것으로 보인다. 그런데 한자가 아닌 정음 표기로 이루어진 '사과'가 18세기 후반, 『해동농서』 이후에 출현한다. 이는 『광재물보』나 『新訂千字文』에서도 보인다. 지금까지 한자 '㮈'는 '멀(멋)'에 대응하는 것이 보편적이었다.

    (14) ㄱ. 㮈멀내(가라나시, 倭類下7)
        ㄴ. 㮈사과(廣才), 㮈사과내(新訂千字文20)

그런데 이 시기는 '柰'가 '벗'과 혼용되는 시기이기도 하다. 결국 '柰'에 대응한 '멎'은 18세기 후반이 되면, 점차 정음 표기인 '사과'로 넘어간다. 규장각본『물명고』에도 '柰'는 '含桃잉도'와 같은 것으로, '檳子'는 '잔林檎', '野櫻'은 '벗', '來禽'을 '林檎'에 각각 대응시키고 있다. 결국 '멎'과 '벗'의 혼동은 '멎'의 사어화를 야기한다. 그런데 이때의 '벗'은 형태상 현대어의 '벗'으로 해석하는 경우가 많다. 실질적으로 '멎'은 현재의 사과와 관련이 있는 품종이다.[13]

3.2.1.2. '벗'의 의미

'벗'은 문헌에서는 '멎'의 와전으로 설명되는 것이 대부분이다. 하지만『아언각비』에서는 '벗'에 대한 와전으로 '멎'이 설명된다. 18세기 후반을 기점으로 '柰'에 대응하던 '멎'은 '사과'라는 새로운 어형에 대응하면서 과거의 언어적 형태가 되었기 때문이다. 그런데 이때의 '벗'이 현재의 '벗나무'와 관련이 있는지에 대해서도 정밀하게 점검해 볼 필요가 있다. 일반적으로 지금의 '벗'과는 다른 점이 곳곳에서 확인되기 때문이다. 그런데 '멎'과의 관련성을 배제하고라도 '벗'은 다양한 문헌에서 상이한 대상과 광범위하게 대응한다. 논의의 편의상 (3)의 예문을 다시 인용한다.

(6′) 벗(山桃, 或云烏櫻桃, 역어上55) 벋(黑櫻桃, 물명고4木), 벗(山桃, 물명고4木), 벗(野櫻, 物譜木果)

---

13) 김완진(2002)에서 '멎'과 '사과/林檎'의 의미적 관련성을 살펴본 적이 있지만 이들에 대한 구체적 의미 연관성이나 시대적 변화를 동반한 유의어로서의 기술은 아직까지 보이지 않는다. '멎'이 가진 '사과'와의 의미적 관련성 및 정밀한 의미 검증은 '林檎, 蘋婆' 등과 관련하여 3.3에서 다룬다.

『물명고』에서 '벗'과 '벋'의 의도적 구분이 조금 보이긴 하지만 대체로 '벗'은 '山桃, 烏櫻桃, 黑櫻桃, 野櫻' 등에 광범위하게 분포한다. 여기에 '柰'도 '벗'으로 지칭한다. 문헌상에 나타난 특성만으로 본다면 '벗'은 대상의 유사성에 의한 다의어이다. 이러한 다의성이 현재의 '벚'과 자연스럽게 연결된 것이다. 결과적으로 현재의 '벚'은 '벚나무'의 보급과 함께 다의성을 가진 '벗'에서 의미적인 축소가 진행된 것이다. 그리고 상대적으로 보급이 확장되지 못한 '山桃, 烏櫻桃, 黑櫻桃, 野櫻' 등은 한자에 기인한 명칭으로 한정된다. 『표준국어대사전』에서는 '벚나무'와 '산벚나무'가 각각 언급되는데, 이들은 다음과 같이 설명하고 있다.

> 벚나무 : 장미과의 가는잎벚나무, 개벚나무, 잔털벚나무, 털벚나무 따위를 통틀어 이르는 말' 산앵(山櫻), 화목(樺木). 장미과의 낙엽 활엽 교목. 높이는 20미터 정도이며, 잎은 어긋나고 끝이 뾰족한 타원형에 잔톱니가 있다. 봄에 엷은 붉은색 오판화(五瓣花)가 산방(繖房) 또는 산형(繖形) 화서로 잎보다 먼저 피고 열매는 핵과(核果)로 '버찌'라고 하여 7월에 검은 자주색으로 익는다. 열매는 식용하고 나무껍질은 약용한다. 관상용이고 산지(山地)와 마을 부근에 저절로 나는데 한국, 일본, 중국 등지에 분포한다. (Prunus serrulata var. spontanea)
>
> 산벚나무 : 장미과의 낙엽 활엽 교목. 벚나무와 비슷하나 수피가 검은 밤색이다. 높이는 25미터 정도이며, 잎은 달걀 모양의 타원형 또는 넓은 타원형이다. 봄에 연붉은색 꽃이 산형(繖形) 화서로 피고 여름에 까만 핵과(核果)를 맺는다. 바다에 가까운 숲 속에 나는데 한국, 일본, 사할린 등지에 분포한다. 벚나무, 산앵(山櫻). (Prunus sargentii)

『표준국어대사전』의 '벚나무' 설명에 언급된 것을 보면 이의 하위 품종이 '가는잎벚나무, 개벚나무, 잔털벚나무, 털벚나무 따위'로 여러 종류가 있음을 확인할 수 있다. 하지만 주목할 것은 문헌자료에서 언급된 '山櫻'이 '벚나무'와 '산벚나무'에 동일하게 언급된다는 사실이다. 하지만 '벚나무'와 '산벚나무'는 수피의 색이나 개화의 순서, 그리고 나무의 크기에서 구분된다. 이러한 특성과 관련하여 문헌에서 언급되는 '山櫻'을 통해 그 연관성을 찾고자 한다. 『농정회요』에서는 『본초』를 인용하여 다음과 같이 언급한다.

> 一名朱桃 一名麥櫻 一名英豆 一名李桃. 나무는 朱櫻[14]과 같지만 잎이 뾰족하고 길어 둥글지 않으며 씨가 작고 뾰족하다. 날것은 청색이고 익으면 황적색인데 역시 광택이 없고 맛이 나빠서 먹지 못한다. 맛이 시고 평이하며 독이 없다.

『표준국어대사전』의 자료와 그 특성을 비교해도, 뚜렷한 구분을 짓기는 쉽지 않지만, 열매를 기준으로 생각하면 광택이 없다는 것과 맛이 나빠서 먹지 못한다는 정보가 '산벚나무'와 유사하다. 하지만 이들은 서로 다른 품종임은 쉽게 확인된다. 『표준국어대사전』에서는 '山櫻'에 대한 정보가 모두 '벚나무'와 관련이 되지만 '山櫻'은 오히려 현재의 '산앵두나무'와 관련이 있다는 것은 『농정회요』의 '山櫻桃' 항목에서 확인된다. '산앵두나무'의 '앵두'는 '벚나무'의 '버찌'와 상당히 유사하다. 『표준국어대사전』에서 '산앵'은 '벚나무' 혹은 '산벚나무'에 대응하는데, '산앵두나무'는 다음과 같이 설명한다.

> 진달랫과의 낙엽 활엽 관목. 높이는 1미터 정도이며, 잎은 어긋나고 달걀 모양으로 가장자리에 톱니가 있다. 4~5월에 연붉은색 또는 붉은색의 꽃이 총상(總狀) 화서로 피고 열매는 장과(漿果)로 8~9월에 붉게 익는다.

---

14) 동일 책 櫻桃 항목에서 열매가 深紅者인 것을 朱櫻으로 설명한다.

열매는 식용하고, 씨는 약용하며 관상용으로 재배한다. 산기슭 숲 속에 나는데 한국, 만주에 분포한다. 늑쟁나무·당체(棠棣)·산앵두·산이스랏나무·이스랏나무·천금등(千金藤). (Vaccinium koreanum)

'산앵두나무'가 진달랫과에 속하는데, '앵두나무'는 벚나무와 동일한 장미과이다.

장미과의 낙엽 활엽 관목. 높이는 3미터 정도이며, 잎은 어긋나고 표면에 잔털이 있는 달걀 모양이다. 4월에 흰색 또는 연분홍색 꽃이 잎보다 먼저 피고, 열매는 핵과(核果)로 작고 둥글게 열린다. 열매는 식용하고 정원수로 기른다. 한국, 일본, 만주 등지에 분포한다. (Prunus tomentosa)

이로 볼 때, 당시의 '벚'은 '山櫻' 외에도 '山桃, 烏櫻桃, 黑櫻桃, 野櫻' 등에 광범위하게 대응한다. 그리고 이때의 '山櫻'은 당연히 '앵두나무' 혹은 '산앵두나무'와 관련이 있다. 이는 현재의 '벚나무'와 수목과 열매에 있어서 유사성을 보인다. 하지만 이들은 별개의 품종이다. 다만 당시에 '山櫻'에 대응한 고유어 명칭 '벚'으로 인해 현재의 모든 사전들에는 현재의 '벚나무'와 언어적 형태가 동일한 '벚'으로 오인한 것이다. 결국 당시에 쓰였던 '벚'은 현재 우리나라에 광범위하게 분포하고 있고, 널리 알려진 '벚(벚나무)'을 포함한 다의적 의미를 가진 명칭 중 하나의 의미에 해당할 뿐이다. 따라서 현재 쓰이고 있는 '벚'은 수종의 유사성과 함께, 수종에 대한 특별한 보급 의도와 관련하여 기존의 다양한 품종에 쓰이던 단어를 현재의 한정된 '벚'으로 고정시킨 것이다.

3.2.1.3. '꽃'의 의미

『표준국어대사전』에서 '벚나무'는 '山櫻'과 '樺木'에 대응한다고 설명한다. '樺木'이 '자작나무'와 관련이 있어, 『표준국어대사전』에서 '자작나무'에 대한 설명을 제시한다.

> 자작나무 : 자작나뭇과의 낙엽 활엽 교목. 높이는 20~30미터이며, 나무껍질은 흰색이며 종이처럼 벗겨진다. 잎은 어긋나고 삼각형의 달걀 모양이다. 4~5월에 단성화가 수상(穗狀) 화서로 피고 열매는 작은 견과(堅果)로 10월에 익는다. 나무껍질은 약용·유피용(鞣皮用)으로 쓰고 목재는 기구(器具)에 쓰며 산기슭의 풍치림의 조성에도 적당하다. 한국 북부와 일본, 중국, 시베리아 동부 등지에 분포한다. 백단(白椴), 백화(白樺), 자작. (Betula platyphylla var. japonica)

'벚나무'와 '산벚나무'는 같은 장미과의 낙엽 활엽 교목으로 유사하지만 '자작나무'와는 차이가 난다. 이때의 '멎'과 '벚'은 음상의 유사성과 함께 수목의 유사성으로 혼란을 야기한 것이 분명하다. 그런데 이러한 혼란은 '벚'과 '봊'에서도 확인된다.15) 『해동농서』에는 '樺實'에 '벗'이 대응하는데 이는 다의성을 가진 '벗'과 관련이 있다. '봊나무'의 열매도 '벗'에 대응시킨 것이다. 『해동농서』에서 언급된 내용은 다음과 같다.

> 樺實은 그 나무가 山桃(소귀나무)와 비슷하다. 껍질은 노랗고 작은 반점이 있어 화살촉을 만들거나 활을 싸맬 수 있다. 깊은 산 속에서 자라며 정원 안으로 옮겨 심을 수 있다. 나무는 아주 키가 크고 웅장하다. 3월에 약간 붉은 색의 꽃이 피고 열매를 맺는다. 처음에는 열매가 푸르다가 붉어진다. 다 익으면 약간 검은 칠을 한 것 같다. 앵두와 동시에 익거나 약간 먼저 익는다. 일본의 민간에서는 이 꽃을 櫻花라고 하여 아주 중하게 여긴다.

---

15) '벚'과 '봊'의 혼란에 대한 논의는 안명철(1999 : 71-81)에서 남북한어 사전을 비교하면서 제기된 바 있다.

『표준국어대사전』에서는 '벚나무' 항목의 설명에 '樺木'이 언급된다. 이는 '樺木'의 열매인 '樺實'에 '벗'이 대응한 것과 무관하지 않다. 그런데 『표준국어대사전』에서 언급된 '자작나무'와 '樺實'에서 언급되는 '樺木'은 다른 종류임은 쉽게 짐작이 된다. 물론 鞣皮用이라는 나무껍질의 쓰임에서 유사성을 보이고는 있다. 하지만 나무의 색깔이나 열매의 모습에서는 차이가 난다. 서로 다른 종류인 것이다. 여기서 주목할 것은 『해동농서』에서 '山桃'와 비슷하다라는 설명과 '앵두'와 동시에 익거나 약간 먼저 익는다라는 '앵두나무'와 관련을 지은 설명이다. 이로 볼 때, '꽃'이 '벗'과 혼란을 불러일으킨 것 역시 '꽃'도 '山櫻'과 속성에 있어서 유사하다는 것 때문이다. 그렇지만 '樺木'은 『해동농서』에서 '화살촉을 만들거나 활을 싸맬 수 있다'라는 설명에 비추어 볼 때, '벗'과는 엄격하게 구분된다. 결국 이들도 수목의 유사성으로 인해 현재의 혼란을 야기한 것이 분명해진다. 그런데 '樺實'과 '봇(꽃), 봇(꽃)나모'의 구분은 문헌에서 비교적 분명하게 드러난다. 일단 '樺實'은 그 열매이고, 樺木은 해당 나무이다. 그런데 일반적으로 '버찌'는 '벚나무'의 열매이다. 그렇다면 일반적으로 '봇'은 그 열매이고, '봇나모'는 '樺木'에 해당한다. 그런데 그 열매에는 '樺實'이 대응한다. 그런데 이 '樺實'에 '벗'이 대응한 것이다. 그런데 문헌자료에서 '봇'은 나무의 껍질에 대응하는데 이때의 '벗'과는 차이가 있다. 여기서의 '벗'은 나무의 열매이지만 '봇'은 껍질을 지시하는 것이 명확하다. 이렇게 볼 때, '벗'은 '樺實'에까지 상당히 광범위하게 쓰인 것이다. '벗'은 현대어의 '벚(버찌)'과 유사한 것으로 보이는데 이러한 유사성을 가진 모든 열매가 전부 고유어 명칭인 '벗(벋)'으로 쓰였다. 결국 '벗(벋)'은 '山櫻, 山桃, 烏櫻桃, 黑櫻桃, 野櫻' 등과 '樺實'에까지 다양하게 분포하는데, 이들은 전부 '柰'에 대응한 '멋'과 혼동된다. 결국 '柰'에 대응한 '멋'은 그 열매가 유사한 '벗'과 혼란을 야기한 것이다. 그리고 이들 나무들의 열매와 '樺實'과의 유사성은 결국 '벗'이 '樺實'에도 확대, 대응한 것이다. 그러니까 '벗'은 하나의 특정 열매에 대응한 것이 아니라, '처음에는 열매가 푸르다가 붉어진다. 그리고 다 익으면 약간 검은 칠을 한 것 같은 열매'에 광범위하게 적용된 것이다. 그러니까 '벗'과 '봊'은 비교의 대상이 되질 않는다. '벗'은 '樺木'과 관련이 있다고 하더라도 이는 열매인 '樺實'에 대응하고, '봊'은 그 나무의 껍질에 해당하기 때문이다. 이들에 대한 구분은 『동의보감』과 『역어유해』에서 대응하는 한자로 더욱 명확해진다. '봇'은 '樺木皮'에 대응하고, '봇나모'는 '樺皮木'에 대응한다. '봇나모'는 껍질의 쓰임과 밀접한 관련을 맺고 있다는 것은 나무의 명칭에서도 드러난다. 열매가 아닌, 껍질이 주로 쓰였기 때문에 열매에 대한 고유어 명칭은 없고 껍질에 대한 명칭만 존재하는 것이다. 이는 『물명고』에서도 마찬가지이다. '樺木'이 '봇나모'에 대응한다. 그리고 이때의 '樺'는 다음 문헌에서 나타나는 '봇'의 쓰임과 일치한다.

> (15) ㄱ. 날을 뷘 후에 <u>봇</u> 닙히라(樺一樺, 박초상53b)
>
> ㄴ. 누론 <u>봇</u> 닙힌 활(黃樺弓, 노하27b)
>
> ㄷ. 이 호댱 활은 엇디 <u>봇</u> 아니 닙폇ᄂ뇨(不樺了, 노걸하28a)
>
> ㄹ. <u>봇</u> 닙피면 살 사름이 밋디 아니홀 써시니(樺了買的人不信, 노걸하28b)
>
> ㅁ. <u>봇</u> 닙펴도 더듸디 아니리라(樺了也不遲裏, 노걸하28b)
>
> (16) ㄱ. 봇(樺木皮, 동의 3:42b), 華(거셩, 樺樓木名皮可貼弓봇, 사해하32), 樺(봇, 물보잡목)
>
> ㄴ. 봇나모(樺皮木, 역하42), 봇나모(樺皮樹, 동문하44)(한한402c), 樺木봇나모(유물4木)

(15)의 예문으로 볼 때도, '봊'은 나무의 껍질과 관련이 있음이 분명

하다. 결국 '봊나무'의 껍질이다. (15ㄹ)의 예문으로 추측하건데, 활에 봊을 입혀 버리면 활의 내용물을 분간할 수 없을 정도가 되는 것으로 보인다. 그래서 활을 흥정한 후에 봊을 입히는 과정을 밟는 것으로 추측된다. (16ㄱ)의 예로 볼 때, '樺'는 껍질과 나무를 동시에 지칭한다. '樺'의 자석어인 '봊'은 결국 '樺'의 쓰임과 마찬가지로 껍질과 나무를 동시에 지시한다. 그렇지만 '봊'과 '봊나무'의 구분은 (16ㄱ)과 (16ㄴ)의 예로 볼 때, '皮'와 '木'으로 의도적인 구분을 하고 있었다는 것을 확인할 수 있다. 그런데 『표준국어대사전』이나 모든 한자 사전에서 '樺'는 자작나무에 대응시키고 있는데 이는 이때의 '봊나무'와 관련이 있다. 그러나 『역어유해<하42>』에서는 '沙木ᄌᆞ작나모'와 '樺皮木봊나모'가 구분되어 나오는데 이로 볼 때, '봊나무'는 '자작나무'와도 구분된다. 『표준국어대사전』을 보면 자작나무의 껍질을 유피용(鞣皮用)으로 쓴다고 하는 것으로 보아 그 유사성은 짐작된다. 『본초강목』의 '樺木' 항목에 '似山桃皮堪爲燭'이 나오는 것으로 보아 '山桃皮와 유사하다'는 나무의 유사성이 음상의 유사성과 관련하여 혼란을 야기한 것이다. 『대한화사전』에는 이것이 '華'와 통하는데 '華'는 곧 '樺皮'로 '貼弓者'로 설명한다. 동일한 대상이다. 또한 '沙木'은 'くわうえふざん、りゆうびがや、おらんだもみ, 松科に屬す 粆木 粘, 杉木, 檠木, 沙木與杉同類尤高大葉尖成叢穗少與杉異'이라고 하여 '杉'과 동류이지만 다른 것으로 설명한다. 『왜어유해<하28>』에서도 '樺봋화 가바노기, 杉익개삼 스끼'로 둘은 구분되는데 『신자전』에서는 '樺벗나무화 樗同華通'이라고 하여 '樗'와의 동일성을 제시한다. '樗'는 현재의 모든 문헌에서 '가죽나무'로 설명하는데, 쓰임은 '봊'과 부분적으로 일치한다. '가죽나무(樗)'에 대한 설명을 『한국민족문화대백과』에서 인용하여 첨가한다.

소태나무과에 속하는 낙엽교목. 가중나무라고도 하며, 한자어로는 가승목(假僧木)·저수(樗樹)·산춘수(山椿樹)라고 한다.

학명은 Ailanthus altissima SWINGLE.이다. 중국 원산으로 높이가 20m에 달한다. 잎은 어긋나고 기수일회우상복엽(奇數一回羽狀複葉)으로 길이가 60~80cm이다. 작은 잎은 13~25개의 넓은 피침상난형(披針狀卵形)으로 길이 7~13cm, 넓이 5cm이며 차례로 붙어 있고, 작은 잎 아래쪽에는 큰 톱니가 3, 4개 있으며, 표면은 진한 녹색이고, 뒷면은 연한 녹색이며 털이 없다. 꽃은 암수가 따로 있는 자웅이가화(雌雄二家花)로 지름이 7, 8㎜이며, 초록빛이 도는 흰색으로 6월에 핀다. 원추화서(圓錐花序)는 가지 끝에 달리고 길이가 10~30cm로서 털이 없다. 열매는 시과(翅果)로 적갈색이고 얇으며, 피침형(披針形)으로 길이 3~4cm, 넓이 1cm로 9월에 성숙하고 봄까지 달려 있다. 번식은 가을에 익은 종자를 채취하여 노천매장했다가 이듬해 봄에 파종해도 되고, 뿌리를 15~20cm로 잘라서 삽목하여도 된다. 내한성·내건성이 강하여 전국 어디서나 잘 자라며, 특히 황폐한 곳에서 무성하게 자란다. 내조성(耐潮性)이 강하여 해변가에서도 생장이 양호하며 대기오염에도 강하나, 미국흰불나방의 피해가 심하다. 절에 많이 심는데, 잎을 먹을 수 있는 참중나무와 닮았으나, 잎을 먹지 못하는 데다 용재로서의 가치조차 없어 가승목(가짜중나무)이라고 하여 외면되어왔다. 그러나 근래에 가공기술이 발달되면서 쓸모없던 가중나무의 무늬가 아름답다는 것을 알게 되어 가구재 등 치장무늬목으로 널리 각광받게 되었다. 합판·가구용재뿐만 아니라 펄프재로도 양호하며 농기구나 건축의 잡용재로 이용된다. 재질은 나이테가 명료하여 무늬가 아름다우며 재색(材色)은 황백색 또는 연한 황갈색으로, 팽나무 등과 함께 양가구재(洋家具材)·합판재의 적재로 손꼽힌다. 이 나무의 뿌리 내피는 민간약용으로 이질·설사 등의 치료에 사용되고, 잎과 뿌리를 삶은 물은 피부병 치료에 쓰인다.

『대한화사전』에서 '樗'는 'めるで, ごんずい'로 풀이한다. '붗나무'가 『자전석요』, 『자류주석』 등에서는 '樗'와 동일한 나무로 설명한다. 그리고 '樺皮'의 쓰임은 '華'와 통하는 것으로 설명된다.

'가죽나무'는 『훈몽자회』 <상5>에서 '樗개듕나모뎌俗呼虎木樹又曰臭

椿’로 언급된다. 여기서 나타나는 풀이로 봐서는 ‘가죽나무’로 설명하는 ‘樗’가 껍질의 쓰임이 많은 ‘樺’와 동일한 것인지, ‘樺’가 현재의 ‘자작나무’로 풀이할 수 없는 대상인지 그 구분은 명확하지 않다. 다만 ‘樺木’이 현재의 자작나무와 그 유사성은 존재하지만 껍질이 흰 자작나무는 아니라는 사실이다. 오히려 자작나무는 문헌상 『역어유해』<하42b>에서의 ‘沙木ᄌ작나모’와의 관련성을 논해야 할 것이다. 하지만 분명한 것은 ‘ᄌ작나모’가 한자어인 ‘沙木’에 대응한다는 사실이다. 이는 ‘沙木’이라는 명칭에서 나무의 흰색을 떠올리게 한다. 그러나 ‘봇나모’가 ‘樺’에 대응하는 것과 달리, ‘沙木’이 ‘ᄌ작자모’라면 이는 ‘沙木’이라는 한자 단어로만 존재한다. 그런데 이때의 ‘沙木’이 대한화사전에서 ‘檠木’으로 설명된 것에서 보면, ‘檠木’이 ‘트집난 활을 바로잡는 틀’의 의미와 관련이 있다는 점에 그 특성이 연관성을 가진다. 그런데 현재의 ‘자작나무’는 한자 ‘樺’와 주로 연결된다. 그렇지만 ‘樺’는 당시의 ‘봇나무’에 연결되고, ‘沙木’이 ‘자작나무’에 연결된다는 사실이다. 따라서 당시의 문헌을 통해 볼 때 현재의 ‘자작나무’와 ‘봇나무’는 조금의 차이를 가진 서로 다른 종류임이 분명하다. 그 유사성은 껍질의 쓰임인 鞣皮用에 한정된다.

『두산백과』에서는 ‘沙木’을 ‘넓은잎삼나무’에 대응한다. 그러나 이때 연결된 ‘넓은잎삼나무’는 주로 남방에서 자생하는 특징으로 볼 때, 동북부의 추운 지방에서 자생하는 ‘자작나무’와는 성질에서 차이가 난다. 이는 『역어유해』의 설명에서 나타난 ‘沙木’에 대응한 ‘자작나무’와는 다른 품종임을 확인하게 한다. 그런데 ‘봇나무’는 국가표준식물분류에서 ‘만주자작나무’로 설명한다. 『물명고』<권4, 木>에는 ‘樺봇나모’는 ‘出我東北道 木色黃有斑點 皮厚而輕 重疊起之紅色 甚薄可褙器物’로 설명하고 있는데, ‘木色이 황색이고 반점이 있다는 것과 껍질이 두텁고 가볍다’는 점에서 자작나무가 아닐 것이라는 생각이 든다. ‘중첩해서 일어나는 홍색의 얇은 껍질을 楮接하는 器物로 쓸 수 있다'는 설명은 껍질이 흰 자작나무와 차이가 있기 때문이다. 그렇다면 『물명고』의 설명은 문헌 자료에서 언급되는 '봇'과 일치하는 것으로 보이지만 이것이 껍질이 흰 자작나무로 보이지는 않는다. 그런데 안명철(1999 : 77쪽)에서 인용한 『한불ᄌ뎐(1880)』에서 '봇나무'는 '樺木으로 활 만드는 데 사용되는 질긴 하얀 나무의 껍질, 활 만드는 데 사용되는 특히 질긴 수피를 지닌 하얀 나무의 일종'으로 풀이하고 있다. 여기서는 껍질의 색이 희다고 하는데, 이것도 『물명고』의 설명과 일치하지 않는다. 하지만 그 쓰임은 '봇'과 일치한다. 그런데 문헌에서는 '봇'이 활을 만드는 데 직접 사용하는 것이 아니라 덧붙이는 나무 껍질인 것으로 보아, 이의 설명과도 완전히 일치하지는 아니다. 『노걸대』의 예 (15ㄴ)를 보더라도 '봇'의 색은 누른 것으로 언급된다. '넓은잎삼나무'는 『두산백과』에서 다음과 같이 설명한다.

> 사목(沙木)이라고도 한다. 중국 원산이며 원산지에서는 높이 35m, 지름 60cm 정도로 자란다. 나무껍질은 갈색이며 불규칙한 조각으로 떨어져 붉은 내피가 보인다. 잎은 뭉쳐나고 줄 모양 바소꼴로 길이 3~6cm이며 깃꼴이다. 잎의 겉면은 윤이 나고, 뒷면에는 2개의 넓고 흰 줄이 있으며 끝이 뾰족하다. 꽃은 1가화(一家花)로 4월에 가지 끝에 피는데, 수꽃이삭은 타원형의 공 모양이며 암꽃이삭은 1~3개씩 달린다. 열매는 구과로 달걀 모양이고 길이 2.5~5cm, 지름 3.5cm이다. 포린(苞鱗)은 크게 자라서 열매 조각 같이 보이며 끝은 뾰족하고 젖혀진다. 종자는 3개씩 들어 있고 날개가 달린다. 떡잎은 2개이다. 중국 남부지방에서 관상용으로 심는다.

이로 볼 때, '넓은잎삼나무'인 '沙木'은 『해동농서』의 '樺木'에 대한 풀이와 나무껍질의 색깔이나 개화의 시기가 일치한다. 이는 『대한화사전』에서 설명한 '沙木'의 풀이에 언급된 '杉木'과도 부분적으로 맞아 떨어진다. 하지만 '넓은잎삼나무'는 남부지방에서 자생하는 특성이 있어,

북방지방에서 주로 자생하는 '자작나무'류와는 차이를 보인다는 것은 이미 언급하였다. 그런데 '봇나무'의 '봇'은 자작나무 종류의 껍질임이 분명하다. 이는 껍질을 벗겨 활을 감싸(혹은 배접하여) 활을 더욱 돋보이게 하는 특성을 가진다. 활을 감싼다는 것은 활을 거래하기 전에 덧붙이지 않는다는 『노걸대』의 표현에서도 짐작할 수 있다. 따라서 '봇'은 국가표준식물목록에 의거해 '자작나무'와는 구분되지만 유사한 '만주자작나무'로 설명하는 것이 바람직하다.16)

넓은잎삼나무의 학명은 Cunninghamia lanceolata (Lamb.) Hook이고 자작나무는 Betula platyphylla Sukatschev var. japonica (Miq.) Hara이다. 만주자작나무는 Betula platyphylla Sukatschev인데 이는 자작나무와 동일한 계통이다. 그런데 『조선말사전(1995)』에서는 봇나무를 다음과 같이 설명한다.

> 락엽교목의 한가지, 높이는 20메터에 이르고 나무껍질이 희며 종이 모양으로 얇게 벗겨진다. 잎은 닭알모양인데 끝이 뾰족하고 톱이가 있으며 어긋맞게 난다. 봄에 잎이 나기기전에 꽃이 핀다. 목재는 합판재료나 동발재료로 쓰며 껍질에서 뽑은 기름은 화장품 향료로 쓴다 =자작나무.

연변에서 출간된 『조선말사전』도 '봇나무'를 '자작나무'와 동일한 나무로 설명한다. 일반인이 '만주자작나무'와 '자작나무'와의 구분이 어렵다는 것을 감안하면 이는 유용한 풀이이다. 그리고 '樺皮木'에 대응한 '봇나모'와 '沙木'에 대응한 역어유해의 'ᄌ작나모'와의 의도적 구분도 해결이 된다. 여기에 덧붙여서 장계선은 껍질의 색과 관련하여 이때의

---

16) 그런데 '만주자작나무'와 '자작나무'는 종자와 거기에 달린 날개 길이의 비율, 가지가 처지는 정도로 구분을 하여 분류학적으로는 별개의 나무로 보지만 이러한 차이가 연속적으로 구분되지 않는 모호함으로 하나의 종으로 통합하기도 한다.

'봇나무'는 '거제수나무'일 것으로 설명하였다.17)

> "한반도에서 자생하고 있는 자작나무류는 자작나무, 사스레나무, 거제수나무 등이 있다. 간혹 같은 자작나무류인 거제수나무를 봇나무라고 통칭하여 부르기도 하는데, 거제수나무의 나무껍질은 살구색이 나는 것이 특징으로, '누른'이라는 말이 이것을 의미하는 것이 아닐지 생각해 본다."

3.3. 柰/林檎/沙果

유의어는 공시적으로 의미적 공통성과 함께 부분적인 이질성을 가지면서 공존한다. 완전히 동일한 의미로 공존하는 것이 아니라, 일정 부분에서 자신의 의미 역할을 가지면서 존재한다. 의미적 공통성에 대해서는 동일한 문맥의 대치 검증을 통해서 증명할 수 있다. 물론 이러한 대치 검증이 이질적 의미를 비교하는 데도 좋은 방법이 된다는 것은 이론의 여지가 없다. 그러나 중, 근세어 자료에서 유의성을 검증하는 것은 의미적 연관성을 바탕으로 한다. 동일한 문맥을 통해 교체 가능성을 살필 수 있는 직접적 자료가 드물기 때문이다. 어휘의 변화는 형태의 변화를 동반하지만 이것은 또 다시 의미의 변화도 초래한다. 유의어는 의미적인 동질성 때문에 서로 자기 영역을 확보하기 위하여 끊임없이 경쟁을 한다. 이러한 경쟁의 결과 각 유어어군들은 의미의 통합과 분화를 야기한다.

『표준국어대사전』에서 '사과'는 '沙果' 혹은 '砂果'로 쓰면서 '사과나무의 열매. ≒빈파(頻婆)·평과(苹果)'로 설명한다. '沙果(楂果, 査果)'는 중·

근세어 자료에서부터 다양하게 나타난다. '사과(沙果)'의 출현은 僧家에서 비롯되었다는 내용이 여러 곳에서 발견된다. 『한국불교대사전(1982)』에서 '菴羅(Āmra)'는 果實 또는 菴婆羅菴羅(波利) 菴沒羅 등이라 하는데 同肇註에 '柰'라고 설명하면서, '菴羅果'는 '열매는 많이 열렸으나(沙) 익는 것은 적은 과실(果)'이라는 말로 信法의 어려움을 비유'한 것이라고 설명한다. 그런데 '사과'는 '沙果'18)로만 쓰이는 것이 아니라 '楂果, 査果' 등으로도 쓰인다. 현재의 '사과'와 의미적 연관성을 가진 단어는 이 외에도 '林檎, 林禽, 來檎, 柰禽, 來禽, 柰檎' 등으로 다양하게 나타난다. 그리고 고유어 표기로도 '멋'과 '능비'가 비슷한 의미로 출현한다. 이렇게 다양한 단어로 출현하는 '사과류'의 의미는 공시적 측면에서 동일한 의미를 지향한 것인지 아니면 의미적 차이를 동반한 것인지를 밝힐 필요가 있다. 그리고 통시적으로 어떤 의미적 변화와 형태적 변화를 동반한 것인지도 살필 필요가 있다. 여기에서는 현대어 '사과'로 정착하는 변화의 과정을 추적하고, 의미적 관련성을 살피는 데 목적을 둔다.

3.3.1. 현대어 '사과'의 의미 연관성

「이조어사전」에는 '멋'을 '능금, 사과'로 설명한다. 그리고 '능금'에 대응하는 항목으로 '능금(檎, 物譜木果), 林檎(능금, 柳物四木)'의 예를 든다. '사과'는 '사과'로 설명하면서 '사과(柰, 物譜木果), 사과(蘋果, 한391a), 柰子(沙果, 柳物四木)'의 예를 들고 있다. 이들의 동의성은 간접적으로 짐작할 수 있지만, 구체적인 상세한 의미는 짐작할 수 없다.

일반적으로 동의성은 동의어로 설명할 수 있는 성질이다. 즉 의미 동

---

18) 국중성(1986 : 168~171), 사과와 林檎, 상서, 한국장서가회에 의하면, '沙果'는 강희안의 花菴隨錄에서 처음 출현한다고 한다.

질성을 기본으로 한다. 하지만 유의성은 동의어의 이질성을 의미한다. 일반적으로 동의어와 유의어는 동일한 용어의 상반된 모습을 반영한다. 유의성은 생태상, 생존을 가능하게 만드는 자신의 역할이다. '사과'류의 의미 동질성은 '柰'와 '멀(멋), 농빈, 사과' 등에서 확인되는데 '사과'는 '柰'와 '蘋果'에서, 그리고 '님(림)금'은 '檳子'와 '林檎'에서 간접적으로 확인된다. 여기서는 이들의 동의성이 동시대에 어떤 의미적 역할을 통해 공존할 수 있었는지를 확인하고자 한다. 또한 현대어 '사과'로 정착하는 과정을 추적하고자 한다. 이들은 현대어에서 '사과'라고 설명할 수 있는 하위의 품종임은 분명하다. 농서 자료에서 나타나는 재배법이나 품종과 관련한 설명은 이들에 대한 많은 시사점을 제공한다. 『제민요술』 <권4, 과수류>에 '林檎'과 '柰'가 따로 기록되어 있고, '沙果'는 『花菴隨錄』에서 '林檎'과 구분하여 기록하고 있다.[19] 이로 볼 때, '林檎'과 '柰'의 구분은 상당히 오래 되었음을 알 수 있다. 『동의보감』에는 '林檎이 '柰'와 같고 열매는 '柰子'와 같은데 6, 7월에 익는다'고 설명한다. 『물명고』에서는 '柰子는 '오얏'과 비슷한데 겉은 푸르고 속은 붉고 복숭아, 살구, 자두, 매실처럼 접을 하는데, 동북지방에서는 '벗'이라고 부르나 이는 小見者의 와전이며 식자들은 '사과'라고 한다'고 하여 둘을 구분한다. 하지만 '柰'의 일반적인 대응으로 보아 '멋'과 '사과'와 함께 '벗'과의 구분도 모호하였음을 짐작할 수 있다.

『증보산림경제』에서는 '種樹' 항목에 '林檎, 楂果, 柰멋或云농비'의 구분이 나타나고, 『穡經增集』에서는 '諸果種法'에 '査果(一名菴羅果釋名菴摩羅迦果)'와 '林禽(柰농비)'의 항목이 구분된다. 『海東農書(목판본, 성대본, 18세기후반)』에서는 '果類'에 '柰사과, 林檎님금'이 구분된다. 『農政會要(1834)』의 5

책 ‘農餘’의 ‘果’에서는 ‘柰俗稱벗非, 林檎, 蘋果(俗名楂果)’가 구분된다. 『본초강목』에서는 ‘菴羅果, 柰, 林檎’을 구분한다. 그러나 『색경』에서는 ‘林檎’의 항목에 ‘柰’를 부기하고, 『산림경제』에서는 ‘査果’, 『攷事新書(1771)』에서는 ‘楂果’만 언급된다. 문헌상에서 이들의 항목이 구분되어 설명된다는 것은 실제로는 구분이 용이한 상이한 항목으로 인식되었다는 것을 의미한다.

『橋經增集(1787)』의 ‘諸果種法’에는 ‘査果’를 ‘一名菴羅果釋名菴摩羅迦果’라고 하고 있는데 『본초강목』에서는 ‘菴羅果’의 항목을 달리하여 다음과 같이 설명하고 있다.

> 釋名 : 菴摩羅迦果 記載는 佛書에 있다. 香蓋 時珍曰 菴羅는 범어로서 二音을 합한 발음, 菴摩羅는 범어로서 三音을 합한 발음인데 중국어의 淸淨이라는 뜻이다.
>
> 集解 : 志曰 菴羅果는 樹에 맺는 것인데 林檎과 같으면서 매우 크다. 宗奭曰 西洛에 매우 많다. 梨類로서 그 모양은 역시 梨와 같은 것인데 諸梨보다 앞서 익고 칠석 전후에는 이미 먹을 수 없게 된다. 색은 鵝梨처럼 노랗고 약간 익으면 鬆軟해진다. 약에 넣은 것은 역시 희소하다.
>
> 時珍曰 一統志에 菴羅果는 俗稱 香蓋라고 한다. 이것은 果中의 極品으로 종은 서역에서 나왔다. 역시 柰類인데 잎은 茶葉으로 열매는 北梨와 같으며 5~6월에 익는다. 다식하여도 해는 없다. 지금은 안남의 諸番에도 있다.

비슷한 내용이 『색경증집』의 ‘査果’ 항목에서도 언급된다. 문헌의 연원관계를 고려하면 동일한 해석에 연유한 것이지만, 해당되는 항목은 ‘菴羅果’와 ‘査果’로 구분된다. 『신주해 본초강목(여일, 2007)』에서는 이들에 대한 학명과 과명을 다음과 같이 제시한다.

菴羅果 (학명 : Mangifera indica L, 科名 : 漆樹科) 망고

柰 (학명 : Malus pumila Mill-Maius communis DC, 科名 : 장미과) 사과
林檎(학명 : Malus asiatica Nakai, 科名 : 장미과) 林檎

『Plant DNA Bank in Korea』에서도 'Malus pumila Mill'과 'Malus asiatica Nakai'가 '사과나무'와 '능금나무'로 각각 구분되어 대응한다. 『본초강목』을 해석하면서 '柰'는 '사과'로, '林檎'은 '능금'으로 규정한 것이다. 『훈몽자회』<상5b-6b>에서는 '菓實' 항목에서 '멋, 닝금, 큰린금'을 구분하고, '檎닝금'에서 '沙果'를 중국어 명칭으로 언급한다.

3.3.1.1. 柰와 楂果(査果)

동일한 한자 '柰'에 대응하여, 동일한 의미를 가진 것으로 확인할 수 있는 단어는 '멋'과 '농비', '사과'이다. 그리고 한자 '柰'에는 '벗'이 대응하기도 한다. 이들의 의미적 관련성은 한자 '柰'에 근거한다. 그리고 '柰'는 세속에서 말하는 '벗'이 아니라는 언급이 『농정회요』에서 나타난다. 당시 '멋'에 대한 '벗'의 혼용도 짐작해 볼 수 있다. 따라서 이들의 관계는 매우 특이하고 복잡하다.

한자가 아닌 정음 표기로 이루어진 '사과'는 18세기 후반, 『해동농서』 이후에 출현한다. 이전의 자료에서는 '楂果, 査果'의 표기로 이루어진다. 국중성은 '沙果'가 강희안의 『花菴隨錄(1474)』에서 처음 등장한다고 설명한다. 그러나 실제 우리나라에 들어온 것은 『南岡漫錄』을 인용하여 효종 재위 甲午乙未年間으로 보고 있다. 『산림경제』, 『증보산림경제』, 『고사신서』, 『색경증집』, 『농정회요』에서는 전부 '楂果' 혹은 '査果'로 언급된다. 『농정회요』에서 '蘋果'가 언급되지만 속명은 '楂果'이다. 『색경증집』에서는 '査果'를 佛書에서 언급되는 명칭으로 '一名 菴羅果 釋名 菴摩羅迦果'로 언급한다. '林檎'과의 구분도 『색경증집』에서 언급된다. 크기와 관련

해서 '林檎보다 크다'고 설명한다. 그리고 梨類에 속하면서 '香蓋'와 같은 것으로 설명한다. 『농정회요』에서 '蘋果(楂果)'는 '柰와 類는 같으나 種이 다르다'고 언급한다. 그리고 『採蘭雜志』와 『학포여소』에 의거하여 '蘋婆'에 속하는 것으로 설명한다.

그런데 '柰'에 대응한 정음 표기인 사과는 『광재물보』나 『新訂千字文』에서도 보인다. 그러나 이전의 문헌에서 한자 '柰'는 대체로 '먿(멋)'에 대응하였다.

> (12) 柰먿내(가라나시, 倭類下7)
> 　　　柰사과(廣才), 柰사과내(新訂千字文20)

『물명고(권4木)』에서는 다음과 같이 언급된다. '林檎'의 설명에서, '我東北道有呼멋者是也云而今之少見者訛傳爲벗有識者又以爲사과均非也'라 하여 정음 표기인 '사과'가 제시된다. '벋(벗)'이 지칭하는 대상은 '柰'를 비롯하여, '黑櫻桃, 山桃, 野櫻' 등에 광범위하게 대응한다. 그러나 17세기 자료인 『역어유해』에서는 '멋(柰)'과 '벗(山桃)'이 분명히 구분된다. 그러나 18세기 후반이 되면 '柰'에 대응하는 '멋'은 나타나지 않는다.

> (13) ㄱ. 멋(柰子, 역상55), 벗(山桃, 或云烏櫻桃, 역상55)
> 　　　ㄴ. 벋(黑櫻桃, 물명고4木), 벗(山桃, 물명고4木)
> 　　　　　벗 내(柰, 周千3), 벗(野櫻, 物譜木果)

결국 '柰'에 대응한 '멋'은 18세기 후반이 되면, '벗'과의 혼란이 야기되면서 점차 정음 표기인 '사과'로 넘어간다. 규장각본 『물명고』에도 '柰'는 '舍桃잉도'와 같은 것으로, '檳子'는 '잔林檎', '野櫻'은 '벗', '來禽'은 '林檎'에 대응시키고 있다. '멋'과 '벗'의 혼동은 결국 '멋'의 사어화를 야기한다.

3.3.1.2. 柰와 林檎(林禽)

『海東農書(목판본, 성대본, 18세기 후반)』에서는 '果類'에 '柰사과'와 '林檎 님금'을 구분하고 있는데, '柰'가 '사과'에 대응한다. '柰'와 '林檎'은 『해동농서』에서 '柰亦名頻婆與林檎一類二種也樹實皆似林檎而大有白赤靑三色白者爲素柰赤者爲丹柰靑者爲綠柰'라고 하여 이들의 차이점을 설명한다. 여기서 '柰'는 '頻婆'로 불리는데 '林檎'과는 같은 類이나 다른 種이라고 명시한다. 그런데 樹實은 '林檎'과 비슷하지만 '頻婆'가 보다 크다. 또한 '林檎'에서 '林檎亦名來禽卽柰之小而圓者有金林檎紅林檎等品'이라고 하여, '柰'의 작고 둥근 것에 '金林檎, 紅林檎' 등의 품종을 구분한다. 결국 '柰＝蘋婆'인데 크기에서 '柰(蘋婆)＞林檎'이라는 것이다. 『農政會要(1834)』5책 '農餘'의 '果'에 '柰俗稱벗非, 林檎, 蘋果(俗名榟果)'를 구분한다. '蘋果(俗名榟果)'의 설명에서 『採蘭雜志』와 『學圃餘疏』를 인용하여 '柰'와 類는 같으나 種이 다르고 '頻婆'는 여기에 속하고 '柰'와 一類二種이라고 설명한다. '柰'가 '林檎'과 一類而二種이라고 했으니 결국 蘋果＝榟果＝蘋婆인데 이들은 '柰'와 '林檎'의 二種이라는 것이다. 그리고 『증보산림경제』의 '柰멋或云농비', 『색경증집』의 '林禽, 柰농비'의 대응으로 볼 때, '柰＝頻婆, 頻婆＝蘋果＝榟果, 柰＝멋＝농비'의 구성이 복합적으로 이루어진다. 이와 관련하여 『본초강목』附圖에는 '柰'와 '林禽'의 그림을 같은 항목에서 제시하고 다만 林禽圓小라는 주를 붙이고 있다. 반면에 '菴羅果'는 항목을 달리하여 설명한다. 『훈몽자회』에서도 '柰'와 '檎'을 구분한다. '檎'은 '닝금'에 대응한다. 『박통사언해』에서는 '蘋婆果'에 정음 표기인 '굴근님금'이 제시된다. 그리고 '굴근님금'에 대해 '似林檎而大者'라는 주가 첨기된다. 이는『훈몽자회』의 '큰림금'과 일치한다.

    (14) ㄱ. 㮌멋내通作柰(훈몽상6a)
         ㄴ. 檎닝긇금俗呼沙果又呼小林檎曰花紅一年再實(훈몽상6a)
         ㄷ. 㰈큰림금빈(훈몽상6b)
         ㄹ. 木婆큰림금파俗呼㰈木婆果似林檎而大(훈몽상6b)
    (15) 굴근님금과(蘋婆果, 박통사상4b)

『동의보감』<권2탕액편>에서도 '林檎님금'이 나오는데, '其樹似柰樹
實形圓如柰子六七月熟或謂之來禽(나무가 柰와 같고 열매는 모양이 둥글어 柰子와
같다. 6, 7월에 익는데 혹 말하기를 來禽이라고 한다)'로 설명한다.『물명고』에
서는 '柰子는 오얏과 비슷한데 겉은 푸르고 속은 붉고 복숭아, 살구, 자
두, 매실처럼 접을 하는데, 동북지방에서는 벚이라고 부르나 이는 小見
者의 와전이며 식자들은 사과라고 한다'고 하여 '사과'와 동일한 것으로
본다.

  『동문유해』에서는 '沙果(샤꽈)'가 나오는데 이에 대한 우리말은 제시되
지 않는다. 단지 만주어만 명기하고 있다.『譯語類解』<상55a>에는 '蘋
蔞果굴근님금, 白檎(上同이니 '굴근님금), 小紅즌님금'으로 나타난다.『동문
유해』와 마찬가지로 '沙果'는 빈 칸으로 두고 있다. 그리고『광재물보』
에는 '林檎임금'의 대응도 보인다. 그런데 대응하는 한자를 보면, '柰/蘋
果'는 '멋/농비(농비)'와 '사과'로만 나타나고, '林檎/檳子'는 '님금/임금/林
檎'으로만 나타난다. 특히 '蘋果'는 '사과'에만 대응한다. 이렇게 엄격하
게 구별되는 것은 대상이 다르다는 것을 방증한다.『물명고』<권4, 無情
類-木>에서 이와 관련한 자료가 주목된다.

    林檎(似梨非梨林檎)　…중략…　檳子仝蘋婆(林檎之種大者)日給仝柰子(似李

外靑內紅 …중략… 我東北道有呼멋者是也云而今之少見者訛傳爲벗有識者又以
爲사과均非也)丹柰(柰之色丹者)小紅(疑亦丹柰)棯(似柰赤可食恐亦如小紅)樧其
(棯別種)菴羅果(似林檎而大出自僧家사과)沙果香蓋蘿摩羅迦果全

'林檎'은 '배와 비슷하지만 배가 아니다'라는 설명은 『왜어유해』의
'柰가라나시'[20]라는 명칭과 관련이 있다. 이것은 '檳子'와 같다고 하였
으니 문헌자료에서의 대응과 일치한다. 또한 '蘋婆'는 '林檎'의 종류이나
큰 것이라고 했으니 『동문유해』의 '蘋蔢果굴근님금'과 관련이 있다. '柰
子'는 '자두와 비슷한데, 우리 동북도에서 '멋'이라고 부르는 것은 옳다'
고 하였으니 이는 '멋'에 대응한다. 그러나 와전된 '벗'은 少見者가 쓰는
것이고, 有識者는 '사과'라고 쓴다고 하면서 둘 다 그릇되었음을 밝힌다.
이는 『농정회요』의 '柰俗稱벗非'와 일치한다. 그러나 견식이 있는 사람
이 '사과'를 쓴다는 것은 이에 대한 새로운 어형으로 나타났다는 것을
증명한다. '사과'는 '菴羅果'인데 '林檎'과 비슷하나 크다고 하면서 僧家
에서 나온 어형으로 풀이한다. '사과'는 농서 자료에서 '査果(색경증집, 산
림경제), 楂果(攷事新書, 농정회요, 증보)' 등에서 상이하게 표기된다. 승가에
서 나온 명칭에 대한 설명은 『색경증집』에서 '一名菴羅果釋名菴摩羅迦果'
로 언급된다.

『물명고』의 내용으로 본다면, '林檎'과 '柰'는 구분되었음을 짐작할 수
있다. '柰'는 '丹柰'와 '小紅'으로 불렸는데, 外靑內紅으로 설명한다. '林
檎'이 '梨'와 비교가 되고, '柰'가 '李'와 비교되었음을 볼 때, 대체로 크
기에서도 차이가 있었던 것으로 보인다. 『증보산림경제』에서는 '林檎(一
名來檎), 楂果, 柰멋或云농비'의 항목을 구분하고, '柰小於林檎'이라 하여

---

20) 이로 볼 때, '농비'는 '농-배'의 합성어일 것으로 추정된다. 그렇다면 이때의 '농-'은
   일본어 '가라(から)'의 의미와 관련이 있을 것이다.

'柰'는 '林檎'보다 작다고 명시하고 있다. 『해동농서』에서도 '柰사과'와 '林檎님금'을 구분하고 있는데, '柰'가 '사과'에 대응하고 있다. 『해동농서』에는 『본초강목』을 인용하여 '柰亦名頻婆與林檎一類二種也樹實皆似林檎而大有白赤靑三色白者爲素柰赤者爲丹柰靑者爲綠柰'라고 하여 이들을 분명하게 구분한다. 여기서의 '柰'는 '頻婆'로 불리는데 '林檎'과는 '같은 類이나 다른 種'이라고 명시한다. 그런데 '頻婆'가 '林檎'보다 큰 것으로 설명한다. 또한 '林檎'에서 '林檎亦名來禽卽柰之小而圓者有金林檎紅林檎等品'이라고 설명하는데, '柰의 작고 둥근 것에 '金林檎, 紅林檎' 등의 품종이 있다'고 한다. 『농정회요』에서도 '柰俗稱벗非, 林檎, 蘋果(俗名植果)'를 구분한다. 다른 내용은 대동소이하지만, '蘋果(俗名植果)'의 설명에서 『採蘭雜志』와 『學圃餘疏』를 인용하여 '柰'와 類는 같으나 種이 다르고 '頻婆'는 여기에 속해야 한다고 설명한다. 이로 볼 때, 이들은 대체로 크기에서 차이가 있다. '頻婆'는 '林檎'보다 크고, '林檎'은 柰보다 크다.

3.4. 쟁기

김광언(2010 : 12쪽)은 '쟁기'에 대해 "'쟁기'의 본디 말 '잠기'는 15세기에 무기를 가리켰으며, 16세기말 '병잠기'로 바뀌었다가, 18세기의 '장기'를 거쳐 20세기 초에 비로소 '쟁기'로 굳었다'고 언급한다. '잠기>장기>쟁기'의 어형 변화는 충분히 짐작 가능하다. 하지만 15세기어에서는 형태상 '잠개'가 먼저 등장한다. '잠개'의 독립형은 『월일천강지곡』과 『월인석보』에서 나온다.

   (1) ㄱ. 鬼兵 모딘 <u>잠개</u> 나아 드디 몯게 드외니(월곡69)

ㄴ. 兵은 <u>잠개</u> 자본 사르미오(월석서6)

(1ㄱ)은 '鬼兵의 사나운 병기(무기)가 태자께 나아가 대들지 못하게 되니'의 뜻이니, '잠개'는 병기(무기, 兵)의 뜻으로 해석된다. (1ㄴ)도 '잠개'는 '병기'에 해당한다. 여기서 한자 '兵'은 '병기'와 이를 가진 '사람'의 다의적 의미를 취한다. '잠개'는 특정의 병기에 해당하는 것이 아니나, 다음의 용례에서는 이들에 대한 하위적 구분을 보인다.

(2) ㄱ. 다시 쇠갈 메오고 <u>갈잠개</u> 자바 에흐야 내야다가(월석23:86)
　　ㄴ. 小三災는 <u>갈잠개</u>와 주으륨과 病괘라(법화2:36)
　　ㄷ. <u>갈잠개</u>로 믈 버히며(使刀兵猶割水, 법화7:54),
　　ㄹ. <u>갈잠개</u>예 허러 피 통 안해 ㄱ독ㅎ야 나디 몯ㅎ야(刀兵所傷血滿腸中不出, 구급방상17)
　　ㅁ. <u>병잠개</u>예와 막대예 샹커나(爲兵杖, 구간1:81),
　　ㅂ. 모든디 이셔 드토면 <u>눌잠개</u>로 ㅎㄴ니(在醜而爭則兵, 내훈초1:41),
　　ㅅ. 동뉴에 이셔 드토면 <u>병잠개</u>예 해 힉이ㄴ니(在醜而爭則兵, 소언2:33)
　　ㅇ. 凶혼 <u>兵잠개</u>로 農器를 디오(凶兵鑄農器, 두초3:4)

'잠개'의 하위적 요소로서 '갈잠개, 병잠개, 눌잠개'가 보인다. '갈잠개'는 '刀兵'에 해당한다. '병잠개'와 '눌잠개'는 모두 '兵'에 대응한다. '兵'은『註千』<22a>에 '병잠기 병 戎器'가 대응하고,『자류주석』<하32a>에서는 '병장긔 병, 戎器械也'가 언급된다. '仗'은『신자전』<1:3a>에 '兵器總名 병장긔'로 언급된다. 그런데 이는 16세기의 자료인『사성통해』<하43>에서 '兵仗'으로 그 쓰임이 나타난다. 또한『용가』<10:39b>에도 '病으로 請ㅎ시고 天心을 일우오리라 兵仗으로 도병시니이다'가 나온다. 이로 볼 때, 한자어 '兵仗'은 15세기부터 현재의 '병장기'의 뜻으로 쓰였음을 알 수 있다. '병장기'는 15세기에 보이지 않는다. 다만 '병잠개'가 나타날 뿐이다. 그러면 현재의 '병장기(兵仗器)'는 '兵仗'에서 나온 것이다. 그렇다면 '잠개'는 '장기'로 변하는 시점에 '잠개'의 하위 요소인 '병잠개>병장기'와 통합된 것으로 보인다. '잠개'와 '兵仗'이 별개의 요소로 사용되었음이 분명하기 때문이다.

(2ㅂ-ㅅ)은 동일한 문장에 대한 해석인데, 『내훈』에서는 '눌잠개'로 『소학언해』에서는 '병잠개'로 풀이한다. '눌'은 '刃'일 것이다. 『소학언해』에서는 '잠개'가 '잠기'로도 나온다. (20)의 예를 볼 때, '잠개'는 農器가 아니라 녹여서 농기를 만드는 재료를 사용한 대상이다.

> (3) ㄱ. <u>병잠기</u>를 됴히 너기거늘(好兵, 소언4:48)
> ㄴ. <u>병잠기</u> 인는 디라(소언6:38)

선조판 『소학언해』임을 감안하면 16세기 말경에 '잠개'와 '잠기'의 동요가 있었음을 알 수 있다. 그렇지만 대체로 이 시기엔 '잠기'형으로 교체되던 시기였던 것으로 보인다. 16세기 말경의 『은중경언해』에도 '잠기'가 나타난다. 이때의 '잠기'는 '鐵犁'에 해당한다.

> (4) 혀롤 싸혀 <u>잠기</u>로 가라 피 흘러(鐵犁耕之, 은중26)

장서각본 『은중경언해』에는 '혀롤 싸혀 나여 팔천니나 길게 ㅎ야 <u>쇠보십</u>으로 밧가라 피 흘너 하쉬되여도'로 나타나는데, 이때의 鐵犁는 '쇠보십'으로 나타나, 현재의 '쟁기'를 지시하고 있다. '잠기'형은 이후 『물보』에까지 나타나지만 이때는 '兵器'의 의미는 드러나지 않는다. '犁'에 대응한다.

(5) ㄱ. <u>잠기</u>(犁, 物譜耕農)
    ㄴ. <u>잠기</u> 메오는 동아줄(耕索, 物譜耕農)

그런데『은중경언해』에 鐵犁에 대응하는 '잠기'는 兵器의 의미로 쓰이는 것은 아니다. 이들은 별개의 의미로 사용된 것이다. 이렇게 본다면 鐵犁에 해당하는 '잠기'와 '병잠기'의 '잠기'는 별개의 단어이다. 이들은 동음어로 쓰이다가 우연히 의미적 유연성을 확보하여 동일한 의미를 가진 것으로 오인한 것이다. 사실상 의미적 유연성이라는 것은 인위적인 관련성이 강하다. 김광언의 '농기(연장)의 병기 사용'에 의해 현재의 '쟁기'가 무기를 가리키는 '잠기'에서 유래되었다는 것은 다분히 민간어원적인 의식이 담겨있다. 농기를 병기로 사용했다면 호미나 낫도 이에 해당할 것인데, 쟁기만을 병장기와 연결시키는 것은 무리가 있기 때문이다. '병잠기'의 의미로 '잠개'의 독립형은 있지만 '잠기'의 독립형이 나타나지 않는 것에 비해, 鐵犁는 독립형인 '잠기'가 보편적으로 대응한다. '잠기'가 19세기의『고산유고』에도 나타나는 것은 특징적이다.

(6) 마히 미양이랴 <u>잠기</u> 연장 다스려라(고산6하別2)

그런데 '耒'는 주로 '짜보, 짜부, 짜븨'에 대응한다. '쟝기술'이『廣物譜』<民業1b>에『신자전』<三40a>에 '耒'가 '耒耜手耕曲木쟝기, 굽징이, 훌청이'로 언급된다. '犁'는 대체로 '보, 보십, 보슘' 등에 대응하는데,『자류주석(6b)』에 '쟝기'가 언급된다. 따라서 '장기'는 대체로 19세기경에 나타나는 것을 볼 수 있다. 그런데 이와는 다른 兵器의 의미인 '장기'가 18세기 문헌인『삼역총해』에 나타난다. 이는 '耒'에 해당하는 '장기'와 병기의 의미인 '장기'가 동음어임을 다시 확인하게 한다.

(7) ㄱ. 몸에 갑옷 업고 손에 <u>장기</u> 업거든(삼역2:8)
　　 ㄴ. 여러의 손에 다 <u>장기</u> 업슴을 보고(삼역2:11)

3.5. 주방 기구

　그릇은 '물건을 담는 기구의 총칭'이다. 『음식디미방』에서 '그룻'이 독립되어 쓰이는 것은 '그룻재 쓸론 물에 씌워<쇠면법>'뿐이다. 이것은 총칭적인 의미를 가지지만 앞에서 사용된 그릇의 대용성이 강하다. 『주방문』에서는 '마존 그룻', '둔둔이 싸 그륵시 다마'로 독립되어 나오는 어형들이 보인다. 구체적인 그릇의 종류로는 '관질그룻, 놋그룻(노그룻), 사그룻' 등이 나오는데 이들은 보다 분명한 종류를 지시하고 있다. '관'은 내용으로 보아 '罐'에 해당하는 듯한데 이는 재료와 관련이 있다.21) 이 책에서는 '관'이 접두된 단어는 세 가지가 나타나는데 '관질그룻' 외에 '관독'과 '관단지'가 있다. '관단지'는 앞에 수식어 'ㄱ장'이 있어 문맥이 어색하지만 같은 종류인 것으로 생각할 수 있다. 결국 '관-'이 접두되어 질그릇과 독, 그리고 단지의 종류를 보다 더 세분한 것이다. 이 외에 '냥푼(냥픈)'이 나오는데 '냥푼힝긔예 혼 술식 담아<탁면법>'와 '쓸흔 기룸을 냥픈의 퍼다마 넝슈의 씌워 치오고<강정법>'로 나타난다. '냥푼힝긔'는 '양푼주발에'라는 뜻으로, '냥푼＋힝긔'라는 복합어 구성을 취하고 있다. '힝긔'는 현대어에서는 찾아보기 어려우나, 전남방언에 '주발'을 '행기'라 일컫고 있다. 주발은 '놋쇠'로 만든 위가 벌어진 밥그릇을 의미한다. 따라서 재료나 모양면에서 '양푼'과 비슷하

---

21) 관(罐)은 '진흙만으로 구워서 만들고 잿물을 덮지 아니한 것'을 말한다. '질'과 동일하게 사용된다(이희승, 국어대사전, 민중서림).

다고 볼 수 있다. 따라서 '냥푼힝긔'는 '외가집, 역전앞'처럼 동의 중복된 형태인 것이다. 단지류는 '단지(단디), 효근단지, 쟝독, 술독, 관독, 노란독, 준(罇), 항' 등이 나타나는데, 이들은 크게 '단지, 독, 준, 항'으로 구분할 수 있다. 그런데 '단지(혹은 단디)'와 '항'은 별 구분이 없이 서로 번갈아 쓰이고, '준'은 '병'과 같이 나열하고 있어 술을 담는 병과 같이 기술하고 있다. '독'은 이보다는 큰 것으로, 쓰임새에 따라 '술독'과 '쟝독'이, 재료에 따라 '관독'과 '노란독'이 구분된다.

접시류로는 '대접(대뎝), 징반, 접시, 채반' 등이 나타나는데 '대접(대뎝)'은 '대뎝의 다엿 낫식 쓰고……노흐라', '너른 대뎝의 잡치 버리듯 느물과 고기롤 겻겻치 노코', '동화 졀인 디 싸 쮀여 대접의 담아', '큰 대접의 노코 즙을 느리디' 등으로 쓰인다. '대뎝(대접)'에 수식어 '너른'과 '큰'이 나오는 것은 크다는 인식의 중복된 표현으로 보인다. '채반'은 '채반의 식지 쑬고 너러'로 나오는데 이것은 종이를 깔고 물건을 두는 접시류임이 문맥을 통해서 나타난다. '접시'는 '느룸이롤 더운 즙의 녀허 접시예 담고', '밥보자희 혼 접시식 노하', '호쵸 쳔쵸 약념ᄒ여 쏀바 접시예 담고'에서 나타난다. '쟁반'은 '모시예나 총체예나 노외여 징반의 담고'에서 그 예가 보이는데 이들 접시류들은 전부 서술어 '놓다'나 '담다'와 공기하고 있는 공통성을 보인다. 채반은 서술어 '…을 너러'와 연결되어 그 쓰임새를 짐작할 수 있다. 문맥으로는 이들의 크기를 짐작할 수는 없는데, 쓰임새나 모양에 따라서 구분된다. '채반'은 채그릇의 일종이니 접시류라고 하지만 분명하게 구분이 되고, '대접'도 공기하는 수식어로 봐서 크고, 넓은 것으로 인식하고 있어 '접시'와는 구분이 된다. 그렇지만 '접시'와 '쟁반'은 거의 구분이 되지 않는다. '징반'과 '접시'는 『동문』 <하13>에서 징반(托盤)과 접시(楪子)로 각각 나타난다. 『物譜』酒食에서도 '접시'가 나온다. 현대어에서는 쟁반이 접시보다 큰 것으로 여겨진다. 그리고 쟁반은 음식그릇을 받쳐 드는 데도 쓰여 그 쓰임새에 있어서도 차이가 있다.

솥과 관련되는 것으로 '화솟, 노고, 솟, 가매, 새용, 퉁노긔'가 나온다. '솟'은 오지나 곱돌 혹은 무쇠로 만드는데 요사이는 양은이나 알미늄으로 만드는 것이 흔하다. 당시로 본다면 주로 무쇠로 만들어 사용한 것을 말한다. '화솟'은 배로 돌아가며 전이 달려서 얼른 보기에 갓모양 비슷한 솥으로 설명되어 있고, '노고(노긔)'는 노구솥을 말하는데 놋쇠나 구리쇠로 만든 것으로 자유로 옮기어 따로 걸고 음식을 익히는 데 쓰는 것이다. 노고 중에서도 '퉁노긔'가 있는데 품질이 낮은 놋쇠를 '퉁'이라 하며, 퉁쇠로 만든 작은 솥으로 바닥이 평평하고 위아래가 출무성한 솥을 말한다. 이외에도 '새용'이 나오는데 이는 새용솥을 일컫는 것으로 놋쇠로 만든 작은 솥이다. 모양은 바닥이 평평하고 배가 부르지 않으며 뚜껑이 있다. 그리고 '가매'가 있는데 이는 가마솥을 말한다. 아주 크고 우묵한 솥으로 흔히 뚜껑을 나무로 만들어 덮는다. 대체로 솥의 구분은 만든 재질과 모양에 따라 구분하는 것이 보통이다. 그렇지만 '가매거나 큰 소치어나<양슉편>'의 표현에서 '가마'는 그 크기로 '큰 솥'과 비교하고 있다. 『음식보』엔 '솟두에'도 나타난다.

『주방문』에서는 '고오리'와 '시릇'가 동시에 나오는데, 이들은 유의어로 생각할 수 있다. '고오리예 반만흐게 브어 고으라', '고오리 미틔 믈 네복즈도 몬져 브어 쓸히다가 술을 브으라', '고오리 미틔 콩ㄱ튼 모래룰 몬져 쫄고 흐면 됴흐니라'로 나오는데 밑에 모래를 깐다고 한 것으로 보아 시루의 일종으로 생각할 수 있는데 이는 현대어의 소줏고리[22]

---

22) 현대어에 '소줏고리'라는 것이 있는데, '고오리'는 여기에 해당하는 것으로 보인다. 소주를 골 때 주로 쓰는데, 오지로 만든 토고리, 구리로 만든 동고리, 쇠로 만든 쇠고리가 있다. '소줏고리'의 증류 장치는 아래 위의 2부분으로 되어 있는데, 밑은 아래가 넓

에 해당한다. 주방문에서 특이 어휘로 '섥'이 나오는데, '머조 버히듯 서너편의 버혀 섥의 다마(리화주)'로 쓰이는 것으로 보아 음식을 담는 도구인 듯하다. 이성우(1981)에서는 이를 성영이(대로 만든 큰 상자)로 풀이하고 있다. 현대어에서 이와 유사한 어형으로 '설기'라는 것이 있는데, 이희승(1982)에서 '싸리채나 버들채 같은 것으로 결어서 만든 직사각형의 상자로 아래 위 두 짝으로 되었는데, 윗 것은 뚜껑의 구실을 함'으로 풀이하고 있다.

3.6. 요리 어휘

『표준국어대사전』에서 '요리'는 '여러 조리 과정을 거쳐 만든 음식으로 주로 가열한 것'을 지칭한다. 농서 자료에서는 음식서만큼 다야한 요리 어휘가 제시되지는 않지만 治生(『치생요람』), 治膳(『산림경제』) 등의 항목에서 부분적으로 언급된다.

음식서에는 요리 재료나 음식 조리 방법과 관련하여 많은 특이 어휘들이 등장한다. 여기서는 특별히 따로 다룰 필요가 있는 요리 어휘들의 의미를 다룬다.

고 위가 좁으며, 위는 아래가 좁고 위가 넓게 벌어져서 전체적으로는 허리부분이 잘록한 모양이다. 아래 위를 분리할 수는 없고 윗부분은 위쪽이, 아랫부분은 아래쪽이 트였으며, 허리 부위에는 경사진 주둥이가 달려 있다. 증류 작업을 할 때는 솥 안에 술을 담고 솥 위에 시루 앉히듯 고리를 앉혀 둘레를 시룻번으로 바른 다음 불을 때면, 술이 끓고 이어서 증기가 고리 속으로 들어간다. 윗부분에 찬물을 자주 갈아 주면 밑에서 올라온 증기가 막혀 있는 부분에서 물방울이 되어 옆에 달린 주둥이를 통해 밖으로 흘러나오는데, 이것을 '소주내리기'라고 한다. 이 밖에 아래 위 2짝으로 나누어 위에 뚜껑을 얹게 만든 것도 있고, 고리가 없을 때는 솥과 시루, 솥뚜껑을 이용하기도 하였다. 지금은 가양주(家釀酒)가 금지되어 일반 가정에서는 찾아보기가 힘들다(한국민족문화대백과사전 참조).

'야져육'은 野猪肉, '가뎨육'은 家猪肉에 해당하는데 각각 멧돼지와 집돼지이다. '웅장(熊掌)'은 많이 알려진 대로 곰발바닥 요리를 말한다. '동화돈치'는 동화나물에 해당하는데 '돈치'는 한자로 頓菜로 쓰는데 이는 나물로 해석된다. 이는 결국 동화나물(혹은 동아나물, 동과나물)로 설명할 수 있는 것이다.

'나화'는 『음식디미방』에 다음과 같이 설명되어 있다.

> 싀면글롤 물의 눅게 프러 너론 그릇식 쪄 노화 쓸는 물에 듕탕ᄒᆞ야 훈 디 어리거든 그 쓸는 물을 쓰면 묽게 닉거든 춘물에 쪄여 돔가 희거든 효근 약과낫ᄀᆞ치 사ᄒᆞ라 쓰ᄂᆞ니라. 토쟝국의 교퇴ᄒᆞ고 오미ᄌᆞ차는 쑬만 쓰ᄂᆞ니라.

이로 본다면 '나화'는 '반죽을 하여 약과처럼 썰어 쓰는 것'이다. 『훈몽자회』 <中10b>에서는 '나화 박(餺), 나화 탁(飥) 食療纂要餺- 나화'로 나와 현대어의 '수제비'에 대응됨을 보여준다.

현대어에서 '찜'은 고기나 채소에 여러 가지 양념을 하여 찌거나 국물이 바특하게 삶은 음식을 말하는데 이에 해당하는 것으로 『음식디미방』에서는 '찜(쯈)'과 '짐'이 나온다. 두 가지가 다 요리하는 방식으로 봐서 현대어의 '찜'에 해당한다. 그런데 붕어찜, 연계찜, 개쟝찜에서는 찜(쯈)이 나오고 가지나 외에는 '짐'이 접미되어 있어 이 예로만 보면 채소류와 의도적으로 구분한 듯도 하다. 그러나 다른 음식관련서에는 이들이 엄격하게 구분되어 있지 않다. 현대어에서는 가지찜이나 오이찜이 있어 그 형태가 동일하게 쓰인다.

'느롬이(느르미)'는 '대구겁질느르미, 개쟝고지느롬이, 개쟝국느롬이, 동화느르미, 가지느롬이' 등으로 나온다. 이들은 한결같이 주재료를 썰어 두고 양념을 하여 먹는 것으로 되어 있다.[23] '대구겁질느르미'에서도 '만나게 즙ᄒᆞ야 느롬이 ᄒᆞ면 ᄀᆞ장 유미ᄒᆞ니라'가 나오는 것으로 보아 양

넘을 하여 주재료에 얹어 먹는 음식을 뜻하는 것은 틀림없다. 그런데 '동화돈치'의 설명에서 '두부느르미마곰 싸흐라'가 나오는데 이는 양념의 여부와는 관련이 없다. '개쟝고지느롬이'에서는 '믈긔 업시 슈건으로 짜 느롬이롤 싸흐라'가 나와 이것은 양념을 하지 않은 상태를 가리키는 것으로 보인다. '개쟝국느롬이'에서도 '먹을 제 구은 느롬이롤 더운즙의 녀허 졉시예 담고'가 나오는데 이로 봐서도 느롬이(느르미)는 양념을 한 음식이 아니라 삶은 것이나 찐 것, 혹은 구운 것으로서 먹기 좋게 썰어 놓은 흐물흐물한 것을 가리키는 것이 아닌가 여겨진다. 양념을 하지 않은 상태를 '느롬이'로 지칭하고 이를 먹기 위해서는 대체로 맛있는 양념을 하여 이에 얹어 먹는 것이 보편적이었던 것으로 보인다. 그렇지만 현재는 전해지지 않는 음식명이다.

'선'은 '동화선'에서 쓰이는데 이는 한자 冬瓜膳에 해당한다.[24]

'팀치'는 현대어의 김치에 해당한다. 이기문(1991)에서는 '팀치'가 한자어 '沈菜'의 16세기 자음을 그대로 보여준 것으로 설명한다. 17세기 자료인 『음식디미방』에서는 '팀치'와 '침치'가 같이 나타나는데 '침치'는 '산갓침치'에서만 나타나 '팀치'가 보다 보편적인 어형으로 쓰인다.[25] '팀치'는 '마놀 둠는 법'에서 '팀치 둠둣시 소곰 섯거 둠아 두고'가 나오는데 적어도 『음식디미방』에서의 '팀치'는 '소금에 절인 것'과 관련성을 가지고 있다. '싱치팀치'법에서도 '소곰 알마촘 녀허'가 나와 이와의 관련성을 보여준다. 그렇지만 '산갓침치'의 설명에서는 '소금'이 나오지 않는데 이것은 산갓을 준비하는 과정만 설명되어 있기 때문으로

---

23) 이선영(1998)에서도 음식에 즙(특히 밀가루를 타서 만든 즙)을 얹는 조리방식을 가리킨다고 설명하고 있다(444 : 14).

24) 국립국어연구원(1999), 표준국어대사전, 두산동아에서 '잘게 썬 동아를 기름에 볶은 후, 잣가루에 묻혔다가 겨자를 찍어 먹는 술안주'로 설명되어 있다.

25) 팀치와 침치의 혼용은 구개음화의 발생단계임을 감안하면 될 것이다.

보인다. 이선영(1998)에서는 침치(沈菜)를 설명하면서 '재료가 되는 채소를 물에 沈하여 익히는 방식의 조리법'을 사용하였음을 보여준다고 하면서 이러한 조리법이 현대의 '물김치' 조리법으로 이어진다고 하였다. '지히'는 '싱치준지히, 싱치지히, 외지히'에서 복합어로 나오고, '외 ᄀᆞ든 지히'에서는 독립하여 쓰이기도 한다. '쟝앳디히'가 '쟝앗디이>쟝앗찌이>장아찌'로 연결되는 것을 감안한다면 '디히'는 장과 관련이 있다. '싱치팀치'와 '싱치지히'가 따로 분류되어 있어 '팀치'와 '지히'는 서로 구분된 것으로 보인다. 이들의 원문을 인용하면 다음과 같다.

〈싱치팀치법〉
외 ᄀᆞ든 지히 겁질 벗겨 소옥 아사 ᄇᆞ리고 ᄀᆞᄂᆞ시 ᄒᆞ 치 기러마곰 도독도독ᄒᆞ게 싸ᄒᆞ라. 물 우리워 두고 싱치롤 쏠마 그 외지히ᄀᆞ치 싸ᄒᆞ라. 드ᄉᆞᆫ 물 <u>소곰 알마춤 녀허</u> 나박팀치ᄀᆞ치 ᄃᆞ마 싸겨 쓰라.

〈싱치준지히〉
외지히 겁질 벗겨 ᄀᆞᄂᆞ리 져릇게 사ᄒᆞ라. 싱치도 그리 사ᄒᆞ라 <u>지령기롬의 봇가</u> 쳔쵸 호쵸 약념ᄒᆞ여 쁘ᄂᆞ니라.

〈싱치지히〉
외지히롤 소옥 아사 ᄇᆞ리고 겁질 벗기디 말고 ᄀᆞ장 도독도독 싸ᄒᆞ라 더운 믈의 쏄고 싱치 그리 외ᄀᆞ치 도렷도렷 ᄒᆞ게 사ᄒᆞ라 <u>지령기롬의 봇가</u> ᄃᆞ마 두고 쓰면 여러 날이라도 변치 아니ᄒᆞ여 졈졈 마시 나ᄂᆞ니라.

여기서 보면, '팀치'는 앞에서 언급한 것처럼 소금과 관련이 있고, '지히'는 장(지령기롬)과 관련이 있음이 명백하다. '싱치준지히'와 '싱치지히'는 '외지히'에서 그 차이가 나타난다. 즉 '싱치준지히'는 '외지히'의 껍질을 벗겨서 사용하고, '싱치지히'는 '외지히'의 속을 빼고 껍질은 벗기지 않고 만든다는 점에서 그 차이점을 보인다. 그렇지만 '지히'는 둘 다 지령기롬에 봇아 쓴다고 되어 있다.

3.7. 약념/교틴

『음식디미방』에서는 '약념ᄒ다'와 '교틴(교치, 교토)ᄒ다'가 대체로 구분된다. '교틴(고명)'로 사용한 재료가 구체적으로 나타나는 곳은 총 10개의 어례 중 다음 두 개의 어례에서만이다. 이 외에는 '교틴'의 재료에 대해서는 언급하지 않고 그냥 '교틴(교치, 교토)'로만 나타난다. 다음 예문을 살펴보자.

    (1) <u>교틴</u>는 싀면 <u>교틴</u> ᄀ치 ᄒ라
    (2) 지령국의 ᄒ면 <u>교틴</u>룰 ᄒ고 오미ᄌ국의는 <u>교틴</u>룰 아니 ᄒᄂ니라
    (3) 토쟝국의 <u>교틴</u>ᄒ고 오미ᄌ차는 꿀만 쓰ᄂ니라
    (4) 지령쑥의 ᄆ라 <u>교치</u>ᄒ여도 죠ᄒ니라
    (5) <u>교토</u>는 그저 면 ᄀ치 ᄒ라

어형은 '교틴, 교치, 교토'로 나타나지만 의미는 동일하다. '교틴'는 본문에서 '싀면, 지령국, 토쟝국'에 더하는 것으로만 언급이 되어 있다. 그렇지만 구체적 내용은 없고 그냥 '교틴(교치, 교토)'로만 나타나 이에 대해서는 기본적 인식이 있었던 것으로 짐작할 수 있다. 다음의 예문에서는 '교틴'로 쓰인 재료가 구체적으로 언급이 된다.

    (6) 싱강 호쵸ᄀ른과 황빅계란 부쵼 것 동골동골 싸ᄒ라 그 <u>고물</u> 노ᄒ라
    (7) 잣 <u>교토</u>ᄒ면

‘고물’도 ‘교턴’와 같은 뜻으로 쓰였다는 것은 원문에서 ‘고물이란 말은 각식 탕의 우희 논는 <u>교턴라</u>’에서 짐작할 수 있다. ‘각식(各色)탕’의 위에만 놓는 것만을 특히 ‘고물’이라 하는 것인지는 명확하지 않지만 ‘고물’이 ‘교턴’와 동일한 것은 분명하다. 본문의 내용으로 보면, 완성된 음식 위에 덧 얹는 것을 ‘교턴’라고 불렀다. 본문 전체를 통틀어 ‘교턴’로 사용된 것은 ‘싱강, 호쵸ᄀ르, 황빅계란 부츤 것’과 ‘잣’이 모두다.

『가정요리』에서는 ‘고명’이 나오는데 ‘<u>고명</u>을 적당히 넣고 주물러서 잘 볶가놓고(호박월과채)’, ‘<u>고명</u> 만든 것을 소 넣드시 넣고(가지장아찌)’로 나오는 것으로 보아 이는 덧 얹는 것만으로 쓰이는 것은 아니다. 그러나 ‘계란은 황백이 따로 알 <u>고명</u>을 부쳐서 가늘게 채 처놓고(제육 생채)’에서 보듯이 조리된 음식의 위에 얹는 것으로도 쓰였음을 볼 수 있다. 송이찜의 설명에서 ‘석이와 표고 느타리는 잘 씻어서 골패쪽처럼 썰어 놓는다’, ‘달걀은 지단을 부쳐서 골패쪽 같이 썰고’, 이를 ‘색스럽게 골라얹고 실백을 뿌려서 상에 놓는다’고 하여 ‘고명’으로 쓰이는 것을 설명하고 있다.

‘양념’으로 사용된 것은 다음의 어례들에서 확인이 된다. 구체적으로 양념의 종류가 언급된 것도 있지만 그렇지 않은 것도 있음을 보면(예문 8~11 참조), ‘교턴’와 마찬가지로 이미 양념에 대한 일반적 인식이 있었던 것으로 보인다. 현재의 ‘양념’은 ‘약념’으로 표기된다.

(8) 지령기름의 쵸ᄒ야 <u>약념</u>ᄒ여도 죠ᄒ니라

(9) <u>약념</u>ᄒ여 탕ᄒ여도 죠ᄒ니

(10) 여러 가지 <u>약념</u>ᄒ여

(11) 챵ᄌ란 싱으로 ᄒ디 안날 달화 <u>약념</u>ᄒ디 교합ᄒ여 둣다가

다음의 예에서는 ‘양념’으로 쓰였던 종류가 구체적으로 언급되어 있다(비슷한 예문은 한 번만 예시하고 뒤에 그 빈도를 제시함).

(12) 빅즈와 호쵸 쳔쵸マ롤 <u>약념</u>ᄒ야 녀허(11번)

(13) 싱강이나 건강이나 호쵸 쳔쵸 초 파 <u>약념</u>ᄒ여 먹으라

(14) 암둙 서너 마리나 가마의 물 만이 붓고 ᄶᅩ하 프러지거든 체예 바
   타 두고 온갓 음식 <u>약념</u>ᄒ면 죠ᄒ니라

(15) 그 ᄌ물로인 거ᄉ란 <u>약념</u>ᄒ디 싱치 줄게 좃고 호쵸 쳔쵸 진マ루
   녀허

본문의 내용으로 보아 양념으로는 '빅자, 호쵸, 쳔쵸, 싱강, 건강, 초, 파, 암둙' 등이 쓰였는데, 특이한 것은 '암둙'이다. 한복려(ns.sikpumilbo.co. kr)에서는 '조미료가 없던 옛날에는 많은 음식을 만들어 급할 때 비상 조미료처럼 썼다'고 하면서 '닭의 감칠 맛 나는 진한 국과 건지를 한데 담아 두고 어느 음식에나 조금씩 넣어 썼는데 일명 닭지렁이라고 한다' 고 설명하고 있다. (15)는 문맥으로 보아 'ᄌ물로인 것'이 양념이 아니 라, '호쵸, 쳔쵸, 진マ루'를 양념으로 봐야 한다. 그렇지만 '진マ루'를 양 념이라고 한 것은 특이한 사실이다.

현대어에서도 '양념'과 '고명', 그리고 '음식재료'는 구분하기가 힘들 다. 일단 사전적인 의미에서, '양념'은 맛을 돕기 위하여 음식물에 조금 씩 넣는 물건으로 소금, 간장, 기름, 꿀, 설탕, 깨소금, 파, 마늘, 고추, 후춧가루, 생강 따위를 말한다. '고명'은 음식의 모양을 돋보이게 하고 또 맛을 돋우려고 음식 위에 뿌리거나 얹어 놓은 것을 통틀어 일컫는 말로 버섯, 표고, 알고명, 초자, 미나리, 실고추, 잣가루, 실백, 밤, 대추, 호두, 배 따위를 말한다. 결국 '양념'은 음식의 맛에 직접 관여하는 것 이고, '고명'은 간접적으로 음식의 맛을 돋우어 주는 것이라고 할 수 있 다. 또한 '양념'은 음식을 먹는 전체 맛을 결정짓는 데 직접 관여한다. 그리고 이는 요리 후 음식물 전체에 포함되어 그 부분만을 다시 분리하 기 어렵고, '고명'은 음식 맛에 더하여 어떤 다른 맛을 첨가하는 것이라

고 할 수 있다. 그래서 이것은 음식의 일부를 형성하면서 분리가 가능하다. 그래도 음식재료와 양념류, 고명류는 혼동되는 부분이 많은데, 여기서는 음식을 완성하고 난 다음 그것만을 분리할 수 있느냐 아니냐로 나누어 그렇지 않은 것은 양념으로, 분리가 가능한 것은 음식 재료와 고명으로 하고자 한다. 그리고 이에 더하여 양념은 음식에 있어 필수적인 요소이고, 고명은 선택적인 요소로도 설명할 수 있다. 음식 재료와 고명은 사용하는 시점으로 봐서 쉽게 분간이 가능하다. 음식을 먹기 전 첨가되는 요소는 고명이 된다. 그렇다면 파를 고명으로 사용하느냐 양념으로 사용하느냐의 문제는 해결될 수 있다. 가려낼 수 있는 것이 파라면 이것은 양념이라기보다는 고명이고, 잘게 다져 가려내기 힘들다면 이것은 양념이다. 그렇지만 이것은 임의적 구분이지 그 역할은 서로가 넘나들고 있다고 보는 것이 좋을 것이다. 음식 재료로 사용했다 하더라도 이것은 양념처럼 맛을 내는 데 도움을 준다고 할 수 있기 때문이다. 그리고 양념은 음식의 재료처럼 처음부터 그 맛을 결정하고자 하는 것이 아니고 그 양을 조절해 가면서 사용할 수 있는 것이다. 그렇다고 하더라도 참깨는 양념이냐, 고명이냐 한다면 그 구분이 모호할 수도 있다. 그리고 표고, 송이 따위의 버섯류들은 고명으로도 쓰이지만 음식재료로 쓰이기도 한다. 그렇지만 이들도 이러한 기준을 적용하면 어느 정도 해결이 된다. 참깨가 다른 음식과 섞여 있어 분리가 불가능하다면 이것은 양념에 속하는 것이고, 음식을 먹기 전에 위에 얹어 둔 것이라면 고명이라고 보면 될 것이다. 이와 같은 기준을 토대로 『음식디미방』에서의 양념은 다음과 같다.

- 장류 : 건쟝, 된쟝, 쟝, 쟝국, 전국쟝, 지령, 지령기름, 젼디령(젼지령), 초지령, 토쟝, 쳥장, 둔지령기름

- 가루류 : 계주, 토쟝ᄀ른(토쟝굴롤), 호쵸(호쵸ᄀ른, 후추ᄀ른), 소곰, 쌔소곰, 쳔쵸ᄀ른, 진ᄀ른
- 기름류 : 기름(기름), 춤기름
- 즙(물) : 싱강즙, 싱티즙, 빅쳥, 즙쳥, 꿀, 꿀물, 엄초, 염초, 엿, 쳥밀
- 기타 : 빅즈, 마놀(마롤, 만롤), 건강, 싱강, 파

장류에 나오는 '지령'은 경북 방언의 '지령'에 해당한다. 여기에 '기름'이 접미되는 '지령기름'의 형태는 결국 '지령장'에 해당하는 것이다. 그래서 이들은 기름류에 들어가는 것이 아니고 장류에 포함되어야 하는 것들이다. 그래서 본문에 언급되는 '지령국(지령쑥)'은 장국에 해당한다고 보면 된다. 기름류에 해당하는 것은 결국 독립해서 쓰이는 '기름(기름)'과 '춤기름'밖에 없다.

이들 양념류 중 음식디미방에서의 사용 빈도를 중심으로 살펴볼 때, 가장 많이 쓰인 것은 '지령(24회)'으로, '지령기름(17), 쟝(2)'이 동일한 의미를 가진 것을 감안하면 실제 빈도는 43회에 해당한다. 이 외에 '토장(8), 젼지령(7), 건쟝(5), 둔지령(4)'의 순으로 사용 빈도를 보였고, 이 외는 1번씩 나타난다. 가루류에서는 '호쵸(호쵸ᄀ른, 후쵸, 후츄ᄀ른 포함)'가 32회로 가장 많고 '쳔쵸'가 23회, '소곰'이 15회의 빈도로 나타났다. 기름류에서는 '기름'이 34회 '춤기름'이 14회 나타났다. 기타류에 해당되는 것으로는 파가 걸파(6), 민파(1), 존파(1)를 포함하여 23회 나타난다. 이 외에 싱강이 20회, 마놀(마롤, 만롤)이 7회, 건강이 4회 나타난다.

3.8. 부사 어휘

국어 부사류는 용언의 공기 관계의 제약 유무에 따라 크게 자유부사

와 제약부사로 나누기도 하고, 피수식어를 제한하는 의미에 따라 상태부사, 정도부사, 수량부사, 지시부사, 처소부사, 시간부사, 양태부사 등으로 구분하기도 한다. 농서 자료에서는 특이한 부사가 많이 나오는데 이들을 그 공기 관계의 제약에 따라 분석해 보고자 한다.

이들은 형태적 특징 또는 그 형성 방식에 따라 단순부사, 합성부사, 전성부사로 나눌 수 있다. 단순부사는 본디부터 부사 기능을 지니고 있는 것으로 단일 형태소로 이루어진 자립형태소이다.

(1) 단일 음절의 순 우리말 부사 : 하, 죄

'하'는 파생접미사가 붙지 않고 어간이 바로 부사로 쓰인 어간부사형인데, '하 ᄆ이 몰뇌디 말고, 하 가장 식거든, 하 ᄎ지 아니ᄒᆞᆫ디'로 나타나 현대어의 '아주'와 비슷한 의미를 지닌 정도부사로 쓰인다. '죄'는 'ᄲᅧ 볼라 죄 ᄲᅡ라, 술진 암ᄃᆞᆰ을 죄 ᄠᅳ더'로 쓰이는데 현대어 '모두'에 해당하는 부사이다.

(2) 두 음절의 부사 : ᄀᆞ장, 마치, 이미, 쟈로, 미리, 어덜, 믈읫, 그저, 고로, 몬져, 쟉쟉, 졈졈, 죵죵

현대어에서의 '가장'은 정도부사로서만 쓰이지만 중세어에서는 상태부사의 성질도 공유하고 있었다. 즉 현대어에서는 '가장'과 동작동사 사이에는 어떤 상태부사의 개입 없이는 공기관계를 형성할 수 없지만 중세어에서는 이러한 어례가 많이 나온다.26)

'ᄀᆞ장'이 가진 문맥상의 의미는 부사 '아주', '퍽' 등의 강의 부사로 해석할 수도 있지만 주관적인 의미로는 현대어와 동일한 最高, 第一의

---

26) 부톄 一切衆生을 ᄀᆞ장 모도아 니ᄅᆞ샨 經이라<석24:30>, 너희 大衆이 ᄀᆞ장 보아<석23:11>, 네 ᄀᆞ장 무르라<월석21:115>. 자세한 것은 이광호(1992) 참조.

의미를 지니고 있었다. 『음식디미방』에서도 'ᄀ장 슬커든, ᄀ장 닉거든' 등에서 자신의 판단으로 최고, 제일의 의미로 쓰이는 상태부사임을 확인할 수 있다.

특이한 형태로 '어덜'이 나오는데 이는 문맥상으로 살짝, 약간의 의미를 지니고 있다. 그러나 다른 문헌에 사용된 용례도 확인할 수 없고 현대어에서도 찾을 수 없다.

'쟉쟉, 죵죵, 졈졈'은 동일한 형태가 반복되어 나타나는 부사로 합성어로도 볼 수 있는 여지가 있지만, 단일 형태로 의미 전달이 어렵다고 보고 두 음절의 부사에 포함시키는 것이 나을 것으로 보인다. '졈졈'은 漸漸에서 나왔다고 본다면 한자어 부사로 봐야 할 것이다. '죵죵'도 種種에서 나왔다고 볼 수 있으나 시간적인 의미임을 생각하면 그 의미적 연관성은 떨어진다. 이 외의 2음절 부사는 전부 우리말로 이루어진 부사이다.

(3) 세 음절의 우리말 부사 : 오오로(오으로), 골오로

'오오로'는 '온통'의 의미를 가진 것으로 한자 '全'에 해당이 된다. 오으로>오오로, 혹은 오ᄋ로>오으로도 쓰인다.[27]

합성부사는 단순 부사 또는 다른 말과의 합성으로 부사가 된 것이다. 여기에는 '드문드문, 도독도독, 도렷도렷, 동골동골, 소슘소슘, 어슥어슥(어슥어슥), 길즉길즉, 납뎍납뎍, 즐분즐분, ᄌ른ᄌ른, 서운서운, 고로고로, ᄀ만ᄀ만' 등이 있다.

'도독도독, 도렷도렷, 동골동골, 어슥어슥(어슥어슥), 길즉길즉, 납뎍납뎍' 등은 물건의 모양과 관련이 있는 부사이다. '도독도독'은 약간 두꺼

---

27) 그 말ᄊ미 工巧코 微妙ᄒ야 오ᄋ로 섯근 거시 업서 清白ᄒ고<석보13:28>, 十方世界 오ᄋ로 다 이 구무 업슨 쇠마치라<금삼 2:12>. 자세한 것은 이광호(1987) 참조.

우면서 가운데가 좀 볼록한 모양을 말한다. 문맥에서 '싸ㅎ다'와 공기하고 있는 것으로 보아 '약간 두껍게'로 해석하면 될 듯하다. '도렷도렷'은 '도렷다'와 관련있는 단어로 보아 '둥그스럼하게'로 해석할 수 있다. '어슥어슥(어슥어슥)'은 '어슷어슷, 어슷어슷'과 동일한 단어인데 파, 무 따위를 한 쪽으로 비스듬하게 자르는 것을 말한다. '소슘소슘'은 '쓸히다'와 공기하고 있는데 수량의 단위로 쓰이는 '훈 소슘'에서 나온 부사이다. '훈 소슘'이 '한 번 부글부글 끓으면'의 의미인 것을 생각하면 '소슘소슘'은 현대어의 '부글부글'과 관련이 있다.[28] '즐분즐분'은 물기가 있는 모양, 'ᄌᄅᄌᄅ'는 현대어 '자란자란'으로 넘칠락 말락의 의미로 각각 쓰인다. '서운서운'은 슬슬, 가볍게의 뜻으로 쓰이는데 <胎要24>에서도 '소곰을 ᄲᆞ르고 서운서운 미러 들이라'로 쓰였다.

전성부사는 주로 딴 범주의 낱말이 파생접사와 결합하여 이루어진 것이다.

(1) 용언에서 전성된 부사

'ᄆᆞ이(미이), 조히, 급히, 너모, 수이, 구지, 알마초(알마촘), ᄀᆞ둑(ᄀᆞ특), 둧둧, 느즈기, ᄀᆞᄂᆞ리, ᄀᆞ둑이, 도렵게, ᄀᆞᄂᆞ시, 뭉그시, 두터이, 놉즈기, 누그시, 종용히, 든든히, 느솟게, 둧거이, 훌훌ᄒ게, 이윽이, 흐싀게, 두운이, 어서치, 각고로'가 용언에서 전성된 부사에 속한다.

'ᄆᆞ이'와 '미이'는 동일한 의미를 지닌 것으로 여기서는 의미상 '매우'와 관련이 있다. 'ᄆᆞ이'와 '미이'는 각각 '많이'와 '매우'의 방언형으로 나타난다. 일단 이들은 형태상으로 '많이'에서 나온 것으로 보인다. '미이'는 'ᄆᆞ이'가 형성되고 난 다음, 움라우트현상으로 인한 것이다.

---

28) '소슘'은 현대어의 '소끔'과 관련이 있다.

'알마초'는 '알맞게'로 풀이되는데 이는 '알맞-+-오(부사파생접미사)'로 형성된 것이다. '드슨 물 소곰 알마촘 녀허'에서는 '알마촘'도 나오는데 의미는 동일하다. 경남 방언형에서 이와 유사한 것으로 '알마치, 알마침'이 나오는데 형태적으로는 '알맞(맞)+이'에서 형성되어, 부사 '마초, 마치, 마촘, 마촘'과 그 변화의 모습이 일치한다. 『주방문』에서는 '알마금 쥐여'에서처럼 동일한 의미인 '알마금'도 나온다.

'ᄀ특'은 'ᄀ득'이 유기음화된 형태로 당시 방언이나 개인어의 반영으로 보이는데 이는 현대어 '가득'과 동일하다. '둣둣'은 '둣둣ᄒ다'에서 나온 것으로 현대어에서는 부사화 접사가 없이는 쓰이지 않는다. '느즈기'는 '느죽ᄒ다'에서 파생된 부사인데 이는 '느즉ᄒ여 도라가시게 ᄇ라닝이다<신어6:5>', '느즈기 디답게ᄒ고<소언1:3>'에서 현대어 '느직이, 천천히'의 의미에 대응이 된다. 본문에서 '마술 쓰지 아니케 느즈기 ᄒ여'로 쓰인다. 'ᄀ느리'는 'ᄀ늘(다)+이', 'ᄀ독이'는 'ᄀ독+이', '둣거이'는 두껍게의 뜻인데, 둗거이로도 나타난다.[29] '두터이'는 '두텁+이', '놉즈기'는 '놉죽+이'에서 나왔는데 놉즈기>놉즈기>높직이로 연결된다. '놉즈기 ᄲᅩ고<노걸下33>'에서도 나타난다. '누그시'는 '누굿+이'에 해당하는데 메마르거나 뻣뻣하지 않고 눅눅하다의 뜻이다. '종용히'는 '종용+히', '둔둔히'는 '둔둔+히', '각고로'는 '가ᄀᆯ(꼴)+오', 'ᄂ솟게'와 '훌훌ᄒ게'는 각각 'ᄂ솟+게', '훌훌ᄒ+게'이다. 'ᄂ솟게'는 'ᄂ솟+게'로 'ᄂᆯ다(飛)+솟다(湧)'의 복합동사이다. '훌훌ᄒ다'는 죽이나 미음같은 것이 매우 묽은 것을 말한다. '이윽이'는 현대어 '이윽히'에 해당하는데 이도 '이윽하다'에서 나왔다. '도렵게'는 '도렵+게'로 형성

---

29) 方便으로 구지저 술피게코 親히 둗거이 ᄒ야 便安ᄒ야 怯 업게 ᄒ니라<법화 2:212>, 賢良온 비록 祿올 어더도 道義를 守ᄒ야 모몰 둗거이 아니 ᄒᄂ니라<두해-초 16:67>, 팟미틀 ᄀ느리 ᄀ라 ᄲᅮ레 ᄆ라 헌 ᄯᅡ해 둗거이 브티면 즉재 됻ᄂ니라<구방, 하:29>.

된 것으로 중세어에서부터 보편적으로 쓰이던 부사형이다. '이스리 도려 오몰<두초15:20>, 도려온 옥 벽<유합上25>' 등에서 쓰였었다. 뜻은 현대어 '둥글다'에 해당한다. 동일한 의미로 '도렫ᄒ다, 도렷ᄒ다'도 나타난다.[30]

이 외에 특이한 부사로 '흐싀게'와 '두운이', 그리고 '어서치'가 있다. '소티 듕탕ᄒ여 흐싀게 쩌 쓰라'라는 내용으로 본다면 '흐싀게'는 '흐물흐물하게'로 해석이 되고, '두운이'는 '체예 걸러 기름 두운이 노코'에서 '흥건히, 넉넉하게'의 뜻을 가진 것으로 보인다. '어서치'는 '다시기롤 세 번 ᄒ여 춘물 어서치 시서 돕가'의 내용으로 볼 때 '대략 혹은 슬쩍'의 뜻을 가지는 듯하다. 주방문에서 나오는 '답사리'는 '답사리 발라(리화쥬)'로 쓰이는 것으로 보아 '답사히 그륜 눈서비 어위도다(狼藉畵眉闊)<두중1:6>'과 관련이 있을 법하다. '답샇다'는 '첩첩이 쌓은'의 뜻으로 쓰인다.

(2) 명사나 명사 어기에서 전성된 부사 : 삭삭이, 겻겻치, 낫낫치, 자풋낫, 약과낫, 내죵내

'삭삭이'는 의성어 '삭삭'에서 나온 것으로 보이는데 이는 '삭삭 소리가 나게'의 뜻을 가진다. '겻겻치'는 의미상으로 '겹겹이'에 대응이 된다. '자풋낫'과 '약과낫'은 '자풋＋낫', '약과＋낫'에서 나온 것인데 '자풋'은 붉은 팥이란 뜻이다. '낫'은 물건을 헤아리는 단위명사로 현대어 '낱'에 대응이 된다. 이 외에 특이하게 구로 형성된 것이 있는데 '훈분게잡ᄉ오되식'이 그것이다. 이것은 '한 사람이 먹을 수 있을 만큼의 크기로'라는 뜻을 가진다.

---

30) 갠 구루미 이페 ᄀᆞ독ᄒ야 기우린 蓋예 도렫ᄒ고<두초7:31>, 미햇 비체 도렷ᄒ고<두중3:30>.

‘내죵내’는 ‘내죵＋내’의 결합이다. ‘내죵’은 『용비어천가』의 ‘迺終’과 『석보상절』의 ‘乃終’으로 보아 한자어에서 출발하였다.

> (1) ㄱ. <u>迺終</u>애 殊恩이시니(용78)
> ㄴ. <u>乃終</u>내 달옳 주리 업스시니이다(석9:27)

하지만 이러한 한자 표기 방식은 『용비어천가』나 『석보상절』 이후에는 나타나지 않는다. 그리고 한자어라는 인식은 점점 희석되어 17세기경에는 ‘내죵’의 표기방식에도 변화가 생긴다. ‘내죵’의 표기는 중세어에서는 변화가 없지만 17세기 문헌인 『동국신속삼강행실』에는 ‘나죵, 낭죵’ 등의 다양한 표기가 나타난다. 따라서 ‘내죵’의 고유어 표기가 다양화 되는 17세기경이 ‘내죵’의 한자어 표기에 대한 의식이 희석된 시기임을 짐작할 수 있다.

> (2) ㄱ. 회 처엄 <u>나죵</u>이 업다 흐리오(孝無始終, 동신삼효1)
> ㄴ. <u>낭죵</u>내 게으르디 아니흐더라(終始不怠, 동신충1:81)
> ㄷ. <u>나죵</u>내 봉양 몯홀 일이 흔흡다 흐고(恨不終養, 동신열2:26)

그런데 ‘迺終(혹은 乃終)＋내’를 형성하는 ‘내죵’의 의미는 다음과 같이 쓰인다.

> (3) ㄱ. <u>내죵</u>애 行으로 德 일우메 니르르샤ᅀᅢ(終至以行成德, 법화1:44)
> ㄴ. 이는 涅槃 <u>내죵</u>올 頌흐시니라(此頌涅槃之終也, 법화1:86)
> ㄷ. 처엄 업스며 <u>내죵</u> 업수믈(無始無終, 법화3:161)
> ㄹ. <u>내죵</u>애 法華애 니르르샤(終至法華, 능1:20)

15세기 자료에서 어형은 전부 ‘내죵’으로만 쓰인다. 『법화경언해』의 예들은 전부 '처음'에 대립하는 '끝(마지막)'의 뜻이다. 『능엄경언해』에서는 '몬져, 버거' 다음의 '끝(마지막)' 개념이다. 전부 한자 '終'에 대응한다. 그러나 다음 『두시언해』에서는 한자가 '後'에 대응한다. 이는 '본디'에 대립하는데, 분명한 '終'의 의미는 아니다. 또한 (4ㄴ~ㄷ)도 비록 한자는 '終'에 대응하나 '後'의 의미에 해당한다.

(4) ㄱ. 張翰은 <u>내죵</u>애 吳애 가니라(張翰後歸吳, 두초2:20)

　　ㄴ. <u>내죵</u>애 巢父와 다뭇 許由의(終愧巢與由, 두초2:34)

　　ㄷ. 文園이 <u>내죵</u>애 괴외ᄒ고(文園終寂寞, 두초3:2)

어형 '내죵'은 한문 원문에도 '乃終, 迺終'으로 대응하지는 않는다. '내죵'의 대응 한자는 '終'과 '後'이다. '後'의 의미는 『노걸대언해』에서도 나타난다. 어형은 '나죵'에 대응한다. 그리고 대응 한자는 '晚'이다.

(5) <u>나죵</u>애 다ᄃᄅ라(臨晚也, 번노하23)

그런데 『소학언해』에서는 '내죵'이 '처음'에 대립되는 의미와 함께(6ㄱ~ㄷ), 시대의 '말기'를 뜻하기도 한다(6ㄹ~ㅁ). 또한 한자 '終'에 대응하지만 의미상 '後'의 뜻도 가진다(6ㅂ). 『소학언해』에서는 '내죵' 이외의 다른 어형은 나오지 않는다.

(6) ㄱ. <u>내죵</u> 삼가기를 처엄 ᄀ티 홀디니(愼終如始, 소학2:76)

　　ㄴ. 처엄은 잇디 아니니 업스나 능히 <u>내죵</u>이 실이 격다 ᄒ니라(靡不有初鮮克有終, 소학2:76)

　　ㄷ. <u>내죵</u>과 처엄이 ᄒ가짓 ᄠᅳ이면(終始一意, 소학5:9)

　　ㄹ. 漢 <u>내죵</u>애 當ᄒ야(當韓末, 소학5:99)

　　ㅁ. 大明 <u>내죵</u>애 東녁 ᄯᅡ히 흉황ᄒ고(大明末東土饑荒, 소학6:29)

ㅂ. 盛혼 시절의도 오히려 <u>내죵</u>을 보젼코져 ᄒ거든(保終, 소학6:58)

결국 '내죵'은 크게 보아 '終, 後, 末'의 세 가지 뜻으로 쓰인다. 이러한 의미의 '내죵'에 '-내'가 첨기된 형태는 다음과 같다.

(7) ㄱ. <u>내죵내</u> 實혼 證 업수믈(終無實證, 법화2:191)
ㄴ. <u>내죵내</u> ᄀᆞᆺ보미 업서(終不疲厭, 법화3:41)
ㄷ. <u>내죵내</u> 삭디 아니ᄒᆞ야(終竟不鎖, 원상1:1:92)
ㄹ. <u>내죵내</u> 어드러셔 오뇨 ᄒᆞ야(竟不問此物從何而來, 내훈3:27)
ㅁ. <u>내죵내</u> 잇브며 수고ᄅᆞ외도다(終勞苦, 두초1:19)

(7ㄱ~ㅁ)의 '내죵내'는 전부 '後'의 의미에 대응한다. 어떤 상황의 '뒤(後)'라는 뜻을 전달한다. (7ㄷ)도 화엄경에 금강 먹는 것을 비유하여, 食少金剛終竟不鎖라 하였는데, '마지막'의 의미는 아니다. 오히려 먹은 '뒤(後)'의 뜻이다. '내죵＋내'는 그러한 '뒤('내죵')'에도 계속('내')이라는 의미를 부가하여 전달하는데, 결국 '내'도 '계속'이라는 어휘적 의미를 내포한다. 이러한 의미는 16세기 자료인 『소학언해』에서도 마찬가지이다. (8ㅁ)도 '고침이 있지 않다'는 '계속'된 행위의 지속을 나타낸다.

(8) ㄱ. <u>내죵내</u> 듣디 아니ᄒᆞ니라(終不聽, 소학4:37)
ㄴ. <u>내죵내</u> 엇디 足히 미드리오(畢竟何足恃, 소학5:25)
ㄷ. <u>내죵내</u> 됴티 몯ᄒᆞ엿더니(終不瘳, 소학6:37)
ㄹ. <u>내죵내</u> 남진 어를 ᄠᅳ디 업더라(終無嫁意, 소학6:51)
ㅁ. <u>내죵내</u> <중략> 죠고매도 고티미 잇디 아니ᄒᆞ더라(終不以官達有
   小改, 소학6:97)

'내죵내'에서의 '-내'도 중, 근세어에서는 '접사'로서의 기능이 완전하지 않다. 오히려 부사로서의 어휘적 기능이 뚜렷하다. '내죵'도 독립되어 쓰였을 경우에는 '終, 後, 末'의 뜻을 공유하였으나, '내죵+내'로 쓰였을 경우에는 '끝(마지막)'의 의미 기능보다는 '後'의 의미가 보편적이다. 따라서 현대어에 나타나는 '나중'의 의미는 '내죵내'가 가진 '後'의 의미에서 실현된다. 하지만 '내죵내'의 '내'의 의미는 '내죵내'가 더 이상 나타나지 않으면서 소멸한다.『표준국어대사전』의 용례는 '내죵내'의 이러한 의미와 관련하여 어형 '나중'으로 실현된다. (9ㄷ)은 '끝(마지막)'의 의미도 부분적으로 드러난다.

  (9) ㄱ. 얼마의 시간이 지난 뒤.
        나중에 만납시다.
      ㄴ. 다른 일을 먼저 한 뒤의 차례.
        이 일은 다른 일 다 하고 나중에 하겠습니다.
      ㄷ. 순서상이나 시간상의 맨 끝.
        가만 내버려 두니까 나중에는 못 할 말이 없구나!

  결국 중, 근세어에서 '내'는 대체로 접사적 기능보다는 어휘적 기능이 활발하게 작용한다. '계속'이라는 의미적 속성은 단독 부사인 '내'에서 뿐만 아니라 '내내, 몰내, 무춤내, 내죵내' 등에서도 그 의미적 기능을 유지하였다. 이러한 '내'는 점차 독립된 어휘적 기능을 상실하고, 종속적인 접사의 기능으로 약화된다. 그렇지만 의미적으로는 '계속'의 의미가 종속적인 접사적 기능에서 유지된다. 이는 중세어에서는 나타나지 않는 '끝내, 끝끝내, 종내'로까지 용례가 확대된다. 중세어와 마찬가지로 '終'의 의미를 가진 다양한 어휘와 결합하여 새로운 부사를 파생시킨 것이다. '내죵'이 현대어 '나중'의 의미와 연결되는데 이는 '내'가 가진 의미적 요소는 배제된다. 또한 현재 어형인 '나중'과 '내'의 결합 형태도 나타나지 않는다. 즉 '나중'에서 '계속'의 의미는 '내'가 아닌 다른 보조사가 차지한다. '나중'은 단지 어느 시점을 특정지어 표현된다. 결국 중세어에서 지속의 의미와 보편적으로 결합되었던 '내죵내'는 소실된다. 한자어라는 의식이 사라진 후 '나중'으로 귀결된 것이다. '끝내'와 '종내'는 『표준국어대사전』에서 동일한 의미를 가진 단어로 설명한다. 그리고 '끝끝내'는 '끝내'를 강조하여 이른 말이다. '끝내'에서는 '-내'의 독립적 의미 기능을 드러내어 '끝까지 내내'로 풀이한다. 보조사 '-까지'가 연결되는 의미적 기능도 확인된다. '종내'에서는 끝의 의미를 가진 한자 '終'이 직접 연결되는 파생법이 특징적이다. 그리고 '종내'를 한자 '終乃'로 표기하여 '-내'에 '-乃'를 대응시킨다. 중·근세어에서는 전혀 나타나지 않은 표기방법이다.

3.9. 수량단위명사

수량단위명사는 어떤 개체들의 수효나 양을 결정하여 주는 표현을 위하여 동원된 명사에 결합되는 수식어라고 정의 내릴 수 있다. 김영희(1984 : 13)에서는 현대 한국어의 셈숱화(수량사)를 통사론적으로 분류하고 있다. 이익섭(1974 : 46)에서는 수량사구라고 했는데, 명사 뒤에서 그 명사의 수량을 표시해 주는 말로 수사 자체일 수도 있고, 수사(및 수관형사)에 수량 표시의 형식명사(송이, 관, 근, 개, 권, 장, 명, 자루, 켤레 등)가 결합된 명사구일 수도 있다고 하였다. 이와 같은 논의들과 관련된 것으로 농서 자료에서는 다음의 예들이 쓰이고 있다.

> (훈)복즈, (닷)되, 두되, 칠홉, 다숩(다섯홉), 혼 술(숟가락), 혼되, 혼사발, 서홉, 반동희, 칠홉, 혼말, 두되, 한짐(짐 한 번), 여듧홉, 이사홀(이삼일),

열헤, 세볼(세번), 쉰마리, 이틀, 혼시, 혼치, 두 마리, 세 마리, 서너마리,
혼줌, 빅가지, 혼가지, 두스이, 대여쇄, 혼죵즈, 열번, 혼그룻, 서너낫, 다엿
낫, 반죵지, 두쟈쑥, 스무낫, 대엿낫, 섯돌, 열흘, 혼근, 혼냥, 혼잔, 두 마
리, 빅마리, 두되, 반식, 혼말, 서홉, 혼말, 혼홉, 칠홉, 혼졉시, 두녁ㅎ, 여
나믄낫, 두져ㄱ치, 네쪽, 혼볼, 닐곱되, 구시월, 팔구월, 뉵월, 칠월, 두둘
에, 혼두레, 닷되, 서너두레, 엿되, 여듦홉, 닷셋, 엿말, 두홉, 너되, 아홉사
발, 닐곱되, 너말, 열두사발, 열서말, 닐곱말, 구월, 희일, 돗날, 닐곱 듕발,
네동희, 여듦동희, 서너날, 서너볼, 혼사발, 닷쇄, 이칠일, 너말, 아홉사발,
스므날, 닐웨, 보롬, 열다숫병, 혼병, 사흘, 칠일, 두동희, 여숩, 혼동희, 열
다숫대야, 스므날, 나흘댓쇄, 닷숫병, 스므병, 서너번, 스믈, 셜흔, 혼돈, 네
대야, 열여듦 복즈, 열서숫 복즈, 엿쇄, 세사발, 세닐곱, 둘에

(1) 날(日), 달(月)을 세는 표현

이사홀, 이틀, 서너날, 사흘칠일, 나흘댓쇄, 대여쇄, 엿쇄, 닐웨, 열흘,
보롬, 스므날, 이칠일,[31] 섯돌, 뉵월, 칠월, 팔구월, 구월, 구시월

두 개의 숫자가 겹쳐 대략의 개수를 나타내는 것 중, 이사홀, 사흘칠
일, 나흘댓쇄, 세닐곱 등은 현대어와 비교할 때 조금 특이하다고 할 수
있다. '이사홀'에서 '이'는 '이틀'을 줄여 쓴 말이다. 현대어에서는 고유
어 표기 방식이 나타나지 않는다. 현대어와 관련을 시킨다면 이는 '이삼
일'로 표기해야 정상적인 방법이다. '사흘칠일'처럼 그 사이의 기간을
길게 잡는 방법도 아주 특이하다. 이는 현대어에 대응하는 표현이 없다.
'나흘댓쇄'는 현대어의 고유어 표현이 '너댓새'로 쓰인다. 현대어 한자
어 표현은 '사오일'이다.

---

31) 이것은 둘을 동시에 가리키는 말이 아니라 두 번의 칠일(14일)이라는 의미를 지닌다.

(2) 개수, 양의 표현

> 혼, 두, 세(서), 서너 낫, 네(너), 다숫(닷), 다엿낫(대엿낫), 여숫, 닐곱, 여
> 닐곱(여섯 일곱의 뜻), 세닐곱(세 개에서 일곱 개까지), 여듧, 아홉, 열, 여나
> 믄 낫(열 개 남짓), 열다숫, 열여숫, 열여듧, 스무낫, 스물, 셜흔, 서 홉, 세
> 볼(세 번[32]), 세 마리, 서너 마리, 네 쪽, 서너 두레, 네 대야, 세 사발

수량단위명사를 분류사라고 할 때, 일반적으로 수사＋명사의 구조 속
에서 수사의 수식을 받는 명사가 그 역할을 담당한다. 여기서 나타나는
단위명사는 명사 의미를 한정하는 역할을 하여 선택제약을 형성한다.
형태상으로 볼 때, 의존적 수량단위명사로서 자리를 잡은 것도 있지만
(낫, 볼, 쪽 등), 명사와 동일한 형태를 가지면서 자립적인 수량단위명사로
쓰이는 것(홉, 마리, 두레, 대야, 사발 등)도 있다.

(1) 의존적 수량단위명사

'홉, 되, 말' 등 양을 나타내는 단위는 고유어이기 때문에 고유어와의
공기가 자연스럽다. 그런데 일곱 홉이 아니고 칠 홉을 쓰는 것은 특이하
다. 그리고 다섯 홉과 여섯 홉은 준말의 형태를 취하는데 다숩, 여숩으
로 나타난다. 이 외에도 '낫(낱), 시, 치, 마리, 줌, 가지, 번, 근, 양, 볼,
일' 등이 의존적인 수량단위명사로 쓰인다.

(2) 자립적 수량단위명사

복즈, 술(숟가락), 동희, 김 등은 명사와 동일한 형태를 가지면서 수량
단위명사로 쓰이는 예들이다. '복즈'와 '동희'는 각각 기름을 부을 때
쓰는 도구와 물 긷는데 쓰는 도구인데 수량단위명사로 쓰인다. 그리고

---

32) '볼/번'에 대한 자세한 것은 이광호(1992)를 참조할 것.

‘술’은 숟가락에서 연유한 수량단위명사이다. ‘김’은 ‘김을 한 번 내고’
의 뜻에서 ‘한(수사)+김’의 형태를 취하고 있다. 훈 ‘소솜’도 역시 마찬
가지인데 ‘소솜’이 독립된 명사로는 쓰이지 않지만 ‘한 번 부글부글 끓
으면’의 의미를 ‘훈+소솜’으로 쓰고 있다. ‘죵즈(종지)’는 기름의 양을
재는 단위로 쓰이는데 현재는 ‘종지’로 쓰인다. 이의 사전적 의미는 ‘식
사에 쓰는 작은 그릇’인데 주로 간장 따위를 담는데 쓴다. 간장이나 된
장을 담는 것에서 양의 측정 단위로 쓰이게 된 것이다. ‘그릇, 잔, 접시,
사발, 듕발, 병, 대야’ 등도 역시 물건을 담는 명사에서 연유하여 양을
재는 단위명사 구실을 하게 된 것이다. ‘접시’도 훈 접시식 노하<강졍
법>로 쓰이고, ‘그릇’은 수사와 연결된 구성을 찾아볼 수는 없지만 현
대어로 볼 때 충분히 그 가능성을 생각할 수 있다. ‘잔, 사발, 듕발, 병,
대야’는 전부 액체를 잴 때 쓰는 도구로 쓰인다.

> 흰 물이 훈 <u>사발</u>만 ᄒ거든<증편법>, 쳥쟝 훈 <u>사발</u><누른개 뽑ᄂ 법>,
> 믈 아홉 <u>사발</u>로<삼희쥬>, 술 훈 <u>사발</u><삼희쥬>, 믈 닐곱 <u>듕발</u>의<삼희
> 쥬>, 믈 열다숫 <u>병</u>을 섯거<향온쥬>, 서김 훈 <u>병</u> 섯거<향온쥬>, 쳥쥐 세
> <u>병</u>이 나ᄂ니라<시금쥬>, 탕슈 훈 <u>병</u>을 시겨 부어<과하쥬>, 탕슈 열다숫
> <u>대야</u> ᄀ장 ᄭ흴혀<녹파쥬>, 닷쇄만에 고흐면 네 <u>대야</u> 나ᄂ니라<밀쇼쥬>.

‘쟛국’은 ‘국자’로 생각되는데, 이와 유사한 것으로 ‘쟉자’와 ‘구기’가
쓰였다. 이것은 기름, 술 따위를 뜰 때에 쓰는 기구로 자루가 국자보다
짧고 바닥이 오목한데 이것과 관련이 있는 것으로 보인다. ‘둘에(두레)’
는 누룩을 헤아리는 단위로 누룩의 크기를 재는 ‘둘레’에서 연유하여 부
르는 말로 단위명사로 쓰이고 있고, ‘져ᄀ치’는 젓가락에서 나온 단위명
사로 ‘가지뎍 두져ᄀ치 어슥어슥 싸ᄒ라 쓰ᄂ니라<가지ᄂ름이>’와 같
이 쓰인다. ‘스이’는 ‘두 스이룰 김나지 아니케 ᄇᄅ고<개쟝씸>’에서

수량단위명사로 쓰이는 예를 보이며, '날'도 '여러 날, 서너 날 후의, 스므 날만애' 등에서 수량단위명사로 쓰인다.

제4장 | 농서 자료에 나타난 어휘장

　어휘장은 개념적(의미적) 공통성이나 유사성이 있는 일련의 어휘들의 집단을 말한다. 어휘는 개개의 어휘로서가 아니라 일정한 어휘장으로 묶어서 파악했을 때 진정한 가치와 위상이 드러난다.

　현재 우리의 어휘 체계는 오랜 기간에 걸쳐 이루어진 변화의 결과이자, 또 앞으로 변화해 갈 출발점이기도 하다. 이런 관점에서 보았을 때, 한 어휘장의 성원이 되는 어휘들은 시간의 연속선상에서 다른 구성원들과의 역학 관계에 의해서 현재의 가치를 갖게 되었다고 할 수 있다. 따라서 현재의 어휘체계에 대한 정확한 이해를 위해서는 통시태에 대한 이해가 전제되어야 한다는 논리가 성립한다. 한 어휘가 어떤 원리에 의해서 현재의 가치를 갖게 되었는가에 대한 해명은 어휘체계에 대한 보다 세밀한 기술을 위해서 꼭 필요한 것이다. 농서 어휘에 대한 어휘장 수립은 먼저 어휘들 간의 통시적 관계를 복원시킴으로써 현대국어의 어휘들이 맺고 있는 어휘 체계상의 관계도 해명할 수 있게 할 것이다.

4.1. 곡식류 어휘장

조선시대에 발간된 고농서는 230여 종이나 되고, 그 중에서 농업 종합서라고 할 수 있는 농업총서가 53종이나 된다. 이 중 곡식류에 대한 언급은 다음의 25종에서 나타난다.

農事直設(1429), 衿陽雜錄(1482), 閑情錄(1610), 芝峯類說(1614), 農政全書(1639), 農家集成(1655), 穡經(1676), 穡經增集(1787), 山林經濟(1715), 農家要訣(연대미상), 增補山林經濟(1766), 攷事新書(1771), 本史(1787), 海東農書(1799), 農書總論(1799), 課農小抄(1799), 千一錄(1804), 杏蒲志(1825), 林園經濟志(1827), 農政會要(1834), 竹僑便覽(1849), 農務牧畜試驗場所存穀菜種(1884), 農政新編(1885), 重麥說(1888), 撮要新書(1894)

이들 자료 중 곡식류 어휘장에서 정음 표기가 제시된 자료는 다음과 같다.[1]

衿陽雜錄(1482), 農家集成(1655), 穡經(1676), 穡經增集(1787), 山林經濟(1715), 增補山林經濟(1766), 海東農書(1799), 杏蒲志(1825), 農政會要(1834)

이들은 시기적으로 15세기 문헌에서 19세기 문헌까지 분포되어 있어, 이를 바탕으로 하더라도 15세기에서부터 19세기에 이르는 곡식류 어휘장의 다양한 정음 표기 방식 및 변화를 점검할 수 있을 것으로 보인다. 하지만 곡식류 어휘장에 나타난 정음 표기는 실질적으로 한자 차자표기를 반영한다. 각 항목의 명칭에 정음 표기가 병기된 형식을 취하고 있을

---

1) 해동농서는 활자본(大阪本)과 필사본(成大本)의 내용에서 차이가 나기 때문에 실질적으로는 10종의 자료가 연구대상이 된다. 그리고 시기상으로는 색경증집이 산림경제나 증보산림경제보다 후대의 자료이지만, 색경과의 관련성을 고려하여 색경증집은 색경 다음에 배치하여 비교하도록 한다.

뿐이다. 따라서 곡식류의 표기법에 대한 연구는 한자 차자표기에 초점이 맞추어진다. 『표준국어대사전(1999)』에서 곡식은 '사람의 식량이 되는 쌀, 보리, 콩, 조, 기장, 수수, 밀, 옥수수 따위를 통틀어 이르는 말'로 설명한다. 고농서에는 화본과 작물(禾本科 作物)에 벼를 비롯하여 보리(大麥, 麰), 밀(小麥), 기장(黍), 조(粟), 피(稷), 수수(蜀黍, 梁), 율무(薏苡), 옥수수(玉蜀黍), 귀리(燕麥) 등 10개 작물명이, 그리고 두과 작물(豆科 作物)에 대두, 소두, 녹두 등 3개의 작물명이 제시된다. 따라서 여기서 논하고자 하는 곡식류 어휘장은 화본과 작물(禾本科 作物)과 두과 작물이 모두 포함된다. 명칭 및 포함 항목은 고농서에 따라서 상이하고, 경우에 따라서는 하위의 다양한 종류가 제시되기도 한다. 표기법과 관련한 주된 논점은 각각의 자료에서 제시된 이들 항목의 분류 방식과 각각의 분류 항목에서 나타나는 정음 표기 방식이다. 한자 차자표기를 통해 한자 표기만 나타나는 당시의 곡식명도 재구할 수 있을 것이다. 곡식명도 상당히 고착적인 보수성을 가지고 있어 어휘의 변화는 크게 나타나지 않는다. 다만 대응하는 한자의 변화는 부분적으로 일어난다.

4.1.1. 곡식류 어휘장의 자료별 분류 항목

곡식류의 정음 표기가 제시된 자료를 살펴보면, 자료간 어휘간의 상관성을 점검할 수 있다. 그리고 각 항목에서 나타나는 명칭을 중심으로 그 표기법을 비교할 수 있다. 다음의 자료에서 나타나는 각 항목들의 한자 차자표기나 정음 표기가 주된 연구 대상이 된다. 이들은 각 항목을 제시하면서, 출처를 세세하게 밝히고 있어 자료별 연원관계가 비교적 명확하다. 따라서 이들을 중심으로 항목의 변화나 표기법의 변천도 비교해 볼 수 있다.

- 『금양잡록』: 早稻, 次早稻, 晩稻, 黍, 粟, 稷, 唐黍, 麥(麰)
- 『농가집성』: 농사직설과 금양잡록 합본
- 『색경』: 大麥, 小麥, 水稻, 早稻, 黍(기장), 蜀黍(수수)
- 『색경증집』: 上同 율무(薏苡) 추가
- 『산림경제』: 稻, 黍, 粟, 稷, 蜀黍, 大麥, 小麥, 薏苡
- 『증보산림경제』: 上同 품종별 추가
- 『해동농서』: 稻, 粟, 黍, 蜀黍, 玉蜀黍, 薏苡. 稷, 大麥, 小麥
- 『행포지』: 稻, 黍, 稷, 粟, 蜀黍, 玉蜀黍, 薏苡
- 『농정회요』: 稻, 糯稻, 黍, 黃梁, 青梁, 稷, 穄, 赤黍, 蜀黍, 玉蜀黍, 野黍, 粟, 白粟, 秫, 大麥, 雀麥(燕麥, 耳麥)

위의 분류에서 보듯이 곡식류에 해당하는 각각의 항목은 상이하게 제시된다. 벼(稻)의 분류도 『금양잡록』에서는 早稻, 次早稻, 晩稻로 구분되지만 『색경』에서는 水稻와 早稻가 구분되고, 『농정회요』에서는 糯稻가 첨가된다. 이에 따라 나타나는 각각의 품종별 항목도 상이하다. 여기에서 다루고자 하는 것은 이러한 분류의 세부 항목으로 설정된 각 품종별 정음 표기 명칭과 관련한 차자표기 방식이다.

4.1.2. 곡식류 어휘장의 분류 및 표기법의 변화

각각의 자료에서 나타나는 곡식류 어휘장과 관련한 품종별 항목을 제시한다. 이들을 중심으로 곡식류 어휘장은 자연스럽게 생성될 것이고, 이들을 표기하는 방식에 대한 비교는 자료별로 검토될 것이다.

4.1.2.1. 『금양잡록』의 곡식류 어휘장

『금양잡록』은 곡식류를 穀品에서 다룬다. 穀品에는 벼(早稻, 次早稻, 晩

稻), 콩, 기장, 조, 피, 수수, 밀이 포함되어 있고 이는 다시 다음과 같이 하위 분류 된다.

① 벼(稻)
早稻 : 救荒狄所里구황되쇼리 一名氷折稻어름것기, 自蔡, 著光
次早稻 : 於伊仇智에우디, 倭子, 黃金子, 所老狄所里쇠노되쇼리
晚稻 : 沙老里사노리, 牛狄所里쇼되쇼리, 黑沙老里거믄사노리, 沙老里사노리, 高沙伊沙老里고새사노리, 所伊老里쇠노리, 晚倭子늣왜ᄌ, 東謁老里동아노리, 牛得山稻우득산도亦名두이라, 白黔夫只흰검부기, 黑黔夫只거믄검부기, 東鼎艮里동솓ᄀ리, 靈山狄所里령산되쇼리, 高沙伊眼檢伊고새눈거미, 多多只다다기一名御飯米, 仇郎粘구렁출, 所伊老粘쇠노출, 多多只粘다다기출, 粘山稻, 麰山稻보리산도
② 콩(太) : 黑太, 吾海波知太오히와디콩, 黃太, 百升太온되콩, 火太블콩, 者乙外太쟐외콩, 臥叱多太왁대콩, 六月太, 春小豆봄가리폿[2], 根小豆, 山達伊小豆, 渚排夫蔡小豆져비우체, 墨小豆먹폿, 早小豆올폿, 升伊應同小豆셩동폿, 沒衣菉豆몰의록두, 靑菉豆, 東背, 光將豆, 豌豆
③ 기장(黍) : 宿乙里黍잘으리기장, 走非黍주비기장, 達乙伊黍달이기장, 漆黍옷기장
④ 조(粟) : 三葉粟세닙히조, 瓜花粟읫고지조, 猪啼粟돝우리조, 都籠筥粟도롱고리조, 沙森犯勿羅粟사솜버므레조, 臥余項只粟와여모기조, 茂件羅粟므프레조, 漸勿日伊粟져므싀리조, 鳥鼻衝粟새고딜이조, 擎子ケ赤粟경ᄌ마치[3]조, 漸勿日伊粘粟져므시리츠조, 生動粘粟싱동츠조, 婁亦粘粟누억츠조, 黑德只粟거믄더기조, 開羅叱粟ᄀ랏조
⑤ 피(稷) : 阿海沙里稷아히ᄉ리피, 五十日稷쉬나리피, 長佐稷댱재피, 中早稷듕올피, 羌稷강피

---

2) '폿'은 콩과에 속하기 때문에, 콩(太)의 분류에 포함시킨다. 이는 녹두(菉豆)도 마찬가지이다.

3) 이기문(105)에서는 五洲衍文長箋散稿(권25) 農家奇文異字辨證說의 'ケ音麻治'라고 한 것을 인용하면서 'ケ'를 '마치'로 읽었다고 하면서, '마치'는 훈몽자회(중18)의 '椎'의 석 '마치'와 같은 단어로 추정하고 있다. '赤'을 '치'로 읽는 것은 고려시대의 유풍으로 설명한다.

⑥ 수수(唐黍) : 無應厓唐黍뭉애슈슈, 米唐黍뽈슈슈, 肓干唐黍밍간슈슈

⑦ 보리(麰) : 秋麰, 春麰, 兩節麰, 米麰, 眞麥

⑧ 밀(麥) : 莫知麥막디밀

　　이들 항목은 한자 표기로 이루어진 것과 정음 표기로 이루어진 것으로 분류된다. 자료에 따라서는 동일한 명칭이 한자로, 혹은 정음 표기로 이루어지기 때문에 각각의 한자 표기 항목에 대한 당시의 명칭에 대한 추측이 가능하다. 우선 한자 차자표기의 특성을 검토하면 각 자료의 음독자와 훈독자를 통해 당시의 차자표기의 형식을 찾을 수 있다. 『금양잡록』에 나오는 음독자에 대한 점검은 이기문에서 이미 이루어진 바 있다.[4] 다음은 『금양잡록』에서 추출한 훈독자이다.

거믄黑	것折	고鼻	고리筥	곳花	
날日	눈眼	늣晩	닙ㅎ葉		
돋猪	되狄, 升	딜衝			
먹墨	목項	밀麥			
보리麰	봄春	블火			
새鳥	세三	솓鼎	쇼牛	쉰五十[5]	뽈米
어름氷	온百	올早	옷漆	외瓜	울啼
잘宿	조粟				
출粘	콩太	프件[6]	힌白		

---

4) 이기문(1975)에서 금양잡록의 곡명과 관련한 논의가 제시되어 있다. 이를 바탕으로 금양잡록에서의 음독자를 다음과 같이 제시하였다. 간干 검黔, 檢 고高 구仇 기只 ㄱ開, 良 노老 누婁 다多 달達 덕德 도都 동同, 東 득得 디智, 知 라羅 렁郞 (레羅) 롱籠 리里 마亇 막莫, 몰沒, 무無 믈勿 밍盲 바波 범犯 부夫 비非 빈排 사沙 소所 싱升伊應 合森 아阿 애厓 어於 여余 역亦 와臥 외外 우牛 의衣 이伊 실日 쟈者 져渚 졈漸 주走 체蔡 치赤 희海 (終聲)ㄱ 叱 ㄹ乙 ㅅ叱 ㅇ應

5) 五十日이 쉬나일로 된 것은 이기문(1975 : 106)에서 '-nn-'이 '-n-'으로 단순화된 것으로 설명하면서 '흐녁(석6:3, 24:31)을 예로 들고 있다.

6) 이기문(1975 : 104)에서 '件'이 '프'로 읽혔음은 그 釋에 '블'이 있었기 때문으로 설명하

명칭이 한자 표기로만 이루어진 것은 早稻의 自蔡, 著光, 次早稻의 倭子와 黃金子, 晚稻의 粘山稻, 콩(太)의 黑太와 黃太, 六月太, 根小豆, 山達伊小豆, 靑菉豆, 東背, 光將豆, 豌豆 등이 있다. 기장과 조, 피, 수수에서는 하위 항목에서 정음 표기가 제시되고, 보리(麰)에는 秋麰, 春麰, 兩節麰, 米麰, 眞麥 등 한자 명칭만 나타난다. 自蔡, 著光은 음독되었을 것으로 추정된다. 이는 현대어의 자채(자채벼)와 저광이로 남아있다. 倭子는『산림경제』나『해동농서』등에서 '晚倭子늣왜즈'로 대응된 것으로 보아 음독으로 표기되었을 것이다. 黃金子도『해동농서(성대본)』에 '黃金子황금즈'로 대응되어 있다. 東背, 光將豆, 豌豆도 음독되었을 가능성이 높다.[7) 粘山稻츨산도, 黑太거믄콩, 黃太누른콩, 六月太뉵월콩, 根小豆그루풋, 山達伊小豆산달이풋 등은 다른 자료와의 비교를 통해 그 명칭의 재구가 가능하다. 秋麰ㄱ술보리, 春麰봄보리, 米麰뽈보리, 眞麥밀 등도 다른 자료에서 정음 표기가 드러난다. 靑菉豆, 兩節麰는 그 형태가 다른 자료에서도 나타나지 않으나 *푸른녹두, *양절보리 등으로 표현되었을 가능성이 높다. 특히 兩節麰는 주석 풀이에서 或秋耕或春耕으로 설명되어 있는데 이는 봄, 가을 어느 때 파종해도 이삭이 나오는 것이기 때문이다. 결국 양절기와 관련한 표현이다. 이는 秋麰ㄱ술보리, 春麰봄보리의 특성과 대립된다. 眞麥은 '춤밀'로도 재구가 가능할 것 같으나 이는 眞의 의미가 '춤'에 직접 연결되는 것이 아니라 眞麥 자체가 '밀'을 가리킨다.[8)

면서, '件記(볼긔)'의 에를 들고 있다. 이는 금양잡록에 한정된 표기이기 때문에 일단 '프'로 설명하지만, '프'는 '플(혹은 풀)로 재구할 수 있는 가능성은 있다.

7) 이기문(1975)에서는 東背, 光將豆가 현대어의 '동부'와 '광저기'와 관련이 있는 것으로 보고 있다. 光將豆는 훈몽상13의 豇광쟝이강俗呼豇豆又長豇과 관련하여 '광쟝이'와 동일어로 설명한다.

8) 이와는 반대 현상으로, 물보 雜木에서 '춤남우', '춤듁'에 대응하는 한자는 '櫟, 椿'인데 여기에 '眞'은 드러나지 않는다. 이들은 하나의 명칭으로 작용한다. 여기서는 어휘화의 과정에서 '眞'의 의미는 사라지고 하나의 사물에 대한 명칭에 대응하게 된다. 대판본

4.1.2.2. 『농가집성』의 곡식류 어휘장

『농가집성』은 『朱子勸農文』, 『世宗勸農教文』, 『農事直設』, 『衿陽雜錄』, 『四時纂要抄』로 이루어져 있다. 이 중 『금양잡록』 부분에서만 다음과 같이 정음 표기가 나타난다.

① 벼(稻)
早稻 : 救荒狄所里구왕되오리 一名氷折稻어름것기, 自蔡, 著光
次早稻 : 於伊仇智에우디, 所老狄所里쇠노되오리, 倭子, 黃金子,
晚稻 : 沙老里사노리, 牛狄所里쇼되오리, 黑沙老里거믄사로리, 沙老里사노리, 高沙伊沙老里고새시노리(활자본 고새사노리), 所伊老里쇠노리, 晚倭子늣왜즈, 東謁老里동아노리, 牛得山稻우득산도亦名두이라, 白黔夫只힌검부기, 黑黔夫只거믄검부기, 東鼎艮里동솓ㄱ리, 靈山狄所里령산되쇠리, 高沙伊眼檢伊고새눈거미, 多多只다다기一名御飯米, 仇郎粘구렁출, 所伊老粘쇠노출, 多多只粘다다기출, 粘山稻, 麰山稻보리산도
② 콩(太) : 黑太(吾海波知太오히파디콩), 黃太(百升太온되콩, 火太블콩, 者乙外太잘외콩, 臥叱多太왁대콩, 六月太), 春小豆봄가리콩(根小豆, 山達伊小豆, 渚排夫蔡小豆져비우체, 墨小豆먹폿, 早小豆올폿, 升伊應同小豆잉동폿, 沒衣菉豆몰의록두, 靑菉豆, 東背, 光將豆, 豌豆)
③ 기장(黍) : 宿乙里黍잘으리기장(走非黍주비기장, 達乙伊黍달이기장, 漆黍옷기장)
④ 조(粟) : 三葉粟세닙히조(瓜花粟욋고지조, 猪啼粟돋우리조, 都籠筥粟도롱고리조, 沙森犯勿羅粟사솜버므레조, 臥余項只粟와여모기조, 茂件羅粟므프레조(활자본 므프레조), 漸勿日伊粟져므이리조, 鳥鼻衝粟새고딜이조, 擎子ㅕ赤粟경즈마치조, 漸勿日伊粘粟져므시리츠조, 生動粘粟싱동츠조, 婁亦粘粟누역츠조, 黑德只粟거믄더기조, 開羅叱粟ㄱ랏조)
⑤ 피(稷) : 阿海沙里稷아히아리피, 五十日稷쉰나리피, 長佐稷댱재피, 中早稷듕올피, 羌稷강피
⑥ 수수(唐黍) : 無應厓唐黍뭉애슈슈, 米唐黍ㅄ슈슈[9], 肓干唐黍미간슈슈

해동농서에서도 眞麥은 '밀'에 대응한다.

⑦ 보리(麰) : 秋麰, 春麰, 兩節麰, 米麰, 眞麥, 莫知麥막디밀

『농가집성』에 언급된 '금양잡록'과 『금양잡록』은 거의 일치한다. 다만 다음과 같은 부분적 차이가 드러난다.

1. 'ㅿ>ㅇ'의 변화가 나타난다(救荒狄所里구황되소리 → 구왕되오리).
2. '黃金子, 所老狄所里'의 순서가 '所老狄所里, 黃金子'로 바뀌어있다.
3. 다음과 같이 동일한 한자 표기임에도 대응하는 정음 표기는 차이가 난다. 黑沙老里거믄사노리 → 거믄사로리, 吾海波知太오희와디콩 → 오희파디콩, 春小豆봄가리풋 → 봄가리콩, 升伊應同小豆싱동풋 → 잉동풋, 渚排夫蔡小豆져비우체 → 져비우세, 漆黍옷기장 → 옷기기장, 三葉粟세닙히조 → 세닙희조, 婁亦粘粟누억츠조 → 누역츠조, 米唐黍뿔슈슈 → 짠슈슈, 肓干唐黍밍간슈슈 → 미간슈슈
4. 『농가집성』의 '금양잡록'에는 항목 구분이 분명하다. 곡품의 早稻, 次早稻, 晩稻는 윗 여백으로 항목을 구분하고, 그 다음은 白圓으로 항목을 표시하여 구분한다. 白圓은 黑太, 黃太, 春小豆, 宿乙里黍, 三葉粟세닙히조, 阿海沙里稷아희ㅅ리피, 應厓唐黍뭉애슈슈, 秘麰 앞에 붙어 있다. 『금양잡록』에는 秋麰인데 『농가집성』의 '금양잡록'에는 秘麰라고 되어있다. '秘麰'는 『증보산림경제』에서 '秋麰'와 동일한 명칭으로 설명하고 있다. '莫知麥막디밀'은 白圓 '秘麰' 아래 동일 항목에 제시된다.

한편, 『농가집성』에는 高沙伊沙老里고새시노리(活字本고새사노리), 茂件羅

---

9) 금양잡록의 '뿔'이 농가집성에서는 '짠'의 특이한 표기형식을 보이고 있는데 이는 획이 잘못 붙여진 것으로 보인다.

粟므프레조(活字本므프레조)와 같이 동일한 표기에 대한 두 가지 표기 방식이 보이는데, 이는 편찬자인 신속이『농가집성』을 편찬할 당시 필사본과 활자본 두 가지 모두를 참고하여 작성했기 때문이다.

4.1.2.3.『穡經』의 곡식류 어휘장

『색경』에서는 다음의 항목만 곡식명에 정음 표기가 이루어져 있다. 따라서 다른 농서와 표기법을 비교하여 살펴볼 수 있는 자료로는 부족하다. 이를『금양잡록』과 비교하면 大豆는 太, 大麥은 麰, 小麥은 麥과 동일하게 쓰인다. 小豆에 대한 '블근'은 콩과 구분되는 특성을 표현한 잉여성을 가진다.10)

> 大麥보리, 小麥밀, 水稻논벼, 旱稻밧벼, 黍기장, 秫츨기장, 蜀黍슈슈, 大豆콩, 小豆블근풋, 豌豆원두

4.1.2.4.『穡經增集』의 곡식류 어휘장

『색경증집』은『색경』에 새로운 항목이 조금 추가되기도 하지만 순서도 조금 차이가 난다.

> 小麥밀, 水稻논벼, 旱稻밧벼, 秫찰기장, 蜀黍슈슈, 薏苡, 蕎麥모밀, 大豆콩, 小豆블근풋, 菉豆, 豌豆원두, 白扁豆

『색경증집』에서 '츨기장'은 '찰기장'으로 쓰면서 '풋'은 그대로 유지된다. '·'표기의 동요가 나타난다.『색경』에서는 없는 새로운 항목으로 薏苡, 蕎麥모밀, 菉豆, 白扁豆가 보이지만 '蕎麥모밀'을 제외하고는 정음

---

10) 이는 '-小豆'의 형식을 감안할 때, 赤小豆를 염두에 둔 표현인 것으로 보인다.

표기가 보이지 않는다.

4.1.2.5. 『산림경제』의 곡식류 어휘장

『산림경제』에서는 治農에서 다음의 항목들이 제시된다.

① 벼
早稻 : 救荒狄所里구황되오리一名氷折稻어름것기, 自蔡, 著光
次早稻 : 於伊仇智에우디, 倭子, 所老狄所里쇠노되오리, 黃金子
晩稻 : 沙老里사로리, 牛狄所里쇠되오리, 黑沙老里거믄사로리, 沙老里, 高沙伊沙老里고새사로리, 所伊老里쇠로리, 晩倭子늣왜ᄌ, 東謁老里동아로리, 牛得山稻우득산도亦名두이라, 白黔夫只흰검부기, 灵山狄所里녕산되오리, 高沙里眼撥伊고사리눈검이, 多多只一名御飯米, 所伊老粘쇠노출, 仇郞粘구랑출, 多多只粘다다기출, 粘山稻, 牟山稻보리산도(閑情補)
早稻 : 鷄鳴稻돍오려, 柳稻버들오려
中稻 : 靑狄所里파랑되오려, 中實稻듕실벼, 栢達伊잣달이, 多多只다다기
晩稻 : 倭水里예슈리, 狄所里되오리, 密多里밀다리, 大棗稻대쵸벼
② 黍기장 : 宿乙里黍잘오리기장, 走非黍주비기장, 達乙伊黍달이기장, 漆黍 옷기장, 秫출기장
③ 粟조附占勿谷粟져므이리조靑梁粟싱돌출조 : 三葉粟세닙희조, 瓜花粟외곳지조, 猪啼粟돗우리조, 都籠筥粟도롱고리조, 沙森犯勿羅粟사슴범므레조, 茂伐羅粟므프레조, 漸勿日伊粟져므이리조, 鳥臭衝粟새코지리조, 擎子卆赤粟경ᄌ마치조, 漸勿日伊粘粟져므이리츠조, 生動粘粟싱동츠조, 屢亦粘粟누역츠조, 黑德伊粟거믄더기조, 開羅叱粟ᄀ랏조
④ 稷피一名穄附羌稷강피 : 阿海沙里稷아히사리피, 五十日稷쉰날피, 長佐稷쟝재피, 中早稷즁올피, 羌稷강피
⑤ 蜀黍슈슈秫蜀鄕名唐稷 : 無應厓唐黍뭄매슈슈, 米唐黍ᄡ슈슈, 盲干唐黍밍간슈슈
⑥ 太豆 : 者乙外太댤외콩, 臥叱多太왁대콩, 火太불콩, 黃太, 百升太온되콩, 吾海波知太오희파디콩, 六月太

⑦ 小豆 : 春小豆, 根小豆, 早小豆올풋, 山達伊小豆, 渚排夫蔡小豆져비부채풋,伊應同小豆잉동풋, 黑小豆

⑧ 菉豆附穭豆동뷔豌豆원두 : 靑菉豆, 沒衣菉豆몰의녹두, 東背豆, 光將豆(以上衿陽雜錄), 豌豆一名蚕豆(此見東醫寶鑑)

⑨ 蕎麥鄕名木麥

⑩ 大小麥 : 秋麰, 春麰, 兩節麰, 米麰, 眞麥, 莫知麥막디밀

⑪ 薏苡

이들에 대한 음독자와 훈독자는 『금양잡록』과 크게 다르지 않지만 다음과 같은 새로운 변화가 나타난다.

1. 새로 다음과 같은 음독자와 훈독자가 출현한다. 그리고 표기상 혹은 음운상의 변화가 부분적으로 나타나기도 한다.

   음독자 : 中듕 (郎렁>랑) 密밀 水수 實실 倭예 占졈

   훈독자 : 鷄둙 梁돌 (猪돋>돗) 柳버들 谷일 栢잣 (衝딜>질) 靑파랑, 싱 (臭(鼻)고>코)
2. '△>ㅇ'의 변화가 뚜렷하고, '△'과 'ㅅ'의 대응이 드러난다. '日싈, 실', '沙싸, 사'
3. 所老狄所里쇠노되오리에서의 '老(노)'를 제외하고 전부 '로'로 음독된다.
4. 'ㅎ'아래의 '·'는 'ㅡ'로 바뀐다. '힌>흰', '히>희'
5. 순음아래의 'ㅡ>ㅜ' 변화가 나타난다. '블>불'

4.1.2.6. 『증보산림경제』의 곡식명

『증보산림경제』에서는 다음의 항목이 제시된다. 하위 품종에 白圓이 표시되어 있어 각 종류의 구분이 명확하다.

① 벼

早稻類 : 救荒狄所里구황되오리一名氷折稻어름것시, 自蔡, 著光, 鷄鳴稻둙우리, 柳稻버들올리

次早稻類 : 於伊仇智예우지, 倭子, 所老狄所里쇠노되소리, 黃金子, 靑狄所里풍랑되소리, 中實稻듕실벼, 栢達伊잣다리

晚稻類 : 沙老里쇠노리,[11] 牛狄所里소되오리, 黑沙老里거문시로리, 沙老里, 高沙里沙老里고새시노리, 所伊老里쇠노리, 晚倭子늣왜즈, 東謁老里동아노리, 牛得山稻우득산도亦名두리라, 白黔夫只흰감부기, 黑黔夫只거문감부기, 同鼎艮里동솟ㄱ리, 靈山狄所里령산도오리, 高沙伊眼檢伊고새눈검미, 多多只다다只一名御飯米, 仇郎粘구렁출, 所伊老粘쇠노출, 多多只粘다다기출, 麰山稻보리산도, 倭水理예슈리, 狄所里되오리, 大棗稻대초벼

② 黍기쟝 粟조 稷一名穄비 蜀黍슈슈 品[12]

黍기쟝 : 宿乙黍잘오리기쟝, 走非黍쥬비기쟝, 達乙伊黍달리기쟝, 漆黍옷기쟝, 秔출기장

③ 粟조 : 三葉粟쇠닙희조, 苽花粟외곳지조, 猪啼粟돗우리조, 都籠笠粟도롱고리조, 沙森犯勿羅粟사삼범므례조, 臥余頂只粟와여목이조, 茂件羅粟무프레조, 漸勿日伊粟재므이리조, 鳥鼻衝粟시고지리조, 擎子亇赤粟경즈마차조, 漸勿日伊粘粟져므시리초조, 生動粘粟싱동츠조, 婁亦粘粟누역츠조, 黑德只粟거믄더기조, 開羅叱粟가랏조

④ 稷一名穄비 : 阿侮沙里稷쉬란리피, 五十日稷쉬나리피, 中早稷듕올피, 羌稷강피

⑤ 蜀黍슈슈 : 米唐黍뿔슈슈, 無應厓唐黍뭉이슈슈, 盲干唐黍밍간슈슈

⑥ 大豆 小豆 菉豆 藊豆 豌豆 類[13]

大豆 : 黑太, 吾海波知太오희파지콩, 黃太, 百升太온되콩, 火太불콩, 者乙外太쟐외콩, 臥叱多太와디콩, 六月太

小豆 : 春小豆봄가리픗, 根小豆, 山達伊小豆, 渚排夫蔡小豆제븨부체픗, 黑小豆먹픗, 早小豆올픗, 升伊應同小豆싱동픗

---

11) '사노리'가 되어야 할 부분인데, '쇠노리'로 표기되어 있다.
12) 品의 하위 항목은 따로 분류되지 않았지만 편의상 세분한다.
13) 類의 하위 항목은 따로 분류되지 않았지만 편의상 세분한다.

菉豆 : 沒衣菉豆몰의녹두, 靑綠豆, 東背, 光將豆

豌豆원두―名蚕豆

⑦ 藊豆鄕名東背[14)

⑧ 大麥小麥類 : 秘麥卽秋麥, 春麰, 兩節麰, 米麰, 眞麥, 莫知麥막지밀, 蒿
麥卽稱木麥, 耳麥귀보리

⑨ 芝麻鄕名眞荏又脂麻又白油麻黑者稱胡麻或稱巨勝子

⑩ 水蘇麻鄕名水荏子或稱油麻[15)

⑪ 玉蜀黍옥슈슈

⑫ 薏苡[16)(鄕名율모)

『증보산림경제』에서는 다음과 같은 특징을 보인다.

1. '氷折稻어름것기 → 어름것시'로 대응한다. 이는 '것(折)-＋이' 표기
   에 연유한다.
2. 음독자와 훈독자의 표기에 차이가 있다. 음독자 : 森삼(『금양잡록』이
   나 『산림경제』에서는 훈독자 麻가 대응), 훈독자 : 쑬고리, 三쇠, 苽외, 靑
   풍랑
3. '아희ᄉ리피(『금양잡록』)' 혹은 '아희사리피(『산림경제』)'에 대응된 '阿
   海沙里稷'가 『증보산림경제』에서는 '阿侮沙里稷쉬란리피'로 대응하
   는데 이는 대응상 착오인 것으로 보인다.

---

14) 종류만 제시되어 있을 뿐, 하위 품종도 나타나지 않는다. 하지만 鄕名東背라는 설명으
    로 보아 東背와 같은 類일 것으로 짐작이 되나 설명은 서로 다르다. 藊豆는 5월간에 씨
    를 뿌리나, 東背는 2, 3월에 씨를 뿌린다고 설명한다.
15) 芝麻와 水蘇麻는 해동농서에서 곡명으로 처리하고 있어 제시한다.
16) '苡'의 오기로 보인다.

4.1.2.7. 『해동농서』의 곡식명

『해동농서』는 大阪本과 成均館大本이 있다. 두 책은 체제에서 차이가 나기 때문에 두 종류를 모두 점검하기로 한다. 품종명은 頭註에 각각의 성질과 함께 기록하고 있다. 그렇지만 이들 자료에서 설명하고 있는 곡식류는 『농가집성』, 『증보산림경제』, 『동의보감』에서 인용한 자료들이어서 독립된 개별적 가치를 설명하기는 곤란하다. 成均館大本에 나타나는 곡식류는 다음과 같다.

① 벼
早稻：麰山稻보리산도, 救荒狄所里구황되오리一名氷折稻어름것기
次早稻：於伊仇智어우지, 黃金子
晩稻：黑黔夫只검은검부기, 同鼎艮里, 靈山狄所里녕산되오리, 多多只다다기一名御飯米, 仇郎粘구렁출, 所伊老粘쇠노출, 多多只粘다다기출, 沙老里사노리, 牛狄所里쇠되오리, 黑沙老里검은사노리, 沙老里, 高沙伊沙老里고새사노리, 晩倭子늣왜즈, 東謁老里동아노리, 牛得山稻우득산도亦名우이다, 白黔夫只흰검부기
早稻：鷄鳴稻, 柳稻버들오려
中稻：靑狄所里고랑되오리, 中實稻즁실벼, 拍達伊잣달이
晩稻：倭水里예수리, 狄所里되오리, 密多里밀짜리, 大棗稻디쵸벼
② 黍：宿乙里黍잘으리기쟝, 走非黍쥬비기쟝, 達乙伊黍달이기쟝, 漆黍옷기쟝, 秋출기쟝
③ 粟：三葉粟세닙희조, 瓜花粟외고지조, 猪啼粟돗우리조, 都籠箕粟도롱고리조, 沙森犯勿羅粟사솜버므레조, 臥余項只粟와어목이조, 茂件羅粟므프레조, 漸勿日伊粟져므시이조, 鳥鼻衝粟새코딜이조, 擎子亇赤粟경ᄌ마치조, 漸勿日伊粘粟져무시리츠조, 生動粘粟싱동츠조, 婁亦粘粟누역츠조, 黑德只粟검은더기조, 開羅叱粟ᄀ랏조
④ 稷：阿海沙里稷아희사리피, 五十日稷쉬나리피, 長佐稷장재피, 中早稷즁올피, 羌稷강피
⑤ 唐黍：無應厓唐黍뭉애슈슈, 米唐黍ᄡ슈슈, 盲干唐黍밍간슈슈

⑥ 麥：秋麰, 春麰, 兩節麰, 眞麥, 莫知麥막디밀, 瞿麥, 蕎麥

⑦ 豆太：者乙外太잘외콩, 臥叱多太왁더콩, 火太블콩, 黃太, 百升太온되콩, 吾海波知太오히파디콩, 六月太, 春小豆, 根小豆, 早小豆올픗, 山達伊小豆산다리픗, 渚排夫蔡小豆져비부쳬픗, 伊應同小豆잉동픗, 黑小豆, 菉豆, 沒衣菉豆몰의록두, 東背, 光將豆, 豌豆원두一名蚕豆

⑧ 脂麻附荏：胡麻, 水荏

성균관대본『해동농서』에는 인용 판본과 상관없이 다음과 같은 특징이 보인다.

1. 於伊仇智어우지에서 '伊' 표기가 드러나지 않는다.
2. 牛得山稻우득산도亦名우이다에서 '두이라'가 아닌 '우이다'가 제시된다.
3. 靑狄所里고랑되오리에서 靑을 훈독하면서 '고랑'으로 제시된다. 하지만 이는 한자 靑과의 관련성이 드러나지 않는다.
4. 晚稻의 종류에 '密多里밀짜리'가 새롭게 나타난다.

부분적으로 항목의 차이가 나타나는 대판본『해동농서』의 자료도 비교하여 살펴보기로 한다. 이는『해동농서』의 穀名에서 제시된다.

① 稻벼：冰稻어름것기亦名戎早稻되오려, 細稻ᄌ치, 小稻져광이, 鷄鳴稻닭우리, 柳稻버들오려, 馬銜稻쟈갈벼, 健稻에우디, 倭子稻왜ᄌ벼, 鐵戎早稻쇠노되오려, 黃金子황금ᄌ, 靑戎早稻푸렁되오려, 中實稻듕실벼, 松子稻잣다리, 七升稻칠승벼, 綠稻녹도벼, 雀稻새노리, 黑雀稻 거문새노리, 高雀稻고새사노리, 牛戎早稻ᄉ되오려, 鐵稻쇠노리, 晚倭子稻늣왜ᄌ벼, 東阿稻동아노리, 牛得山稻우득산도亦名後稻두이라, 白稻흰검부기, 黑稻거믄검부기, 銅鼎稻동솟ᄀ리, 靈山戎稻령산되오려, 黑眼雀稻고새눈거미, 羉子稻다다기, 倭水稻예수리, 蜜稻밀다리, 棗稻대쵸벼, 海南稻ᄒᆡ남벼, 山稻산도, 九郎糯구랑츌, 鐵

糯쇠노출, 紅糯불것출, 駁糯어룽출, 纍子糯다다기출, 粘山稻출산도,

② 粟조：三葉粟세닙희조, 苽花粟욋고지조, 猪啼粟돗우리조, 團栲栳粟도롱고리조, 渾沙蔘粟사슴버므레조, 頤項粟와여모기조, 水靑粟무푸레조, 暮粟져무이리조, 刺雀鼻粟새코치리조, 礊子槌粟경ᄌ마치조, 黑粟거문더기조, 伽倻粟갓랏조, 暮粘粟져무이리ᄎ조, 生動粘粟싱동ᄎ조, 簑衣粘粟누역ᄎ조

③ 黍기장：睡黍잘으리기장, 窠黍주비기장, 梯黍달이기장, 柒黍옷기장, 丹黍불근기장, 粘黍출기장, 蜀黍슈슈[17], 玉蜀黍옥슈슈, 薏苡

④ 稷피[18]：孩兒稷아히아리피, 五十日稷쉰나리피, 長者稷쟝ᄌ피, 中早稷듕올피, 乾稷강피

⑤ 大豆콩[19]：黑大豆거믄콩, 細大豆줄외콩, 黃大豆누른콩, 白大豆오희파디콩, 火大豆불콩, 倭大豆왁대콩, 百升大豆온되콩, 六月大豆뉴월콩

⑥ 小豆풋[20]：早小豆올풋, 根小豆그르풋, 山小豆산달이풋, 墨小豆먹풋, 生動小豆싱동풋, 東豆동뷔, 豌豆원두, 倭豆예풋, 菉豆녹두

⑦ 麥보리[21]：秋麰ᄀ을보리, 春麰봄보리, 米麰뽈보리, 耳麰귀우리, 眞麥밀, 莫知麥막지밀, 木麥모밀

⑧ 脂麻춤깨(俗名眞荏)

⑨ 荏들깨(俗名水蘇麻又稱水荏)

1. 稻를 벼(亦名稌)라고 하고, 이는 물을 대는 곡식의 총칭(盖稻者漑穀之總稱)으로 설명하면서 黏과 不黏, 그리고 粙을 구분하여 보충하고 있다.[22]

2. 自蔡, 著光의 한자어 명칭이 細稻ᄌ치, 小稻져광이로 표현된다.

3. 새로운 음독자와 훈독자가 발견된다. 음독자：栲栳고리, 南남, 綠녹,

---

17) 蜀黍슈슈, 玉蜀黍옥슈슈, 薏苡는 기장에 포함되어 있어 달리 분류하지 않는다. 특히 薏苡는 附薏苡로 표시하여 이에 포함시켰음을 드러내고 있다.
18) 亦名穄又粢與黍라고 명시하면서 기장의 一類二種이라고 설명한다.
19) 亦名菽인데 太는 大下一點象形하여 만들었다고 설명하고 있다.
20) 亦名荅又紅豆인데 赤白綠 3종류가 있다고 설명한다.
21) 大麥曰麰小麥曰秳라고 서로 구분하고 있다.
22) 黏者爲糯不黏者爲粳似粳而早熟粒小者爲粙

銅동, 密밀, 升승, 兒아, 七칠. 훈독자 : 秋ㄱ을, 根그르, 梯달이, 團도롱, 後두, 戎되, 槌마치, 水무, 渾버므레, 稻벼, 紅불경, 丹블근, 雀새, 鐵쇠, 孩아희, 細잘, 睡잘, 銜쟈갈, 暮져무, 駁어룽, 松잣, 糯춤, 靑푸렁, 푸레.

4. '渾沙蓼粟사슴버므레조, 刺雀鼻粟새고치리조'는 일반적인 정음 표기와 다른 어순을 보인다. 훈독자인 渾과 刺가 한자의 어순과 동일한 구성을 형성하고 있다.

4.1.2.8. 『행포지』의 곡식명

『행포지』에서 곡식명은 杏蒲志下 권4 穀名攷에 제시되어 있다. 이들에 대한 분류를 보면 벼 종류를 漑種類에 포함하였고 이 외는 陸種類에 포함하여 제시하였다.

1) 漑種類

① 稻[23] : 冰稻어름것기一名戎早稻되오려, 細稻ᄌ치, 小稻져광이, 鷄鳴稻닭우리, 柳稻버들오려, 馬銜稻자갈벼, 追麥稻보리짜라기, 流頭稻뉴두벼, 老人早稻노인ᄌ치, 精根早稻정근ᄌ치, 玉糟稻옥자강벼, 長頸稻목기리벼, 昂徵稻앙증다리벼, 鮒魚稻붕어ᄌ치, 雉稻꿩의ᄌ치, 大闕稻더궐벼, 禿稻몽골벼, 天上稻텬샹벼, 健稻에우디, 倭子稻왜ᄌ벼, 鐵戎早稻쇠노되오려, 黃金子稻황금ᄌ, 靑戎早稻푸렁되오려, 中實稻듕실벼, 松子稻잣다리, 七升稻칠승벼, 綠豆稻녹두벼, 翼稻날기벼, 雀稻새노리, 黑雀稻검은시노리, 高雀稻고새시노리, 鐵稻쇠노리, 晩倭子稻늣왜ᄌ벼, 東阿稻동아노리, 牛得山稻우득샨도亦名後稻뒤이라, 白稻흰검부기, 黑稻검은검부기, 銅鼎稻동솟ㄱ리, 靈山戎稻령산되오리, 黑眼雀稻고새눈기미, 纍子稻다다리, 倭水稻예수리, 蜜稻밀다리, 棗稻더추벼, 戎稻되오려, 海南稻희남벼, 蛤稻조기벼, 老人稻노인벼, 縮項稻목옴초리, 精根稻정근벼, 折背稻등터지기, 千一稻쳔일벼, 靑蔥稻쳥총벼, 泉橋稻싀

---

23) 개종(漑種)의 총명으로 설명한다.

암다리벼, 茜紅稻분홍벼, 裏脫稻비탈벼, 仇郞稬구랑츌, 鐵稬쇠노츌, 稟子稬
다다기츌, 流頭稬뉴두츌, 凉盆稬양분츌, 精根稬졍근츌, 澄黔稬징금츌, 紅稬
불겅츌, 駁稬어룽츌, 山稻산도, 黏山稻츌산도, 旱早稻밧오려, 西洋稻셔양벼

　2) 陸種類

　① 黍 : 睡黍잘으리기쟝, 窠黍주비기장, 梯黍달이기장, 漆黍옷기장, 丹黍
불근기장, 粘黍츌기장

　② 粟 : 三葉粟세닙희조, 瓜花粟외꽃지조, 豬啼粟돗우리조, 團栲栳粟도롱
코리조, 渾沙參粟사슴버므레조, 頒項粟와어목이조, 水靑粟무푸레조, 暮粟저
무이리조, 刺雀鼻粟새코찌리조, 磬子槌粟경ㅈ마치조, 黑粟검은더기조, 伽倻
粟가랏조, 蚤粟별옥조, 風轉粟바람구으리조, 墨粟먹조, 鞭條粟채알거리조,
米粟쓴조, 牛背越粟쇠등넘이조, 早粟올조, 新粟싀조, 石粟돌조, 稗粟피조,
暮粘粟저무이리츠조, 簑衣粘粟누역츠조, 牛頭粘粟쇠머리츠조, 木椎粘粟방망
이츠조, 猫足粘粟괴양발이츠조, 貝粘粟ㅈ기츠조, 念珠粘粟염주츠조, 隣不知
粘粟이웃몰오기츠조, 狐尾粘粟여호쏘리츠조, 糗愧粘粟니붓구리츠조, 生動粘
粟싱동츠조

　③ 蜀黍 : 無應愛蜀黍뭉이수수, 米蜀黍쓸수수, 盲蜀黍밍간수수, 龍尾蜀黍
룡의쏘리수수, 木椎蜀黍몽동이수수, 白蜀黍흰수수, 馬尾蜀黍마미수수

　④ 玉蜀黍[24]

　⑤ 薏苡[25]

　⑥ 稗 : 孩兒稗아히마리피, 五十日稗쉰날이피, 長者稗장ㅈ피, 中早稗중올
피, ⑦ 乾稗강피, 黏稗츌피

　⑧ 麥 : 秋麰ㄱ을보리, 米麰쓸보리, 春麰봄보리, 兩節麰, 僧麰중보리, 凍麥
얼보리, 一顆麰한아보리, 春早麰올보리, 烏稃麰검은보리, 小麥曰眞麥밀, 莫
知麥막지밀, 僧麥중밀

　⑨ 蕎麥, 耳麥[26]

　⑩ 菽 : 黑大豆검은콩, 細大豆졸외콩, 黃大豆누른콩, 白大豆오히파디콩,
火大 ⑪ 豆불콩, 倭大豆악디콩, 百升大豆온되콩, 六月大豆뉴월콩, 鰥夫豆, 黑

---

24) 玉高粱蜀黍之類로 설명하면서 蜀黍와 항목을 달리하고 있다.

25) 一名西番蜀秫一名回回米로 설명하면서 蜀黍와 항목을 달리하고 있다.

26) 하위항목은 없지만 麥과는 항목을 구분하고 있다.

早大豆검정올콩, 黑眼大豆눈검정콩, 斑麻大豆아롱콩, 纍子大豆다다기콩, 靑大豆파랑콩, 早小豆올폿, 生動小豆싱동폿, 墨小豆먹폿, 根小豆그루폿, 倭豆예폿, 山小豆산달이폿, 燕子扇저비부치폿, 春小豆봄가리폿, 再寧小豆지령이폿, 五十日小豆쉬인날폿, 龍眼小豆룡의눈폿

 ⑫ 綠豆, 刀豆[27]

『행포지』에서는 새로운 품종이 많이 나타난다. 다음의 항목은 『행포지』에서 새롭게 설명되는 항목이다.

 ① 벼 : 追麥稻보리싸라기, 流頭稻뉴두벼, 老人早稻노인즈치, 精根早稻정근즈치, 玉糟稻옥자강벼, 長頸稻목기리벼, 昂徵稻앙증다리벼, 鮒魚稻붕어즈치, 雉稻씽의즈치, 大闕稻더궐벼, 禿稻몽골벼, 天上稻텬샹벼, 蛤稻조기벼, 老人稻노인벼, 縮項稻목옴초리, 精根稻정근벼, 折背稻등터지기, 千一稻천일벼, 靑蔥稻청총벼, 泉橋稻시암다리벼, 茜紅稻분홍벼, 褻脫稻비탈벼, 流頭穤뉴두출, 凉盆穤양분출, 精根穤정근출, 澄黔穤징금출, 西洋稻셔양벼

 ② 粟 : 蚤粟별옥조, 風轉粟바람구으리조, 墨粟먹조, 鞭條粟채알거리조, 米粟쏜조, 牛背越粟쇠등넘이조, 早粟올조, 新粟시조, 石粟돌조, 稗粟피조, 牛頭粘粟쇠머리츠조, 木椎粘粟방망이츠조, 猫足粘粟괴양발이츠조, 貝粘粟즈기츠조, 念珠粘粟염주츠조, 隣不知粘粟이웃몰오기츠조, 狐尾粘粟여호쏘리츠조, 糇愧粘粟니붓구리츠조

 ③ 蜀黍 : 龍尾蜀黍룡의쏘리수수, 木椎蜀黍몽동이수수, 白蜀黍흰수수, 馬尾蜀黍마미수수

 ④ 稗 : 黏稗출피

 ⑤ 麰 : 僧麰중보리, 凍麥얼보리, 一顆麰한아보리, 春早麰올보리, 烏稃麰검은보리, 僧麥중밀

 ⑥ 大豆 : 鰥夫豆, 黑早大豆검정올콩, 黑眼大豆눈검정콩, 斑麻大豆아롱콩, 纍子大豆다다기콩, 靑大豆파랑콩

 ⑦ 小豆 : 再寧小豆지령이폿, 五十日小豆쉬인날폿, 龍眼小豆룡의눈폿

---

27) 菽과는 항목을 달리하여 제시하고 있다.

따라서 새로운 자료에 의한 다음과 같은 음독자나 훈독자도 보인다.

음독자 大闕디궐, 裵脫비탈, 鮒魚붕어, 昂徵앙증
훈독자 烏검은, 猫괴양, 轉구을, 根그루28), 尾꼬리, 雉꿩, 翼날기, 越넘,
石돌, 背등, 不知몰오기, 風바람, 足발, 木椎방망이(몽동이), 蚤별옥, 扇부치,
茜紅분홍, 愧붓구리, 新싀, 泉싀암, 斑아롱, 凍얼, 狐여호, 隣이웃, 貝자기,
燕저비, 蛤조기, 僧중, 鞭채, 折터지, 一(顆)한아

또한 '追麥稻보리따라기, 長頸稻목기리벼, 縮項稻목옴초리, 折背稻등터
지기'와 같이 한문의 어순과 동일한 표현도 나타난다.

4.1.2.9. 『농정회요』의 곡식명

『농정회요』는 다양한 자료를 인용하였으나, 『산림경제』 인용부분에서
만 정음 표기가 나타난다. 하지만 표기방식과 항목의 배치가 다르기 때
문에 참고가 된다. 특히 『산림경제』에서는 달리 분류한 항목을 『농정회
요』에서는 稻 항목에 早稻, 次早稻, 中稻, 晩稻로 순서대로 구분하여 배치
하고 있다.

① 稻 : 救荒狄所里구황되오리一名永折稻어름것기, 自蔡, 著光, 鷄鳴稻듥
우리, 柳稻버들올이, 於伊仇智어우지, 倭子, 所老狄所里쇠노되오리, 黃金子,
靑狄所里푸랑되오리, 中實稻듕실벼, 栢達伊잣다리, 沙老里사노리, 牛狄所里
쇼되오리, 黑沙老里거문사로리, 高沙里沙老里고새사노리, 所伊老里쇠노리,
晩倭子늦왜즈, 東謁老里동아노리, 牛得山稻우득산도亦名두이라, 白黔夫只흰
검부기, 黑黔夫只거믄검부기, 同鼎艮里동솓ㄱ리, 靈山狄所里영산되오리, 高
沙伊眼檢伊고새눈검이, 多多只다다기, 仇郎粘구렁찰, 所伊老粘쇠노찰, 多多
只粘다다기찰, 粘山稻, 麰山稻보리산도, 倭水理예슈리, 狄所里되오리, 密多

---

28) 根小豆그루풋은 처음 정음 표기가 등장한다.

(里)29), 大棗稻대초벼

  ② 稷 : 阿海沙里稷아히사리피, 五十日稷쉬나리피, 長佐稷쟝재피, 中早稷 등올, 羌稷강피

  ③ 丹黍米30) : 宿乙里黍잘으리기장, 走非黍쥬비기장, 達乙伊黍달이기장, 漆黍옷기장

  ④ 蜀黍 : 米唐黍쓸슈슈, 盲干唐黍믜간슈슈

  ⑤ 玉蜀黍31) : 玉蜀黍옥슈슈

  ⑥ 野黍, 粟32)

  ⑦ 白粟米 : 三葉粟세닙희조, 猪啼粟돗우리조, 都籠筤粟도롱고리죠, 沙森犯勿羅粟사삼범므레조, 臥余頂只粟와어목이죠, 茂件羅粟므프레조, 苽瓜花粟외고지죠, 漸勿日伊粟져므이리죠, 鳥鼻衝粟새코지리죠, 擎子ケ赤粟경즈마치죠, 漸勿日伊粘粟져무지리츠죠, 生動粘粟싱동츠조, 婁亦粘粟누역츠조, 黑德伊粟거믄더기조, 開羅叱粟가랏조

  ⑧ 秫 : 秫츨기장

  ⑨ 麥 : 秋麰, 春麰, 兩節麰, 米麰, 眞麥, 莫知麥막지밀

  ⑩ 雀麥, 燕麥, 蕎麥33)

  ⑪ 黃豆 : 吾海波知太오히파지콩, 百升太온되콩, 火太불콩, 者乙外太잘외콩, 臥 叱多太와디콩, 六月太, 春小豆봄가리팟, 根小豆, 山達伊小豆, 渚排夫蔡小豆져비부체풋, 黑小豆먹팟, 早小豆올팟, 升伊應同小豆셩동팟, 沒衣菉豆몰의녹두, 靑綠豆, 東背, 光將豆, 豌豆원두

『농정회요』의 정음 표기는 『산림경제』를 인용하였다고 하지만 항목상, 표기상 다음과 같은 차이를 보인다.

  1. '瓜花粟외곳지조, 無應厓唐黍뭄매슈슈' 등은 『산림경제』에 나타나지

---

29) 里는 오른쪽 공백에 부기하였다.

30) 赤黍와 동일한 명칭이라고 설명한다.

31) 항목을 蜀黍와 달리한다.

32) 항목을 달리한다.

33) 항목을 달리한다.

만 『농정회요』에서는 보이지 않는다. 또한 '春小豆봄가리팟, 黑小豆먹팟, 豌豆윈두'처럼 『산림경제』에서는 보이지 않은 정음 표기가 『농정회요』에서는 나타나기도 한다.

2. 『산림경제』에서는 老가 일관되게 '로'로 음독되지만, 『농정회요』에서는 '로'와 '노'가 혼용된다.

3. 조의 명칭도 『산림경제』에서는 일관되게 '조'로 표기되나, 『농정회요』에서는 '조'와 '죠'가 혼용된다.

4. 『농정회요』에서는 漸勿日伊가 '져므리이'와 '겨무지리'로 혼용된다.

5. 『농정회요』에서는 'ㆍ'와 'ㅏ'도 혼용된다. 따라서 '폿'과 '팟'이 공존한다.

6. 다음과 같은 표기상의 변화가 나타난다. 어롬것기→어름것기, 에우디→어우지, 쇠되오리→쇼되오리, 거믄사로리→거문사로리, 녕상되오리→영산되오리, 구랑츌→구렁츌, 듥오려→듥우리, 버들오려→버들올이, 파랑되오려→푸랑되오리, 잣달이→잣다리, 密多里밀다리→정음 표기 없음, 대쵸벼→대초벼, 잘오리기장→잘으리기장, 주비기장→쥬비기장, 사슴범므레조→사삼범므레조, ᄀ랏조→가랏조, 쉰날피→쉬나리피, 즁올피→듕올피, ᄲᅲ슈→쑬슈, 밍간슈슈→미간슈슈, 달외콩→쟐외콩, 왁대콩→와대콩, 오희파디콩→오희파지콩, 올폿→올팟, 져비부채폿→져비부체팟, 잉동폿→셩동팟, 막디밀→막지밀

4.2. 채과류 어휘장

채과류에 대한 정음 표기는 다음의 7종[34]에서 나타난다.

稽經(1676), 山林經濟(1715), 增補山林經濟(1766), 稽經增集(1787), 海東農書 木版本(18세기후반), 海東農書 成大本(18세기후반), 農政會要(1834)

이들은 시기적으로 17세기에서 19세기까지 분포되어 있어, 이를 바탕으로 하면 17세기에서부터 19세기에 이르는 채과류의 다양한 명칭 및 변화를 점검할 수 있다. 채과류는 菜類와 瓜類 항목을 동일 어휘장으로 묶은 개념이다. 일반적으로 채소는 초본성의 재배식물을 말한다. 그러나 동일한 '채소류'라고 하더라도 야생상태로 이용한 것과 인공적으로 재배하여 이용한 것은 명칭이 다르다. 그런데 이러한 특성은 시대에 따라 변한다. 야생의 상태를 인위적으로 재배하는 경우가 점점 많아지기 때문이다. 심지어는 채소류가 주곡작물로 이용된 예들도 많기 때문에 이러한 분류는 무의미하다. 따라서 여기에서는 이들의 의미적 차이와는 관계없이 이들을 '채소류'에 포함한다. 채소류를 장권열(1989 : 61-64)은 고농서에 나타난 항목을 根菜類, 葉菜類, 果菜類로 구분하기도 하나, 이는 농서 자료에서의 구분을 현대적 해석에 따라 재해석한 분류이다. 이 분류에 의하면 果類도 함께 다루어야 한다. 그리고 이는 분류상 瓜類와의 혼란도 야기한다.『표준국어대사전』에서 '果類(과일)'는 나무 따위를 가꾸어 얻는, 사람이 먹을 수 있는 열매. 대개 수분이 많고 단맛 또는

---

34) 해동농서는 목판본(木版本)과 성대본(成大本)의 내용이 차이가 나기 때문에 동일 문헌이라고 하더라도 실질적으로는 7종의 자료가 연구 대상이 된다. 두 판본은 서로 보완의 요소가 있지만 일반적으로 필사본은 판본을 저본으로 구성된 경우가 많고 내용적인 측면에서도 이를 보충하는 형식을 띤 것으로 보아 성대본이 후대의 것으로 보인다.

신맛이 난다. 사과, 배, 포도, 귤, 감, 바나나, 밤 따위가 있다고 설명한다. 일반적으로 목본(木本)에서 나는 것을 '과일'로 분류하고 초본(草本)에서 나는 것을 '야채'로 구분하지만 이러한 분류법에서 항상 문제가 되는 것은 전통적인 과일에 포함됨에도 초본에서 나는 '수박, 참외, 딸기' 등과, 목본에서 나지만 전통적인 과일에 포함되지 않는 '모과, 호두, 잣, 은행' 등이 문제가 된다. 瓜類는 호박, 수박, 오이 따위처럼 덩굴이 뻗어서 열매를 맺는 농작물 종류를 말한다. 瓜類는 『산림경제』의 '治圃' 항목(『증보산림경제』에서는 '種菜' 항목)에서 菜類와 함께 다루기도 하고, 『농정회요』에서는 '蔬'에 포함하기도 한다. 菜類와 瓜類는 각 문헌에서 혼용되기도 하고, 분류의 항목을 동일시하기도 한다. 그러나 일반적으로 瓜類는 菜類에 포함된다. 하지만 농서 자료에서 瓜類를 구분하는 경우가 있기 때문에 이러한 특성을 반영하여 이 글에서는 菜瓜類라 칭한다.

4.2.1. 자료별 분류 특성

菜瓜類의 구분은 『해동농서』에서 분명하게 드러난다. 『색경』과 『색경증집』은 瓜菜로 묶여 있어 瓜와 菜의 구분을 지을 수는 없다. 『산림경제』에서도 治圃 항목에 이들을 포함시켜 그 구분이 명확하지 않다. 다만 『증보산림경제』에서는 菜와 山野菜, 그리고 藥과 資用器類로 해당 항목을 구분하고 있어 분류에 참고가 된다. 그리고 『농정회요』에서도 農餘와 蔬를 구분하여 부분적으로 분류의 특성을 살필 수 있다. 그러나 이러한 항목은 편의상 구분은 되어 있지만, 구분된 하위의 항목들은 모든 자료에서 항상 일정한 부류에 속하지는 않는다. 『산림경제』에서의 治圃는 『증보산림경제』에서 菜를 부기하고 있고, 하위 항목에 있어서도 동일한 요소를 아우르고 있다. 그러나 菜類와 瓜類의 구분은 나타나지 않는다. 또한 『색경』과 『색경증집』 등에서 瓜類로 분류한 甛瓜(참외)와 西瓜(수박)는 『농정회요』에서 果類에 포함되기도 한다. 또한 『색경』의 '果'에 포함된 항목이 『산림경제』에서는 '樹'에 포함되기도 한다. 각각의 항목 분류에 특별한 기준을 제시한 것이 아니기 때문에 분류의 특성을 파악하기는 쉽지 않다. 하지만 '菜'항목과 '瓜'는 분류상 공통성이 강하고, 문헌자료에서도 동일한 항목으로 처리하는 경우가 많아 동일 어휘장으로 구성하여 설명할 필요성이 있다. 농서 자료에서 제시된 채과류는 다음과 같다.

『穡經』(1676) :
種諸瓜菜法 : 瓜(附黃瓜)외, 西瓜슈박, 冬瓜동화, 瓠박, 芋토란, 葵아옥, 茄子가지, 蔓菁쉰무우, 蘿蔔대무우, 芥子갓又계자, 薑(附甘露子)싱강, 蒜마늘, 葱파, 薤(韭부치薤염교), 萵苣부루, 荏蓼(附蘇子ᄎ조기, 荏들개, 蓼엿귀), 菌子ᄍ히버슷, 晶水精葱, 紅花닛, 藍족, 靛

『山林經濟』(1715) :
治圃 : 西苽슈박, 甛苽(俗名眞苽춤외), 苽(或稱胡苽或稱黃苽외), 冬苽(一名地芝或稱曰白冬苽동화, 瓠(或稱胡蘆), 薑, 葱, 紫葱, 蒜, 韭부쳐, 薤염교, 芋(或稱土芝或稱土蓮토련), 茄가지, 芹미나리, 蘿蔔(或稱萊菔或曰蘆菔무우), 蔓菁(或稱芺菁쉰무우), 芥계ᄌ, 菘菜비ᄎ, 萵苣부로, 白菜머휘, 菠菜시근치, 胡荽(或稱香荽고지), 冬葵아옥, 靑蘘(卽故麻角), 艾芥쑥갓, 滴露(或稱甘露덕노), 罌粟穀귀비화, 鷄冠만도라미, 南椒(或稱倭椒남만쵸), 熊蔬곰둘닉, 冬蔬동취, 苜蓿게여목, 當歸승엄초, 羊蹄根소롯, 生蕈菌法, 鳳仙花(一名隱性子)[35]

『增補山林經濟』(1766) :
治圃(種菜) : 西苽슈박, 甛苽춤외, 黃苽외(或稱胡瓜), 冬苽동화(一名地芝或稱白冬苽), 瓠박, 大胡蘆, 南苽호박, 薑, 葱, 大蒜마날(或曰胡蒜), 韭부치, 薤염교, 芋(鄕名土卵或稱土蓮又稱土芝), 茄가지, 芹미나리, 蘿葍덧무우(或稱萊菔或稱蘆菔), 蔓菁엿무우(或稱蕪菁), 芥(겨ᄌ或稱갓), 菘菜비치, 萵苣부로, 白菜머회, 菠薐시근치, 冬葵아옥, 艾芥뿍갓, 牛蒡俗名웡, 滴露(或稱甘露), 鷄冠

---

35) 권4 治藥下에 '鳳仙花一名金鳳花'가 설명되어 있다.

草만도라미, 南椒예고초(或稱南蠻椒), 蘘荷, 熊蔬곰달니, 冬蔬동취, 苣蓿게여
목, 當歸승암치(俗稱辛甘菜), 羊蹄소롯, 蕈, 木頭菜두룹, 紫蘇츠조기, 烏芋올
미又名가츠라기鳧茨, 莞草(一名黃花菜俗稱넘ㄴ믈), 蒻蓮, 蔓菁평지, 蓖麻, 茴
香, 荊芥, 香薷노야기, 絲苽수세외, 薄荷, 桔梗도랏, 沙蔘더덕, 朮삽쥬, 五加
木苗, 竹笋

『穡經增集』(1787) :

種諸瓜菜法 : 瓜(黃瓜)외, 西瓜슈박, 冬瓜동화, 瓠박, 胡瓠(又稱南瓜), 芋土
란, 葵(아옥蓬芥 芹), 茄子(苦椒又稱畓椒), 蔓菁쉰무우, 蘿蔔대무우, 芥子갓又
云계자, 薑(싱강甘露子), 蒜마눌, 葱(파薃水精葱), 薤(韭부치薤염교), 萵苣부
루, 荏들깨, 蓼엿귀, 蘇子츠조기, 菌子싸희버슷, 烟花, 紅花닛, 藍족(靛)

『海東農書』(목판본, 18세기 후반) :

瓜類(목판본) : 黃瓜외, 甛瓜춤외, 西瓜슈박, 冬瓜동화, 南瓜호박, 瓠박, 茄
가지

菜類 : 蘿蔔댄무우, 蔓菁쉿무우, 菘비치, 芥겨ㅈ, 茼蒿쑥갓, 蔓蓍평지, 薑
싱강, 葱파, 紫葱ㅈ총, 蒜마눌, 韭부치, 薤염교, 番椒고쵸, 葵아옥, 萵苣부로,
芹미나리, 蕈슌, 蓖麻비마, 枸杞구긔, 蘑菰표고, 紫蘇츠조기, 鷄冠만도라미,
熊蔬곰달니, 木頭菜두룹, 辛甘菜신감치, 芋토란, 薯蕷마, 甘藷

『海東農書』(성대본, 18세기 후반)

瓜類(성대본) : 슈박>수박은 표기상의 변화가 있다.

菜類에서는 슌>순, 두룹>두릅의 표기법 변화와 함께, 上 여백에 白菜
머휘, 菠菜시근치, 胡荽고싀(或稱香荽), 菁蘘(卽胡麻角), 滴露뎍노(或稱甘露),
冬蔬동취, 苣蓿게여목, 當歸승염초, 羊蹄노룻, 鳳仙花(一名隱性)[36]이 제시되
어 있다.

『農政會要』(1834) :

5책 農餘 : 蔓菁슛무우, 菲, 同蒿, 蔞蒿물쑥, 牧蒿, 藾蒿, 蔏蒿, 白菜, 芥계
자或稱갓, 芥藍밋갓, 菠薐시근치, 莧비름, 馬齒莧쇠비름, 冬葵아옥, 龍葵, 落
葵, 蒲葵, 天葵, 苦菜고딜박이, 以蓼, 薤菜, 蔓蓍평지, 蓱菜, 薇고비一名회초
미, 巢菜, 蕨고사리, 迷蕨, 水蕨, 藜, 蒿藬, 灰藬, 薺菜낭이, 山藥마, 芋, 香芋,
土芋, 甘露子싸외, 甘藷, 蘩薯, 蘿蔔댓무우, 水蘿蔔, 胡蘿蔔, 萵苣상취一名부

루, 生菜, 蓴순, 芹, 紫芹, 桃阿里, 蘆

　農餘의 蔬 : 黃瓜외, 南苽호박, 冬苽동아, 絲瓜수세외又云물외, 葫蘆, 瓟子박, 茄子, 菌, 木耳, 石耳, 地耳, 生薑, 椒, 川椒죠피나무여름, 崖椒산쵸, 蔓椒, 地椒, 胡椒, 番椒, 茴香, 八角茴香, 蒔蘿, 韭부취, 山韭, 水韭, 葱, 蒜마날, 小蒜족지, 野蒜달닉, 水晶葱, 紫葱, 薤졸一名염교, 山薤, 野薤, 藠荄, 野藠荄, 苜蓿, 戴멸, 沙蔘더덕, 桔梗도랏, 當歸(俗稱辛甘菜), 羊蹄소로장이, 紫蘇츠죠기

　6책 農餘의 果 : 橘, 柑, 拂手相, 橙, 香櫞, 金橘, 金豆, 柚, 枳, 枸橘, 橄欖, 木威, 條甘子, 椰子, 世花果, 文官果, 甛瓜참외, 西瓜슈박, 北瓜, 蓮子, 蓮藕, 甘蔗, 蔆, 芡, 荸薺, 慈姑, 百合, 獼猴桃달애

'菜'와 '瓜'의 구분이 가장 명확한 것은 『해동농서』이다. 따라서 다른 문헌과의 비교는 『해동농서』를 기본으로 기술하는 것이 편하다. 『해동농서』에서 瓜類는 총 7개항이 제시된다. 『해동농서』의 분류를 기준으로 하면 『색경』에서는 '瓜(附黃瓜)외, 西瓜슈박, 冬瓜동화, 瓠박, 茄子가지'의 5개항이 瓜類에 포함된다. 『색경증집』에서는 『해동농서』에 '南瓜'로 제시된 항목이 '胡瓟(又稱南瓜)'로 나온다. '甛瓜'만 제외된다. 『산림경제』에서는 '西苽슈박, 甛苽(俗名眞苽춤외), 苽(或稱胡苽或稱黃苽외), 冬苽(一名地芝或稱曰白冬苽)동화, 瓟(或稱胡蘆), 茄가지'가, 『증보산림경제』에서는 '西苽슈박, 甛苽춤외, 黃苽외(或稱胡瓜), 冬苽동화(一名地芝或稱白冬苽), 瓟박, 大胡蘆, 南苽호박, 茄가지'가 瓜類에 속한다. 그런데 『농정회요』에서는 '黃瓜외, 南苽호박, 冬苽동아, 絲瓜수세외又云물외, 葫蘆, 瓟子박, 茄子'를 蔬에 포함시킨다. 이로 볼 때, 瓜類에 속하는 것은 『해동농서』의 7개항(黃瓜외, 甛瓜춤외, 西瓜슈박>수박(筆), 冬瓜동화, 南苽호박, 瓠박, 茄가지)에, 표기상 차이를 보이는 『색경증집』의 '胡瓟(又稱南瓜)'와 『증보산림경제』의 '胡蘆, 南苽호박, 絲苽수세외'가 첨가된다. 그리고 비록 '蔬'에 분류되어 있지만, 『농정회요』의 '絲瓜수세외又云물외, 葫蘆'도 동일한 瓜類이다. 그렇지만 『색경증집』의 '胡瓟'는 '南瓜'와 동일 명칭으로 설명하고 있고, 『증보산림경제』의 '南

苽’도 ‘호박’이 병기되어 있어 이들은 『해동농서』의 ‘南瓜호박’에서 벗어나지 않는다. 『증보산림경제』의 ‘胡蘆’와 『농정회요』의 ‘葫蘆’는 음역에 의한 동일한 명칭이다. 『농정회요』에서 ‘葫蘆’는 ‘葫蘆匏也 一名瓠果一名匏瓜’로 설명한다. 따라서 농서 자료에 나타나는 瓜類는 『증보산림경제』와 『농정회요』의 ‘胡蘆(葫蘆)’와 ‘絲苽수세외(絲瓜수세외又云물외)’를 포함하여 9개 항목이 제시된다. 이는 현대어에서 ‘덩굴 채소’를 뜻하는데, 이 기준에 의하면 ‘가지’는 제외된다. 문헌자료에서 ‘菜’와 ‘瓜’의 구분이 분명하지 않더라도, 공통적 속성의 항목은 묶어서 설명하는 경향성을 보인다. 이는 분류 어휘집이 가진 속성이다. ‘가지’를 『해동농서』에서 ‘瓜類’로 분류하고 있다고 하더라도, 다른 문헌에서는 떨어져 별개로 분리되어 있다. 분류 어휘집의 속성상 ‘가지’는 ‘瓜類’에 포함하고 있지 않은 것이다. 이로 볼 때 ‘가지’를 瓜類에 포함시킨 것은 『해동농서』에서 나타난 오류이다. 『해동농서』에서 ‘茄亦名落蘇又崑崙瓜’로 설명하고 있는데, 異名稱인 ‘崑崙瓜’에 의해 분류의 혼란이 야기된 것으로 보인다. ‘木瓜’를 瓜類에 분포시킨 것과 같은 결과이다. 결과적으로 瓜類에는 8항목이 속한다.

菜類는 『해동농서』 목판본에서 28개항이, 성대본에서는 上여백에 10개가 첨가되어 38개항이 나타난다. 『색경』에서는 ‘芋토란, 葵아욱, 蔓菁쉰무우, 蘿蔔대무우, 芥子갓又계자, 薑(附甘露子)싱강, 蒜마늘, 葱파, 薤(韭부치薤염교), 萵苣부루, 荏蓼(附蘇子츠조기, 荏들개, 蓼엿귀), 菌子싸히버슷, 藠水精葱, 紅花닛, 藍족, 靛’의 16개항이 菜類에 포함된다. 『해동농서』와 상이한 항목의 菜類는 ‘菌子싸히버슷, 藠水精葱, 紅花닛, 藍족, 靛’ 등이다. 그러나 藠水精葱은 『색경』에서 ‘藠는 蒜과 비슷하나 그 잎은 葱과 비슷하다’고 설명하는데, 이는 『해동농서』에서 설명한 ‘紫蔥’의 일종으로 보인다. ‘藠’의 자석어가 현대어에서도 ‘紫蔥’으로 쓰이는 것이 이를 방증한다. 『색경증집』에서는 『색경』에 언급되지 않은 荊芥, 香薷, 烟花가 내용으로 첨가된다. '荊芥'는 『향약구급방』(방중향약목초부)에서 '一名假蘇 味辛溫無毒'으로 기록되어 있고, 『훈몽자회(上7b)』에서는 '芥'에 대해 '계 줏개俗稱芥菜又뎡가曰荊芥一名假蘇又草芥'로 설명하고 있어, 동일한 대상에 대한 이명칭임이 분명하다. 하지만 『색경증집』에서 항목의 구분을 지은 것은 아니지만 '芥子갓又云계자'가 있는데도 '荊芥'를 달리 보충하고 있다. 이는 『색경』을 증집하면서 첨가한 것이다. '香薷'는 『훈몽자회 (上8a)』에 '菜뇌야기슈俗呼香菜菜亦作薷'의 설명으로 보아 '香菜菜'인데 새로이 첨가되었다. '烟花'는 『색경증집』에 '一名南草或稱烟茶'로 이명칭을 제시하고 있다. 『산림경제』(총 29개항)는 『해동농서』(총 28개항)와 17개 항목이 동일하다. 『해동농서』 성대본(총 38개항)에서 첨가된 10개의 항목은 『산림경제』에서 이미 제시된 항목이다. 따라서 『산림경제』와 일치하지 않는 항목은 『해동농서』의 '蔓菁평지, 番椒고쵸, 蓴슌, 蓖麻비마, 枸杞구기, 蘑菰표고, 紫蘇츳조기, 木頭菜두릅, 辛甘菜신감치, 薯蕷마, 甘藷'로 총 11개 항목이다. 『해동농서』 성대본과 상이한 『산림경제』의 菜類는 '鸎粟 穀귀비화'와 '南椒(或稱倭椒남만쵸)', 2개 항목이다. 『산림경제』의 治圃(총 29개항37))와 『증보산림경제』의 菜類(총 43개항38))는 일치하는 항목이 총 24개항이다. 『증보산림경제』는 단순히 『산림경제』의 항목을 중심으로 덧붙여 놓은 체계는 아니다. 『산림경제』에서 독자적으로 출현하는 항목은 '紫葱, 胡荽(或稱香荽고지), 靑蘘(卽故麻角), 鸎粟穀귀비화, 鳳仙花(一名隱性子)'로 총 5개항이다. 『증보산림경제』에서는 '牛蒡俗名웡, 蘘荷, 蓴, 木頭菜두릅, 紫蘇츳조기, 烏芋올미又名가초라기鳧茨, 茺草(一名黃花菜俗稱넘ᄂ믈), 苦蓮, 蔓菁평지, 蓖麻, 茴香, 荊芥, 香薷노야기, 薄荷, 桔梗도랏, 沙蔘더덕,

---

37) 瓜類에서 다룬 '茄가지'를 제외한 항목의 수임.
38) 瓜類에서 다룬 '茄가지, 絲苽수세외'를 제외한 항목의 수임.

朮삽쥬, 五加木苗, 竹笋'으로 19개항이다. 『증보산림경제』의 19개항 중 '蔓薹평지, 蕈, 蓖麻, 木頭菜두릅, 紫蘇츠조기'는 『해동농서』에, '荊芥, 香薷노야기'는 『색경증집』에 각각 언급되어 있다. 『색경증집』에서 언급된 '烟花, 紅花닛, 藍족(靛)'은 『증보산림경제』의 資用器類에서 언급된다. 『농정회요』에서는 지금까지 살펴 본 菜類가 '農餘'와 '蔬'에 분산되어 있다. 瓜類는 '蔬'에 분포한다. 『농정회요』는 비슷한 품종을 함께 제시하고 있어, 하위의 품종을 확인할 수 있다. 버섯류에 '菌, 木耳, 石耳, 地耳'가, 椒類에 '川椒죠피나무여름, 崖椒산쵸, 蔓椒, 地椒, 胡椒, 番椒'를 구분한다. 향신료나 약재로 쓰이는 茴香도 하위 요소인 大茴香인 '八角茴香'과 小茴香인 '蒔蘿'를 구분하여 기록하고 있다. 韮부취도 하위의 요소인 '山韮, 水韮'를 구분하고, 薤졸―名염교도 '山薤, 野薤'를 구분한다. 葱도 '水晶葱, 紫葱'이 구분된다. 『훈몽자회(上7a)』에서는 '葱파총俗稱大葱又小葱둘뢰'와 '蒜마늘숸―名葫又小蒜둘뢰野蒜족지獨蒜도야마놀'로 설명하고 있어, 서로 관련이 있는 '蒜마날, 小蒜족지, 野蒜달너'도 동일류로 묶여있다. '고수풀'로 불리는 蕎荽도 '野蕎荽'를 구분한다. 『훈몽자회(上7b)』에서는 '芫고시원, 荽고시슈俗呼芫荽'로 설명된다. '生薑, 苜蓿, 蕺멸, 沙蔘더덕, 桔梗도랏, 當歸(俗稱辛甘菜), 羊蹄소로장이, 紫蘇츠조기'는 하위 항목 없이 독립된다.

4.2.2. 어휘 특성

4.2.2.1. 菜類의 어휘 특성

'菜類'는 '瓜類'를 제외한 항목이다. '채류'에 나타나는 항목 중에는 상이한 대상임에도 불구하고 동일한 것으로 인식되어 온 예들이 있다. 그리고 동일한 대상의 이명칭임에도 상이한 대상으로 인식되어 온 예들이 있다. 우선 이들에 대해 문헌 자료를 바탕으로 점검하고자 한다.

(1) 상이한 대상

① '柑子'와 '甘藷'

『색경』	『산림경제』	『증보 산림경제』	『색경증집』	『해동농서』 목판본	『해동농서』 성대본	『농정회요』
				柑감즈	柑감즈	柑
						甘蔗
				甘藷	甘藷	甘藷

『농정회요』의 '柑'은 『해동농서』에서 '감즈'에 대응하는 데, 한자로는 '柑子'로 명기한다. 『박통사(상4b1)』에서도 '柑子'가 나타난다. 『표준국어대사전』에서 '甘藷'는 '감자'의 원말로 풀이하고 있다. '甘藷'를 '柑子'와 동일한 명칭으로 본 것이다. 그런데 『농정회요』에서는 '柑'을 果類에, '甘藷'를 農餘에 넣어 분류한다. 그리고 '甘藷'는 '一名朱藷一名番藷大者名玉枕藷形圓而長(모양은 둥글고 길다) 紫皮白質味甘(껍질은 자주색이고 속은 희고 맛은 달다)'로 설명한다. 반면에 '柑'은 '古作甘開寶本草云柑未經霜時猶酸霜後甘(옛날에는 甘이라 했는데 『개보본초』에 柑은 서리가 내리기 전에는 오려려 시고, 서리가 내린 다음에는 달다)'라고 설명하면서 이를 '柑子'라고 한다. 『해동농서』에서도 '柑'은 果類에 포함하여, '柑與橘樹葉相似而無刺實亦似橘而稍大有朱柑黃柑乳柑等名産於耽羅(감은 귤나무와 잎이 비슷하나 가시가 없고 열매 또한 귤과 비슷하나 조금 크고 주감, 황감, 유감 등의 명칭으로 쓰이는데 탐라에서 생산된다)'라고 설명한다. 그리고 '甘藷'는 菜類에 분류한다. 『해동농서(p105)』에는 '甘藷'를 紅山藥이라고 하는데, 바다 밖에서 종자를 얻은 까닭으로 番藷라고도 한다고 설명한다. 따라서 甘藷와 柑子는 상이한 대상을 가리키는 상이한 명칭이다. 유사한 명칭으로 『농정회요』에는 '甘蔗'

가 나오는데 이는 『월인석보(1:6a2)』에서 '甘蔗는 프리니 시믄 두어힛 자
히 나디 대 ᄀᆞᆮ고 기리 열자 남죽ᄒᆞ니 그 汁으로 砂糖을 ᄆᆡᆼᄀᆞᄂᆞ니라'로 풀
이되어 있어 '사탕수수'를 가리킨다.

② '薑'과 '甘露子'

『색경』	『산림경제』	『증보 산림경제』	『색경증집』	『해동농서』 목판본	『해동농서』 성대본	『농정회요』
薑 (甘露子) 싱강	薑	薑	薑(甘露子) 싱강	薑싱강	薑싱강	生薑 甘露子짜외

『색경』과 『색경증집』에서 '薑싱강'과 동일한 항목으로 '甘露子'가 나
타난다. 하지만 『농정회요』에서는 '싱강'에 대한 한자어 명칭 '生薑'이
설정되고, '甘露子'는 '짜외'로 항목을 달리한다. '甘露子'는 5冊 農餘의
항목에 배당되고, '生薑'은 蔬의 항목에 제시된다. 『농정회요』에서 '甘露
子'는 뿌리의 맛에 연유한 이름(以根味而名)으로 설명하면서 '地蚕, 土蛹,
草石蚕, 滴露, 地瓜兒' 등의 異名을 들고 있다. 또한 '甘露子'는 '二月生苗'
로 설명하는데 반해, '生薑'은 '三月種五月生苗'로 설명하여 그 종류가 상
이함을 명시한다.

③ '들새', '엿귀'와 'ᄎ조기'

『색경』	『산림경제』	『증보 산림경제』	『색경증집』	『해동농서』 목판본	『해동농서』 성대본	『농정회요』
荏蓼 蘇子ᄎ조기 荏들개 蓼엿귀		紫蘇 ᄎ조기	荏들깨 蘇子ᄎ조기	紫蘇 ᄎ조기	紫蘇 ᄎ조기	紫蘇 ᄎ죠기

『색경』에 '荏蓼(附蘇子 츠조기荏들개蓼엿귀)'가 나오는데, '荏蓼'에 '蘇子'와 '荏', '蓼'를 각기 구분하고 있다. 이들에 대한 구분은 명확하여, '蘇子'는 '荏'과 '蓼'와 구분되며 정음 표기에서도 차이가 난다. 그러나『증보산림경제』,『해동농서』,『농정회요』에서는 한자가 '紫蘇'에 대응한다. 그런데『훈몽자회(상8a)』에서는 '蘇'에 '츠소기俗呼紫蘇又들깨曰蘇子又水蘇믈왕하'로 설명되어 있다. 이는 결국 '츠소기'에 대하여 '紫蘇'는 중국어 명칭이고, '들깨'는 '蘇子'나 '水蘇'로 부르는데 '水蘇'는 '믈왕하'에 대응한다. 결국 이들에 대한 명칭으로 볼 때, '水蘇'는 오히려 '蓼엿귀'에 대응하는 것이다. 이는『이조어사전(1985)』에서는 '물에 나는 차조기'로 설명한다. '水蘇'는『구급간이방(3:97)』에도 '믌방하(水蘇)'로 나온다. 이는 경남지방에서 식용하는 '방하'와 용어상 관련이 있다. 그러나 경남지방에서 식용하는 '방하'는 '차조기 잎'에 해당한다. 그런데『훈몽자회(상7a)』에 '荏'이 나오는데, 이는 '들깨심或呼蘇子'로 설명한다. 결국 이들은 '차조기'가 가진 유사한 속성으로 인해 나타나는 설명이다.『표준국어대사전』에는 '紫蘇'는 '蘇葉을 한방에서 이르는 말'로 설명한다. 단지 색을 중시하여 붙인 명칭이다. 그러나 현대어 사전에서는 '차조기'를 '紫蘇'에 대응하고, 차조기 잎을 '蘇葉'에 대응하는 것이 바람직하다.[39) 그리고 '紫蘇'의 씨는 '蘇子'에 대응한다. 잎과 열매를 섭취하는 '들깨'는 현재 '깻잎'과 '들깨'로 구분하는데, 이때의 '들깨'도 문헌자료와 관련하여 '蘇子'에 대응한다.

---

39) '차조기'는 주로 잎을 섭취하기 때문에 이들에 대한 우리말 구분은 별 의미가 없을 것으로 보인다.

④ '蒜'과 '葫'

『색경』	『산림경제』	『증보 산림경제』	『색경증집』	『해동농서』 목판본	『해동농서』 성대본	『농정회요』
蒜마늘	蒜	大蒜마날 (或曰胡蒜)	蒜마늘	蒜마늘	蒜마늘	蒜마날
		小蒜족지				小蒜족지
		野蒜돌닉				野蒜달닉

농서 자료에서 '마늘>마날'은 '蒜'과 '蒜'에 대응한다. 그런데 증보산림경제에서 '마늘'의 이명칭으로 '大蒜마날或曰胡蒜'이 나타난다. '족지'는 『증보산림경제』와 『농정회요』에서 '小蒜'에 대응한다. 그러나 『구급간이방(下80)』에서는 '小蒜'이 '도야마늘'에 대응한다. 그리고 『훈몽자회(上>7a)』에서는 '蒜마늘쇈一名葫又小蒜둘뢰野蒜족지獨蒜도야마늘'의 설명이 보이는데, '葫'와 '小蒜'은 '둘뢰'로, '野蒜'을 '족지'로 구분한다. 그러나 『증보산림경제』와 『농정회요』에서는 '野蒜, 野蒜'이 '달닉'에 대응한다. 그리고 『柳物三草』에서는 '山蒜'이 '족지'에 대응한다. 『동의보감』에서는 '野蒜'을 '둘랑괴'로 쓰고 있어서 더욱 혼란스럽다. 『동문유해(下3)』와 『몽어유해(下3)』에서는 '小根荣'가 '둘랑귀'로 나온다. '마늘>마날'은 '大蒜, 蒜, 蒜, 胡蒜'에 대응하고, '족지>족지'는 '小蒜, 小蒜, 野蒜, 山蒜'이 대응한다. 그리고 '달닉>달래'는 '野蒜, 野蒜, 葫, 小蒜'에 대응한다. '野蒜'과 '小蒜'이 '족지'와 '달닉'에 같이 쓰인다. 결국 '마늘>마날'은 독립되지만 '족지>족지'와 '달닉>달래'만 중복된 이명칭을 가진다. '蒜'과 '蒜'은 '마늘'의 의미로 통하는 것으로 보아 '蒜'과 '蒜'의 대응은 별 의미가 없다. 그렇다면 당시에는 '마늘'과 '달닉=족지'의 구분만 나타난다. '마늘'이 '大蒜'에 대응하고, '달닉'와 '족지'가 '小蒜'에 대응하는 것으로 보아 이들은 크기에서도 구분된다. 大小의 구분은 현대어에서

도 그대로 유지된다. 그러나 현대어에서는 '족지'가 쓰이지 않는다. 이는 '달니'와 유의어로 쓰였음이 분명하지만 유의 경쟁의 결과 현재는 사어가 되었다.

⑤ '菘菜'와 '白菜'

『색경』	『산림경제』	『증보 산림경제』	『색경증집』	『해동농서』 목판본	『해동농서』 성대본	『농정회요』
	菘菜비츠	菘菜비치		菘비치	菘비치	
	白菜머휘	白菜머회			白菜머휘	白菜

『산림경제』와 『증보산림경제』에서는 '菘菜'와 '白菜'를 구분하여 설명한다. '菘菜'를 '비츠(비치)'라 하여 '2월 상순에 씨를 뿌리면 3월 중순에 먹게 되고 5월 상순에 씨를 뿌리면 6월 중순에 먹게 된다(二月上旬撒種三月中旬可食五月上旬撒種六月中旬可食)'고 하고, '白菜'는 '머휘(머회)'라 하여 '팔월에 …(중략)… 씨를 뿌려 …(중략)… 40일이 되면 먹는다. 9, 10월에 심어도 된다'고 한다. 『해동농서』 성대본에는 '菘'을 '비치'라고 하면서 '菘은 白菜라고도 하는데 두 종류가 있다. 하나는 줄기가 둥글고 두터우며 약간 푸르고, 하나는 줄기가 넓적하고 얇으며 백색이다(菘亦名白菜有二種一種莖圓厚微靑一種莖扁薄而白)'고 설명한다. 『농정회요』에서도 '白菜'의 異名으로 '菘'을 든다. 그리고 『埤雅』를 인용하여 '菘은 성질이 강하여 겨울에도 시들지 않으며 사철 자라는데 이처럼 소나무 같은 지조가 있어서 회의한 글자이다'고 異名인 菘을 풀이한다. 『훈몽자회(上7b)』에서는 '菘비치숑俗呼白菜'라고 하여 중국어로 '白菜'라고 병기한다. 이로 볼 때, '白菜'를 '菘'과 동일하게 설명하는 것은 중국어를 따른 명칭이다. 그러나 중국어 명칭과 관련없이 '白菜'는 '머위'에 해당한다. 『표준국어대사전』에는 '머휘'를 '머위'의 옛말로, '白菜'는 '배추'로 설명한다.

⑥ '薤'과 '韭'

『색경』	『산림경제』	『증보 산림경제』	『색경증집』	『해동농서』 목판본	『해동농서』 성대본	『농정회요』
	韭부쳐	韭부치		韭부치	韭부치	韭부취
薤(韭부치 薤염교)	薤염교	薤염교	薤(韭부치 薤염교)	薤염교	薤염교	薤졸一名 염교

『색경』과 『색경증집』에서 '薤'의 부기 설명에서 '韭'는 '부치'로 '薤'는 '염교'로 구분한다. 다른 농서에서는 구분의 항목을 달리한다. 항목을 달리하여, '韭'는 '부쳐, 부치, 부취'로, '薤'는 '염교'로 일정하게 나타난다. 그런데 『농정회요』에서는 '薤'는 '졸'에 대응시켜 '一名염교'라고 설명하여 이명칭으로 쓰인다. 그런데 다음의 자료에서는 이러한 대응이 일정하지 않다.

> (1) ㄱ. 염교구(韭, 훈몽上7), 염교(韭, 구간6:35), 염규(韭菜, 역하10), 염
> 곳불휘(韭根, 구간6:38)
> ㄴ. 부치(薤, 四解上47), 부치혜(薤, 훈몽上13), 부치히(薤, 유합上10·
> 倭解下5), 부치(薤, 老解下34·朴解中33)

'염교'와 '부치'에 대한 명칭이 바뀌어, '韭, 韭'에 '염교, 염규'가, '薤'에 '부치'가 명기되기 때문이다. 다음의 자료에서는 이명칭 '졸, 솔'이 '韭'에 대응하기도 한다. 『廣才物譜』의 예는 문헌 특성상 방언을 모은 것으로 추정된다.

> (2) 韭졸(物譜上3), 韭부추又졸又솔又졍구지(廣才)

이로 볼 때, 이들은 동일한 대상이냐 아니냐가 문제가 된다. 동일한

대상이 아닌데도 구분이 모호하여 명칭의 혼란이 생긴 것인지, 아니면 동일한 대상인지를 살펴볼 필요가 있다. 『표준국어대사전』에서는 '염교'와 '졸'을 '부추의 옛말'로 설명하면서, '졸'은 '부추의 충청방언'으로 '솔'을 '부추'의 경상, 전남방언으로 구분한다. 그러나 『산림경제』에서는 '염교'와 '부추'를 구분하여 '薤似韭而葉闊多白無宲雖辛而不葷五臟故道家常行之(염교는 부추와 비슷하나 잎이 넓으면서 흰 기가 많고 열매가 없으며, 비록 맵기는 하지만 五臟에서 매운 냄새가 나지 않기 때문에 道家에서 일상 식용한다)'고 설명한다. 결국 『산림경제』에서 이들에 대한 차이를 명확하게 구분하여 별개의 것임을 나타낸다.

⑦ '藍족'과 '靛쳥디'

『색경』	『산림경제』	『증보산림경제』	『색경증집』	『해동농서』 목판본	『해동농서』 성대본	『농정회요』
藍족	藍족, 靛쳥디	藍족, 靛쳥디		蓼藍쪽, 菘藍쳥디		

『산림경제』와 『증보산림경제』에서 '족藍'과 '쳥디靛'는 한자가 구분되어 있다. 『해동농서』에서는 '蓼藍쪽'과 '菘藍쳥디'로 구분된다. '藍'이라는 공통적 한자를 취한다. 『임원경제지』에서는 '藍'이 '쳥디'에 대응이 되고, 『역어유해』에서는 '족'의 이명칭으로 '小藍'이 쓰이는데 이는 『동문유해』에서 '쳥디'에 대응이 된다. '쳥디'는 『廣才物譜』에서 '青黛쳥대'로 표기된다. 문헌에 따라 이들이 혼용되었다는 것을 간접적으로 확인할 수 있다.

(3) 藍澱쳥디쪽지(林園仁24), 蓼藍족一云小藍(譯語下41), 小藍쳥디(同文下26), 小藍족(蒙類下39), 쪽(小藍)(蒙喻上15), 大藍쳥디(蒙類下21), 쳥듸(大藍,

蒙喩上15), 馬藍쳥티一云大藍(譯語下41)

그런데 '족, 쪽'은 『역어유해』를 비롯하여 일관되게 '小藍'에 대응하고, '쳥티'는 '大藍'에 대응한다. 이들은 혼용되는 경우가 있었다고 하더라도 대다수의 문헌자료에서는 구분하고 있었다는 것을 확인할 수 있다. 하지만 이들은 구분이 모호할 정도로 공통되는 요소가 있다는 것도 짐작 가능하다. 그 공통성은 한자 '藍'의 특성에 기인한다. '족'과 '靑黛'는 15세기 자료에서부터 출현한다.

> (4) ㄱ. 파라호미 족 ᄀᆞᆮ도다(碧如藍, 남명하10)
> ㄴ. 金精이어나 靑黛어나 므레 ᄃᆞ마 ᄆᆞᆰ게 ᄒᆞ야(月釋10)

『증보산림경제』에서 언급된 '靛'은 다음과 같이 쓰인다.

> (5) ㄱ. 梁靛 반믈드리다(同文下26)
> ㄴ. 靛靑 반물(方類27)
> ㄷ. 染靛 반믈드리다(蒙類下21)

그리고 『物名考』에는 '靑黛쪽쳥대'가 있어 동일 의미의 강화로 나타나는 유의성을 짐작하게 한다. 이로 볼 때, 이들은 '쪽빛 물을 들이는' 성격을 공유하는 대상임을 짐작하게 한다. 『표준국어대사전』에서 나타나는 '쪽40)'과 '청대(靑黛)41)'의 풀이에 의하면, 크기에서도 많은 차이가 나

---

40) 여뀟과의 한해살이풀. 높이 50~60cm, 잎은 어긋나고 긴 타원형. 7~8월에 붉은 꽃이 수상(穗狀) 꽃차례로 피고 열매는 수과(瘦果)를 맺으며, 잎은 염료로 씀. 중국, 인도차이나가 원산지로 전 세계에 분포.

41) 십자화과의 두해살이풀. 높이 70cm 정도, 줄기잎은 어긋나고 긴 타원형 또는 피침 모양. 초여름에 노란 네잎꽃이 가지나 줄기 끝에 총상(總狀) 꽃차례로 피고 열매는 둥글 넓적한 장각과(長角果)를 맺음. 열매는 해독제나 해열제로 쓰고 잎은 쪽빛 물감의 재료

지 않는다. 이러한 점이 이들에 대한 혼란을 야기한 것이다.

⑧ '當歸'와 '승엄초'

『색경』	『산림경제』	『증보 산림경제』	『색경증집』	『해동농서』 목판본	『해동농서』 성대본	『농정회요』
	當歸 승엄초	當歸 승암치 (俗稱辛甘菜)			當歸 승염초	當歸 (俗稱辛甘菜)
				辛甘菜 신감치	辛甘菜 신감치	

『증보산림경제』와 『농정회요』에서 '當歸'에 대한 이명으로 '辛甘菜'를 들고 있다. 『표준국어대사전』에는 '당귀'를 '신감채의 뿌리'로 설명한다. 또한 '승검초'를 '신감채'와 동일한 명칭으로 들고 있다. 그런데 『해동농서』 성대본에는 當歸를 '승염초'라 하여 상 여백에 따로 병기하고, '辛甘菜'는 '當歸笋'으로 설명한다. 『동의보감(탕액3)』에는 '當歸'를 '승엄초 불휘'로 명기하고 있다. 이는 『구급간이방(6:91)』에서도 '승암촛 불휘(當歸)'로 확인된다. 『향약집성방언해』와 『향약채취월령』에서는 當歸의 향명으로 '僧庵귀'를 명기하고 있다. 이로 볼 때, '當歸, 승엄초(승암초, 승염초), 辛甘菜'는 대체로 동일한 명칭으로 쓰이지만 지칭하는 부분의 명칭에서 조금 차이를 보인다.

(2) 동일 대상의 이명칭

菜類에서는 이명칭이 9개 항목에서 나타난다. '或稱, 或曰'로 이명칭을 명기하기도 하고, '鄕名'으로 명기하기도 한다. 하지만 '或稱, 或曰'로 이명칭을 명기하는 경우가 대부분이다. '鄕名'은 공식적인 용어이기보다는

로 씀. 바닷가에 자라는데 원산 이북에 분포.

민간에서 주로 쓰이는 명칭이다.

① '茄'와 '茄子'

『색경』	『산림경제』	『증보 산림경제』	『색경증집』	『해동농서』 목판본	『해동농서』 성대본	『농정회요』
茄子가지	茄가지	茄가지	茄子 (苦椒, 畓椒)	茄가지	茄가지	茄子

'가지'는 한자 '茄子'와 '茄'의 두 가지 형태에 대응한다. '가지'는 『훈몽자회(상13)』와 『유합(상11)』에서 '茄'에 대한 자석어로 제시되어 있다. 『한한청문감(324c)』에서도 '가지'는 '茄'에 대응한다(가지꽃 빗(茄花色)). 『物譜』 草果에는 '가지'가 '茄子'에 대응된다. 그런데 『훈몽자회』에서는 '가지'의 속명이 '茄子'임을 부기하고 있다(俗呼'茄子'又呼落酥). 『훈몽자회』의 註에서 '俗呼', '俗稱'으로 병기한 것은 중국어 명칭이다.[42] 이는 현대 중국어의 채과류의 명칭에 나타나는 '-子'의 쓰임과 무관하지 않다(梨子, 栗子, 李子, 柿子, 桃子 등).[43]

② '갓'과 '계ᄌ(芥子)'

『색경』	『산림경제』	『증보 산림경제』	『색경증집』	『해동농서』 목판본	『해동농서』 성대본	『농정회요』
芥子갓 又계자	芥계ᄌ	芥 (겨ᄌ或稱 갓)	芥子갓 又云계자	芥겨ᄌ	芥겨ᄌ	芥계자 或稱갓 (芥藍밋갓)

---

42) 이기문(1971), 훈몽자회연구, 서울대출판부, pp136-137에서 설명하고 있다. 중국의 것과 구분하여 우리나라의 俗稱을 가리킬 때에는 本國俗呼, 國語又呼 등으로 구분하였다.
43) 박통사언해(상4a-b)에서도 '榛子, 松子, 栗子, 荔子, 柑子, 杏子' 등에서 이와 동일한 명칭이 쓰인다.

『농정회요』에서 나타나는 '芥藍밋갓'은 '동갓, 동겨자'에 해당한다. 이에 대한 중국어 명칭은 '芥藍, 芥藍菜'이다.『훈몽자회(상7)』에서는 '芥'가 '계즛개俗稱芥菜又덩가曰荊芥一名假蘇又草芥'로 풀이되어 있다.『색경』과 『증보산림경제』, 그리고 『농정회요』에서도 '갓'은 '계자'와 같은 것을 뜻한다.『동의보감(2)』에서도 '갓又云계즛'가 나온다.『海東定』의 표기에 따르면 '겨즛'의 한 종류로 '靑芥밋갓'이 있는데,『物譜』에는 '菘芥'로, 『物名』에서는 '花芥'로 나타난다.

(6) ㄱ. 갓(芥菜, 同解下3・蒙解補22), 갓(芥, 物名3:88)

ㄴ. 계즛(芥, 訓蒙上7・類合上10・倭解下5・同解下3), 계즛(芥菜, 醫宗 29・方藥36), 계즛 훈되를 초 서되예 글혀(救簡1:15), 계즛삐(芥 子, 瘟新4)

여러 문헌에서 '갓'형과 '계즛'형이 함께 쓰이는데, 고유어인 '갓'과 한자어인 '계즛(芥子)가 유의어로서 서로 교체되어 쓰였음을 짐작할 수 있다. 한편,『同解』에서는 '갓'은 '芥菜'로, '계즛'는 '芥子'로 각각 구별하여 쓰고 있다.

③ '芋'와 '土卵'

『색경』	『산림경제』	『증보산림경제』	『색경증집』	『해동농서』 목판본	『해동농서』 성대본	『농정회요』
芋토란	芋或稱土芝或稱土蓮토련	芋 鄕名土卵或稱土蓮又稱土芝	芋토란	芋토란	芋토란	芋

'芋'는『훈몽자회(上7b)』에서 '芌토란우俗稱芌頭又芌嬭알俗作芋'로 설명한다.『훈몽자회』에서는 '芌'와 '芋'를 구분하여 '알'을 '芋'로 쓴다는 설

명이 보인다. 이것과 연관하여 『증보산림경제』에서는 향명으로 '土卵'이 쓰인다고 언급한다. 결국 '토란'은 형태와 관련하여 재구조화된 향명이다. 하지만 '芌'와 '芋'는 대체로 같이 쓰인다. '芋'의 이명칭으로는 '土芝'와 '土蓮'이 있다. 그리고 『훈몽자회』에서 언급된 중국어 이명칭으로 '芌頭'와 '芌嬭'가 쓰인다.

④ '蔓菁'과 '芜菁(蕪菁)'

『색경』	『산림경제』	『증보 산림경제』	『색경증집』	『해동농서』 목판본	『해동농서』 성대본	『농정회요』
蔓菁 쉰무우	蔓菁 (或稱芜菁 쉰무우)	蔓菁 쉿무우 (或稱蕪菁)	蔓菁 쉰무우	蔓菁 쉿무우	蔓菁 쉿무우	蔓菁 숫무우

'蔓菁'은 『훈몽자회(상7b)』에서 '蔓쉿무수만又去聲藤蔓너출'과 '菁쉿무수쳥俗呼蔓菁'을 설명하고 있다. 이로보아 '蔓菁'은 '菁'에 대한 중국어 이명칭임을 알 수 있다. '蔓'도 동일한 자석어를 가지지만 '너출'의 의미도 있다. 하지만 '藤蔓'의 '너출'에 해당하는 의미는 '쉿무수'와 별개이다. 이에 대한 이명칭은 '芜菁'과 '蕪菁'이 쓰인다. 현대어에서는 '순무'로 쓰이는데, 이는 『농정회요』에서의 '숫무우>순무우(자음동화)'와 관련이 있다. 어두의 'ㅟ>ㅜ' 변화는 19세기에 보편적이다. 『색경증집』의 '쉰무우'는 당연히 '쉿무우'에서 연유한다. 이때의 '쉿'은 곡식의 줄기를 뜻하는 '쉬'에서 연유한다. 이는 『훈몽자회(下3)』와 『유합(상10)』에서 '禾쉬화'로 나타난다.

⑤ '蘿蔔'과 '薝蔔'

『색경』	『산림경제』	『증보 산림경제』	『색경증집』	『해동농서』 목판본	『해동농서』 성대본	『농정회요』
蘿蔔 대무우	蘿蔔(或稱萊菔 或曰蘆菔무우)	蘿蔔덧무우 (或稱萊菔或 稱蘆菔)	蘿蔔 대무우	蘿蔔 댄무우	蘿蔔 댄무우	蘿蔔 댓무우

'蘿蔔'은 『훈몽자회(상7b)』에서 '蘿댓무수라又蘿摩새박女蘿새삼'과 '蔔댓무수복俗呼蘿蔔又薝蔔梔子花'로 설명한다. 『표준국어대사전』에서는 이의 이명칭으로 '蘿蔔, 萊菔, 蘆菔, 菁根'을 들고 있다. 『훈몽자회』에서는 '蔔'에 대한 중국어 이명칭으로 '蘿蔔, 薝蔔, 梔子花'를 들고 있는데, '薝蔔'은 『훈몽자회(상4a)』에서 '梔<지짓지俗呼梔子花名薝蔔音占匐子可染黃'에서 '梔子花名'으로 풀이된다. 『산림경제』와 『증보산림경제』에서는 '萊菔'과 '蘆菔'이 보인다. 『월인석보(21:168)』에서도 '興渠'를 설명하면서 '불휘 댓무수 곹ᄒᆞ니라'로 쓰인다. 『산림경제』에서는 '무우'가 대응되는 것이 특징적이다.

⑥ '萵苣'와 '상취'

『색경』	『산림경제』	『증보 산림경제』	『색경증집』	『해동농서』 목판본	『해동농서』 성대본	『농정회요』
萵苣 부로	萵苣부로	萵苣부로	萵苣부로	萵苣부로	萵苣부로	萵苣상취一 名부루

『농정회요』 이전에는 '부로'만 사용된다. '부로'는 『훈몽자회(上8a)』에서 '부루'의 형태로 쓰인다(萵부루와 苣부루거俗呼靑菜或呼生菜). '부루'는 17세기 자료에서 보편적이다.

   (7) ㄱ. 부루(萵苣, 동의2:30a)

       ㄴ. 부루삐과 츳뿔 각 혼 홉을 ᄂ로니 ᄀ라(태산61b)

       ㄷ. 부룻대(蓮子, 역어하10a)

이는 16, 7세기에 보편적이었던 '우→오'의 변화를 반영한다. 물론 이 시기의 '오~우' 상호 교체 현상도 확인된다.『증보산림경제』에서도 '부로'와 함께 '부루'의 형태가 나타난다.

   (8) 부로(萵琚茱, 역어하10a), 부로(박통중33b), 萵苣薑부루동(增山8)

『농정회요』에서는 '부루'의 형태와 함께 '상취'가 제시된다. '상취'는 18세기 자료인『의종금감(30)』에서 '상취'로 나오는 것으로 보아 이 시기에 이미 '부로'와 같이 쓰인 것으로 보인다. 현재 강원도 방언에 '부루'가 남아 있어서 강원도 방언을 동서로 구획하는 기준의 하나로 이용되기도 한다.

⑦ '南椒'와 '예고초'

『색경』	『산림경제』	『증보산림경제』	『색경증집』	『해동농서』 목판본	『해동농서』 성대본	『농정회요』
	南椒 (或稱倭椒 남만쵸)	南椒예고초 (或稱南蠻椒)				
				番椒고쵸	番椒고쵸	番椒

 '南椒'는『산림경제』에서 '倭椒남만쵸'로 설명한다.『증보산림경제』의 '예고초'의 '예'는 '倭'에 해당한다.[44] '南椒, 倭椒, 南蠻椒'는 동일한 명

---

44) '倭'가 '예'로 읽히는 예는 '예와 싸호사(倭與之戰鬪, 용52), 예 외(倭, 훈몽자회중4)' 등 많은 문헌자료에서 확인할 수 있다.

칭이다. 한자의 조합으로 볼 때, '椒'가 '고쵸'에 대응한다. 『훈몽자회(上 6b)』에서는 '椒'를 '고쵸쵸胡椒又川椒秦椒蜀椒죠피又분디曰山椒'로 설명한다. '죠피'는 눌 죠피(生椒, 구간6:48), 川椒曰죠피(東言考略)로 쓰인다. '椒' 혹은 '川椒'가 '죠피'에 해당한다. 이는 『훈몽자회』의 註와 일치한다. 그리고 '분디'는 『악학궤범(動動)』에 '분디 남ㄱ로 갓곤 나술 盤잇 져 다호라'로 쓰인다. 『해동농서』에서는 '番椒'가 '고쵸'에 대응한다. 다음 문헌 자료에서 보듯이 '고쵸'는 '胡椒, 秦椒, 番椒' 등에도 대응한다.

> (9) ㄱ. 고쵸롤 ᄀ라(胡椒硏, 구간1:32)
>   ㄴ. 고쵀어나 마ᄂᆞ리어나(胡椒蒜, 구간6:63)
>   ㄷ. 고쵸(秦椒, 한한378a), 고쵸(番椒, 물보 蔬菜)

『농정회요』에서는 '椒, 川椒(죠피나무여름), 崖椒(산쵸), 蔓椒, 地椒, 胡椒, 番椒'가 모두 구분된다. 각각 별개의 항으로 설명하는데, '椒'의 異名으로 '花椒, 大椒, 檓, 秦椒'를, 川椒의 이명으로 '巴椒, 蜀椒, 南椒, 薑藙, 點椒, 含丸使者'를, 崖椒의 이명으로 '野椒'를 그리고 蔓椒의 이명으로 '猪椒, 豕椒, 彘椒, 狶椒, 狗椒, 金椒'를 들고 있다. 地椒는 '蔓椒 중 작은 것'으로 설명한다. '胡椒'는 '昧履支'를 이명으로 설명하면서, 그늘을 향해 나는 것을 '澄茄'로, 햇볕을 향해 나는 것을 '胡椒'로 구분한다. 番椒는 따로 이명을 명기하지 않고, '떨기로 나며 꽃은 백색이고 씨는 몽당붓(禿筆頭)처럼 생겼고 맛은 맵고 색은 붉어 매우 볼만하다. 씨로 심는다'는 설명만 있다.

⑧ '艾芥'와 '茼蒿'

『색경』	『산림경제』	『증보산림경제』	『색경증집』	『해동농서』 목판본	『해동농서』 성대본	『농정회요』
	艾芥쑥갓	艾芥쑥갓		茼蒿쑥갓	茼蒿쑥갓	同蒿

『산림경제』와 『증보산림경제』의 '艾芥'는 '쑥(艾)'과 '갓(芥)'의 복합어로 이루어져 있다. 『해동농서』에서는 '茼蒿'가 쑥갓에 대응한다. 『훈몽자회(上5a)』에서는 '蘩뿍번白蒿, 艾뿍애艾草又艾毬봉오조시又艾花絨又艾絨, 蒿다복뿍호俗呼蒿草又蓬蒿又青蒿비양, 蓬다복뿍봉'이 관련된다. 『농정회요』에서는 '同蒿, 蔞蒿(물쑥), 牡蒿, 蘱蒿, 蔝蒿'가 구분되어 자세히 설명되어 있다. 同蒿는 '蓬蒿'라고도 하는데 '白蒿'와 비슷하다고 설명한다. 蔞蒿는 '白蒿, 蘩, 蔏, 由胡, 旁勃'이 이명으로 쓰이고, 牡蒿는 '齊頭蒿'가, 蘱蒿는 '蘱蕭'가 이명으로 쓰인다. 蔝蒿는 '莪蒿, 蘿蒿'가 이명으로 쓰이는데 蔞蒿와 비슷하다고 설명한다.

⑨ '鳳仙花'와 '陰性'

『색경』	『산림경제』	『증보 산림경제』	『색경증집』	『해동농서』 목판본	『해동농서』 필사본	『농정회요』
	鳳仙花 (一名隱性子)				鳳仙花 (一名隱性)	

'鳳仙花'는 '봉선화(物譜花卉)', '봉슈화(물명고3草)'로 나타나기도 하지만 농서 자료에는 정음 표기가 없다. 『해동농서』 성대본에는 '鳳仙花'를 '一名陰性'으로 설명하면서, '씨를 취하여 기름을 짜서 음식에 넣으면 맛이 眞油보다 낫다(取子搾油以和飮食則味勝眞油)'고 부연되어 있다. 이로 볼 때, '鳳仙花'에 대응된 『해동농서』의 '陰性'은 동일한 명칭이고, 『산림경제』

의 ‘陰性子’는 기름을 짜는 ‘鳳仙花子’이다.

4.2.2.2. 瓜類의 어휘특성

瓜類는 다음과 같이 8개의 항목이 나타난다. 이들은 ‘瓜’와 ‘苽’의 대립 등 대체로 동일 대상에 대한 이명칭이 대응된다. 이명칭이라고 하더라도 한자 명칭과 고유 명칭의 대응으로 나타난다.

『색경』	『산림경제』	『증보 산림경제』	『색경증집』	『해동농서』 목판본	『해동농서』 성대본	『농정회요』
瓜 (附黃瓜)외	苽 (或稱胡苽 或稱黃苽외)	黃苽외 (或稱胡瓜)	瓜(黃瓜)외	黃瓜외	黃瓜외	黃瓜외
	恬苽(俗名眞 苽춤외)	恬苽춤외		恬瓜 참외	恬瓜 참외	恬瓜 참외
		南苽호박	胡瓠 (南瓜)	南瓜 호박	南瓜 호박	南苽호박
冬瓜동화	冬苽(一名地 芝或稱日白 冬苽동화)	冬苽동화 (一名地芝或 稱白冬苽)	冬瓜동화	冬瓜 동화	冬瓜 동화	冬苽동아
西瓜슈박	西苽슈박	西苽슈박	西瓜슈박	西瓜 슈박	西瓜 수박	西瓜슈박
		絲苽수세외				絲瓜수세외 又云물외
						北瓜
瓠박	瓠 (或稱胡蘆)	瓠박	瓠박	瓠박	瓠박	瓠子박

『大漢韓辭典(1985)』에서 ‘瓜’는 ‘참외과, 오이과(蔓生苽也)’로 설명한다. 반면에 ‘苽’는 ‘교미고, 줄고(彫胡茭米)’로 설명한다. 서로 다른 글자이다. 그러나 『훈몽자회(上7a)』에서는 ‘苽’를 ‘외 과’로, 『신증유합(上11)』에서는

'瓜'를 '외 과'로 설명한다. 동일한 자석어와 字音이다. 농서 자료에서
'외'는 '瓜, 黃瓜, 苽, 黃苽, 胡苽, 胡瓜'에 대응한다. 『산림경제』와 『증보
산림경제』에서는 '苽'의 대응을 보이지만 이를 제외하고는 전부 '瓜'에
대응한다. '瓜'와 '苽'를 쓰는 것은 '덩굴'과 관련한 개념이다. '瓜'의 이
명칭으로 '黃瓜(苽), 胡瓜(苽)'가 쓰인다. '황과'는 '노각'으로도 쓰이는데
이는 익은 오이의 빛깔에 연유한다. '胡瓜'는 한(漢) 나라 무제(武帝) 때
장건(張騫)이 서역지방(서북지방의 미개민족)을 순회하고 돌아올 때 가져온
것이어서 '호과(胡瓜)'로 불린다. '춤외'에 해당하는 것은 '甛苽, 甛瓜'인데
마찬가지로 『산림경제』와 『증보산림경제』에서 '苽'를 쓴다. 『산림경제』
에서는 속명으로 '眞苽'를 쓴다고 했는데, 이는 '苽'의 이명칭이기도 하
다. 『산림경제』에서는 '苽'를 '외'에 대응시키고, '眞'을 훈독하여 '眞苽'
를 '춤외'에 대응한다. 『농정회요』에서는 '甛瓜'를 '甘瓜' 혹은 '果瓜'로
불린다고 하며 '껍질과 속이 모두 달아 꿀보다 더 낫다. 껍질은 볕에 말
리면 부드럽고 달고 맛있다'고 언급한다. '호박'은 '南苽, 南瓜'가 쓰이는
데, 『색경증집』에서는 '胡瓠'를 쓴다. '호박'은 '胡瓠'의 음독과 훈독에
따른 정음 표기이다. '동화(혹은 동아)'는 '冬苽, 冬瓜'로 쓰이는데, 이명칭
으로 '地芝'와 '白冬苽'가 『산림경제』와 『증보산림경제』에 언급된다. '白
冬苽'는 서리가 내린 후에 껍질이 밀가루를 바른 듯이 하얗게 되고 씨앗
도 흰색이 되어 생긴 명칭이다. '슈박>수박'은 '西苽, 西瓜'로 쓰이는데,
이는 『노걸대(下34)』에서도 '西瓜'가 '슈박'에 대응한다. 『박통사(中56)』에
서도 '동과 뛰옴ᄒ랴 슈박 뛰옴ᄒ랴(跳冬瓜跳西瓜)'로 쓰인다. '수세외'는
'絲苽, 絲瓜'에 대응한다. 『농정회요』에서는 '수세외'의 이명칭으로 '물
외'를 들고 있으나, 『표준국어대사전』에서 '참외에 대하여 오이를 구별
하여 이르는 말'로 설명하고 있다. 따라서 '수세외'와 '물외'는 상이한
대상이다. 하지만 현재의 오이와 달리 토종 오이인 '물외'는 '수세외'와

모양이 닮았다. 하지만 대상은 차이가 난다. '北瓜'는 『농정회요』에서만 나온다. 하지만 분류상 甛瓜, 西瓜와 함께 果類에서 언급된다. ':北瓜'는 『농정회요』에서 '모양은 수박과 같지만 작고 껍질은 흰색으로 아주 얇고 속이 아주 붉다. 씨 역시 수박 같으나 약간 작고 좁으며 길다. 맛은 아주 달고 맛있다. 수박과 같은 시기에 나니 역시 수박의 다른 종류라고 생각한다'고 언급하고 있다. '박'은 '瓠'에 대응하는데 『농정회요』에서만 '瓠子'로 쓰인다. 『훈몽자회』<상4b>에서는 '瓠'는 '죠롱호'로 자석어와 자음을 병기하고, '又瓠子박形如菜瓜味甘'을 부기하고 있다. 즉 '瓠'와 '瓠子'를 구분한 것이다. 그러나 '匏박포'의 설명에서 '맛은 쓰고 그 모양은 원형이고 씨는 兩頭가 다 방형인데 瓠子는 일두원(味苦其形圓子形兩頭皆方瓠子—頭圓)'이라고 하여 동일한 자석어 '박'인데도 '匏'와 '瓠子'를 구분하고 있다. 이로 볼 때, '瓠'의 '죠롱'과, '匏'와 <상9b>에 나오는 '瓢'. '蠡' '박'은 '호리병박'을 지칭하고 있음을 짐작할 수 있다.

4.3. 과수류 어휘장

'果樹類'는 '果類'와 '樹(木)類'를 동일 어휘장으로 묶은 개념이다. '果類(과일)'는 『표준국어대사전』에서 '나무 따위를 가꾸어 얻는, 사람이 먹을 수 있는 열매. 대개 수분이 많고 단맛 또는 신맛이 난다. 사과, 배, 포도, 귤, 감, 바나나, 밤 따위가 있다'고 설명한다. '나무 따위를 가꾸어 얻는'에서 보듯이 '果類'는 '樹類'와 직접적 관련이 있다. 그러나 엄격히 구분하면 '果類'는 '과실을 채취 이용하는'에 초점을 맞춘다. 果類는 '樹類'에 포함된다고 하더라도, 과실 채취와 관련 없는 것은 따로 구분하여 '樹(木)類(이하 樹類로 칭함)'라 칭할 수 있다. 『훈몽자회』에서는 '木樹'[45]와

'菓實'이 구분되어 있다. 특정의 경우 '果類'는 '菜瓜類'와 혼란을 겪기도 한다. 이러한 특성은 문헌 자료에 그대로 반영된다. 『색경』과 『색경증집』 등에서 瓜類로 분류한 甛瓜(참외)와 西瓜(수박)는 『농정회요』에서 果類에 포함된다.46) 『색경』의 '果'에 포함된 항목이 『산림경제』에서는 '樹'에 포함되기도 한다. '果'와 '樹'의 구분은 모든 문헌 자료에서 반드시 동일한 것은 아니다. 이러한 분류의 특성과 각 항목에 나타나는 국어 어휘 특성을 연관 시켜 살피기 위해서는 정음 표기가 이루어진 자료가 필요하다. 果樹類에 정음 표기가 이루어진 농서는 다음의 다섯 종류에서만 확인된다.

　(1) 增補山林經濟(1766), 穡經增集(1787), 海東農書목판본(18세기 후반),
　海東農書성대본(18세기 후반), 農政會要(1834)

　하지만 이들 중 『해동농서』는 몇 개의 표기법 차이 외에는 목판본과 성대본의 자료가 거의 일치하기 때문에, 정음 표기는 실질적으로 네 종류에서만 나타난다고 할 수 있다. 이들은 시기상 18~19세기에 걸쳐 있기 때문에 뚜렷한 변화를 살피는 것은 어렵지만 근세국어와 관련한 果樹類의 어휘 특성과 변화는 부분적으로 살펴 볼 수 있다. 이 글에서는 분류의 특성을 보다 세밀하게 살피기 위해서 다음의 농서 관련 자료들을 추가한다.

　(2) 穡經(1676), 山林經濟(1715), 攷事新書(1771)

---

45) 『훈몽자회』의 예산본에 나타난 분류는 '木樹' 항으로 되어 있지만, 『동중본』에는 '樹木'
　에 분류된다.
46) 瓜類는 菜蔬類와 함께 菜瓜類에서 다루어야 할 항목이다. 이에 대한 타당성 점검은 菜瓜
　類 논의에서 자세히 다루기로 한다.

4.3.1. 과수류의 분류

果樹類와 관련한 농서 자료는 다음과 같이 제시된다. 『훈몽자회』의 註는 논의에서 참고가 되기 때문에 편의상 『훈몽자회』도 함께 제시한다. 특히 농서 자료에 나타나는 정음 표기와 관련하여 『훈몽자회』는 많은 시사점을 제공한다. 또한 註에서 설명되는 다양한 명칭은 농서 자료를 분석하는 데 실질적인 해결책을 제공하기도 한다.

穡經(1676) : 種諸果法 梨, 桃, 李, 杏, 林禽(柰附), 棗, 栗, 榛, 柿(輭棗附), 木瓜(銀杏), 蒲萄 種諸樹法 竹, 松柏, 梧桐(漆附), 槐, 穀楮, 梔子, 枸杞, 白楊

山林經濟(1715) : 種樹 항목에 桑, 楮, 柒, 松柏, 側柏, 槐, 柳, 頭菜木, 栗, 棗, 胡桃, 銀杏, 梨, 桃, 李, 杏, 櫻桃, 木瓜, 葡萄, 査果

增補山林經濟(1766)種樹 항목에 栗, 棗, 梨, 柿, 胡桃, 銀杏, 杏, 林檎, 桃, 李, 楂果, 黃紫桃, 柰멋或云농비, 木瓜, 榠楂, 櫻桃, 葡萄, 榧, 柚柑橘, 獼猴桃돌익, 山葡萄멀오, 燕覆子으흐름, 山楂子, 山茱萸, 榛, 桑, 楮, 柒, 松, 杉檜, 栢(卽側栢), 赤木紫檀眞松, 槐회화木, 楡느름木, 柳, 赤檉柳, 渭城柳, 梧桐, 橡샹슈리, 樗춈쥭나무或云椿, 白楊샤싀나무, 枳텅즈,蜀椒, 食茱萸슈유나무, 千金木불나모, 合歡木자리나모, 黃楊木

攷事新書(1771) : 種樹 桑, 楮, 漆, 松柏, 側柏, 槐, 柳, 頭菜木, 栗, 棗, 胡桃, 銀杏, 梨, 桃, 杏, 梨, 櫻桃, 木瓜, 葡萄, 楂果, 老松, 萬年松, 竹

穡經增集(1787) : 諸果種法에는 梨, 桃, 李, 杏, 査果(一名菴羅果釋名菴摩羅迦果), 林禽(柰농비), 櫻桃, 棗, 栗, 榛가얌, 山査, 柿(輭棗), 木瓜, 榠櫨명쟈, 銀杏, 胡桃, 蒲萄, 五味子 種諸樹法 竹, 松柏(側柏), 梧桐, 漆, 槐, 穀楮, 白楊

海東農書(목판본, 성대본, 18세기 후반) : 果類에 棗대쵸, 桃복셩화, 李외앗, 梅믜, 杏살고, 梨비, 棠梨팟비, 栗밤, 榛기암, 柰사과, 林檎님금, 柿감, 群千子고욤, 櫻桃잉도, 石榴셕류, 橘귤, 柑감즈, 柚유즈, 銀杏은힝, 胡桃호도, 木瓜모과, 山櫨아가외, 海松子잣, 榧子비즈, 橡實도토리, 樺實벗, 食茱萸식슈유, 蜀椒쳔쵸, 蓮子년밤, 葡萄포도가 기록되어 있다. 성대본에는 果類의 항목이 동일하지만, 대쵸>대초, 쳔쵸>쳔초와 같은 표기상의 변화가 나타

난다. 木類 松솔, 柏측빅, 檜젓나모, 杉익기나모, 樅노숑, 楡느릅나모, 柳버
들, 槐회화, 梧桐머귀, 漆樹옷나모, 膚木붉나모, 黃楊木, 樗木무푸레, 樗춈쥭
나모, 楮닥, 竹대 성대본은 항목이 동일하지만 '붉나무>북나모'의 변화만
있다.

  農政會要(1834) : 5책 農餘의 果에 梅, 杏, 桃, 李, 梨, 樣, 櫨, 榅桲, 棠梨,
沙棠, 棣, 櫻桃, 白櫻桃, 山櫻桃, 楊梅, 枇杷, 柰俗稱벗非, 林檎, 蘋果(俗名植
果), 山楂, 枳柤, 葡萄, 棗, 酸棗, 柿, 椑柿, 軟柿, 木瓜, 榠櫨, 安石榴, 栗, 石
栗, 榧, 榛기암, 松子잣, 核桃호도, 銀杏, 荔支, 錦荔支, 龍眼, 山龍眼, 龍荔, 6
책 農餘의 果에 橘, 柑, 拂手相, 橙, 香櫞, 金橘, 金豆, 柚, 枳, 枸橘, 橄欖, 木
威, 條甘子, 椰子, 世花果, 文官果, 甛瓜참외, 西瓜슈박, 北瓜, 蓮子, 蓮藕, 甘
蔗, 蔆, 芡, 荸薺, 慈姑, 百合, 獼猴桃 6책 農餘의 木 松, 柏, 檜, 楸, 杉전나
무, 樗, 梧桐, 楮, 槐, 楡, 柳, 檉柳附기버들, 欅柳, 箕柳, 楊, 女貞, 水槿, 檵,
烏臼, 櫨, 漆, 櫻櫚, 皂莢, 梔子, 茱萸, 枸杞, 五加

『훈몽자회』<상5b-6b>에서는 '木樹2'와 '菓實'이 구분되어 있다.

  木樹 : 梧머귀요 桐머귀동 楊버들양揚起者 柳버들류下垂者 檜젓나모회俗
呼檜松又呼圓栢 栢즉빅빅俗呼匾松 桂계피계 椿튱나모츈俗呼椿樹 楓싣나모
풍俗呼茶條樹又呼色木 桑뽕나모상桑樹俗作桒 檿묏뽕염本國俗呼쑥지나모 柘
묏뽕쟈 檉갯버들뎡俗呼赤檉 枳텅즈기俗呼醜橙樹本音지 荊가시형又名紫荊又
荊條댓쓰리 棘가시극卽酸棗也一名樲 樗개듕나모뎌俗呼虎木樹又曰臭椿 榛옷
나모칠俗作漆 枌느릅나모분 楡느릅나모유俗呼靑楡樹又黃楡樹누튀나모刺楡
樹스믜나무 樺봇화俗呼樺皮木 椵피나모가 槐회홧괴俗呼槐樹 檗황벽피벽俗
呼暖木 楮닥뎌葉有辨而皮斑曰楮 構닥구一名穀葉無辨曰構又架屋也 篦비즛비
穗모관쥬환俗呼無穗木 槲소리춤나모곡俗呼靑杠樹 栩가랍나모우 柞가랍나
모작俗呼橉櫪樹 櫟덥갈나모륵關中呼柞爲櫟 櫨다목소方書稱蘇枋木俗呼櫨木
松솔숑俗呼油松又呼잣나모曰果松呼子曰海松子 籐듕등俗呼籐竿 梣므프레즘
方文云秦皮俗呼苦裏木 栯산미즈욱俗呼郁李樹實曰郁李 樲쉰대초싀俗呼實曰
酸棗亦曰鼻涕團又曰山裏棗 梓マ래나모지膩理者梓茸白者楸亦曰椅 楸マ래츄
實曰山核桃又唐楸予曰核桃

菓實：李외엿니俗呼李兒　㮈멋내通作柰　桃복셩화도俗呼桃兒又唐楸子曰胡
桃　楙모괏무俗呼木瓜　梨비리俗呼梨兒又快果　栗밤률俗呼栗子　檎닝금금俗呼
沙果又呼小林檎曰花紅一年再實　榴셕늇류俗呼石榴　榛개옴진　棗대초조　櫻이
스랏잉卽櫻桃一名舍桃　杏술고힝俗呼杏兒又呼銀杏曰白果又曰鴨脚　芧도토리
셔芧栗　橡도토리샹　栭도토리ㅅㅣ又梁上柱　梂당아리구俗呼皀斗又橡椀兒又曰橡
斗　槙명쟛명　櫨명쟛쟈　棠아가외당白曰棠赤曰棣又海棠댓딜위　棣아가외뎨俗
呼山梨紅　柑감줏감　柚유줏유　橘귱귤俗呼金橘　橙효근귤등俗呼香橘　椒고쵸쵸
胡椒又川椒秦椒蜀椒죠피又분디曰山椒　梗ᄃ래연卽獼猴桃漢呼梗棗通作軟又名
藤梨　樗고욤빙俗呼羊矢棗　柿감시俗呼乾者曰柿餠正作杮　芡가싀렸감俗呼雞頭
莜기시련역　芰말왐기四角爲芰兩角爲菱　菱말왐룽俗呼菱角又呼水栗　葡멀위포
萄멀위도在家者曰葡萄在山者曰山葡萄　櫯큰린금빈　木婆큰림금피俗呼櫯木婆
果似林檎而大　苺딸기미俗呼覆盆子　葚오디심　柟민실염卽梅子又音남木名　葯
녚밤뎍葯中薏味苦薏音憶

4.3.2. 분류의 특성

『산림경제』와 『증보산림경제』에서는 ‘松, 竹, 梅, 梔子’ 등이 養花에 포
함된다. 이는 정원(혹은 花盆)에 심어 감상하기 위한 목적으로 분류된 때
문이다.47) 동일한 대상이라고 하더라도 목적에 따라 항목은 달리 기록
된다. 『농정회요』에서도 ‘竹’은 穚植에 포함한다. 그리고 ‘非草非木’이라
고 설명한다. 『산림경제』와 『증보산림경제』, 그리고 『攷事新書』가 樹類
만 제시하는데, 다른 농서 자료인 『색경』, 『색경증집』, 『해동농서』, 『농
정회요』에서는 ‘果’와 ‘樹’ 혹은 ‘木’의 항목을 분류하여 구분한다.

‘果類’를 분류한 농서 자료에 공통적으로 제시된 것은 『색경』의 ‘梨,
桃, 李, 杏, 林禽(柰附), 棗, 栗, 榛, 柿(㮙棗附), 木瓜, 銀杏, 蒲萄’로 전체 12개
항목이다. ‘果類’를 따로 분류하지 않은 『증보산림경제』에도 이 12개 항

---

47) 그래서 養花에 포함된 항목에는 盆竹, 盆梅나 挿瓶法 등이 제시된다.

목은 포함된다. 이 12개 항목은 농서 자료에서 가장 기본적으로 제시한 ‘果類’이다. 여기에 『색경증집』은 ‘査果(一名菴羅果釋名菴摩羅迦果), 櫻桃, 山査, 榠樝명쟈, 胡桃, 五味子’가 추가되고, 『해동농서』는 ‘梅믹, 棠梨팟비, 群千子고욤, 櫻桃잉도, 石榴셕류, 橘귤, 柑감ᄌ, 柚유ᄌ, 胡桃호도, 山樝아가외, 海松子잣, 榧子비ᄌ, 橡實도토리, 樺實벗, 食茱萸식슈유, 蜀椒쳔쵸, 蓮子년밤’이, 『농정회요』는 ‘梅, 橃, 櫨, 榶栳, 棠梨, 沙棠, 棣, 櫻桃, 白櫻桃, 山櫻桃, 楊梅, 枇杷, 蘋果(俗名楂果), 山樝, 枳椇, 酸棗, 椑柿, 軟柿, 榠樝, 安石榴, 石栗, 榧, 松子잣, 核桃호도, 荔支, 錦荔支, 龍眼, 山龍眼, 龍荔, 橘, 柑, 拂手相, 橙, 香櫞, 金橘, 金豆, 柚, 枳, 枸橘, 橄欖, 木威, 條甘子, 椰子, 世花果, 文官果, 甛瓜참외, 西瓜슈박, 北瓜, 蓮子, 蓮藕, 甘蔗, 蔆, 芡, 荸薺, 慈姑, 百合, 獼猴桃’가 각각 추가된다. 총 12개 항목이 제시된 『색경』을 제외하면 다른 농서 자료에서 ‘櫻桃’와 ‘胡桃’가 ‘果類’에 공통적으로 포함된다. ‘樹類’만 제시된 『산림경제』와 『증보산림경제』, 『攷事新書』에도 ‘櫻桃’와 ‘胡桃’는 포함된다. 문헌상 서로의 관련성을 고려한다고 하더라도, 이들은 ‘果類’의 기본어휘에 속한다. 이미 언급된 것처럼 『농정회요』에서는 ‘甛瓜참외, 西瓜슈박, 北瓜’ 등, 瓜類에서 다루어야 하는 항목도 포함되어 있어 ‘果類’에 ‘瓜類’를 포함하고 있다. 그런데 농서 자료에서 ‘果類’에 공통적으로 포함된 12개의 항목 중, 『훈몽자회』에서는 銀杏이 제외된다. 이는 銀杏이 하나의 독립된 자석어를 형성하지 못하는 단어이기 때문이다. ‘은힝’은 ‘銀杏’과 대응한다. 그러나 『역어유해』 <상55>에서는 ‘白果’가 ‘은힝’에 대응하고, 『역어유해』 <하42>에서는 ‘鴨脚樹’에 ‘은힝나모’가 대응하기도 한다. 하지만 독립된 자석어에 대응하는 한자는 보이지 않는다. 결국 『훈몽자회』 내에서 ‘銀杏’이 과실의 분류에서 제외된 것은 『훈몽자회』가 한자 학습서이기 때문에 나타난 현상이다.

‘樹類’에는 ‘松, 柏, 梧桐, 槐, 漆’의 다섯 개 항목이 농서 자료에서 공통된다. 그런데 이 다섯 개 항목도 '樹類'만 제시된『산림경제』와『증보산림경제』, 그리고『攷事新書』를 포함하면 '松(柏), 槐, 漆'만 합치된다. 공통되는 항목이 적다는 것은 '樹類'의 분류가 그만큼 제각각이라는 것이다. '果類'와 '樹類'가 분류된 농서 자료에서 공통으로 출현하는 다섯 개의 한자는『훈몽자회』에서도 그대로 언급된다.

그러나 '樹類'에 포함된다고 하더라도, 열매를 채취하여 식용 혹은 약용으로 사용할 수 있는 종류도 있다. 이들은 '果類'와의 구분이 매우 모호하다. 만일 '果類'의 개념을 '식용의 열매'와 '나무'라는 개념으로 설정한다면, '樹類'는 이와 구분하여 '식용의 열매'와 관련 없는 '수목'이어야 한다. 이를 더욱 엄격하게 적용하면 '열매를 맺지 못하는 수목'이어야 한다. 왜냐하면 '果類'로 분류한 항목의 출발은 '果'의 기본적인 의미인 '열매'에서 출발하기 때문이다. 그러나 이러한 구분은 모든 문헌 자료에서 엄격하게 적용되지 않는다. 사실 '열매'의 유무가 아닌, '식용'의 유무는 시대에 따라 차이가 나는 부분이 있을 수 있다. 그런데 만일 분류에서 이러한 구분의 근거를 고려했다면, 모든 구분이 시대에 따라 상이하게 적용되어야 할 것이다. 그러나 그러한 증거는 보이지 않는다. 결국 이러한 요소가 '果類'와 '樹類'의 구분을 애매하게 만든다. 결국 이러한 애매한 부분들이 '果類'와 '樹類'의 분류를 산발적, 개별적으로 만든 계기가 된 것이다. '과일'의 개념을 '사람들이 식용으로 하는 열매'와 '나무에서 열리는'이라는 통합적 개념으로 생각한다면, 앞에서 제시한 12개의 공통적 항목은 당연히 포함된다. 그리고 당연히 '櫻桃'와 '胡桃'도 해당한다. 하지만 이러한 분류는 현대어에서 많은 괴리가 생긴다. 현대어에서는 '단맛 또는 신맛'의 식감을 가진 것을 '과일'로 구분하는 특성을 보인다. 단순히 '식용'할 수 있는 것이라든지, '약용'하는 것은 '과일'의 개념에서 벗어나는 것으로 점점 의미가 변하고 있다. 단순히

'열매'를 생산하는 개념인 '과류'에서는 벗어난 것이다.

4.3.3. 상이 명칭 어휘

과수류에 나타나는 국어 어휘 특성을 살피기 위해서는 정음 표기가 기본이 된다. 하지만 어휘 특성을 전체적으로 살피기 위해서는 중국어 명칭이나 한자어, 일본어도 당연히 검토의 대상이 된다. 대체로 과수류의 어휘는 상이한 대상이 동일 대상의 이명칭으로 인식되는 경우가 많다. 이는 문헌 자료에서 상이한 요소를 병기 혹은 부기한 경우가 하나의 이유가 되기도 한다. 또한 '或云'으로 병기한 경우의 처리나, 한자어 명칭에 병기된 정음 표기가 또 하나의 이유가 되기도 한다. 특히 하나의 문헌자료를 통해 이들의 명칭을 검토하다 보면 이러한 경우는 허다하게 발생한다. 상이한 대상을 동일한 대상의 이명칭으로 생각하는 경우는 농사서에 나오는 어휘일수록 많이 발생한다. 그만큼 생활과 밀접한 단어들이기 때문에 다양한 변화를 겪을 수 있기 때문이다. 또한 이들은 지역적인 특색을 구분하지 않는다면, 동일 대상으로 처리할 가능성도 배제할 수 없다. 따라서 동일한 대상이라고 하더라도 지역적으로는 상이한 명칭으로 처리할 수도 있고, 상이한 대상이라고 하더라도 지역에 따라서는 동일한 명칭으로 취급할 수도 있다. 대상의 차이가 있는데도 동일시하는 것은 미세한 의미 차이, 혹은 대상의 차이를 구분하지 못하는 것에서 발생한다. 그렇지 않다면, 상하 관계로 처리할 수 있는 하위의 품종을 동위 계층으로 취급한 경우에 발생한다. 따라서 이 글에서는 상이한 대상인데도 불구하고 동일한 대상의 이명칭을 취급하는 것을 동위 계층과 상하위 계층으로 나누어 검토하기로 한다. 이러한 특성은 '과수류'의 명칭을 여러 문헌 자료와의 비교, 검토를 통해 살펴 볼 것이다.

4.4.3.1. 동위 계층

(1) '林禽'과 '柰', '頻婆'[48]

『색경』과 『색경증집』에서는 '林禽'에 '柰'를 병기한다. 『색경증집』은 '柰'에 '농비'를 부기한다. 이들에 대한 해설에서 '林禽'과 '柰'는 품종에 대한 부연 설명은 없이 동일한 항목 하에서 壓桑法으로 재배할 것을 권한다. 『증보산림경제』에서는 '柰멋或云농비[49]'로 나타난다. '柰'를 '멋'에 대응시키고, '농비'는 '멋'과 동일한 대상으로 명시한 것이다. 『해동농서』에서는 '柰사과'와 '林檎님금'을 구분하고 정음 표기를 부기한다. 그러나 『농정회요』에서는 정음 표기 없이 '柰'와 '林檎'을 구분한다. 『색경증집』의 '柰농비'와 『증보산림경제』의 '농비'는 『동의보감』 <2:25>에서 '柰子먼或云농비'로 나타난다. '柰'가 '멋(먿)'[50]에 대응하는 예는 16세기 자료인 『유합』 이후 여러 곳에서도 확인된다.

　　(3) 柰먿내(類合上8), 柰子멋(譯語上55), 柰먿내(가라나시, 倭類下7)

그런데 동일한 한자인 '柰'가 19세기 이후에는 '사과'에 대응하기도 한다.

　　(4) 柰사과(廣才), 柰사과내(新訂千字文20)

---

48) 이와 관련한 개별적 항목에 대한 내용은 3.2와 3.3에서 자세히 언급되어 있다. 여기서는 이들이 과수류의 동위 계층에 속하는 항목이기 때문에 요약하여 제시한다.

49) '농비'는 『증보산림경제』에서만 나타나고, 다른 문헌에서는 '농비'로 나타나는 것으로 보아 '농비'는 '농비'의 잘못으로 보인다.

50) 김완진(2002), 사과와 능금, 그리고 '멋', 국어학40, 1-19쪽에서 '멋(먿)'은 '멋'일 것으로 추정하였다.

그런데 '사과'라는 명칭은 18세기 문헌에서 '蘋果'에 대응한다.

   (5) 蘋果사과(方類27), 蘋果사과(蒙類下4)

같은 시기인 다음의 18세기 문헌에는 '檳子, 蘋蔢果, 林檎' 등이 정음 표기인 '님(림)금'에 대응한다.

   (6) 檳子님금(빈스, 同文下5), 蘋蔢果굴근님금(핑우, 同文下5), 檳子림금
      (方類27), 檳子님금(蒙類下4), 林檎림금(린오, 倭類下7)

이렇게 볼 때, '柰'는 '멋'과 '사과'에 대응하고, '蘋果'는 '사과'에, '檳子'는 '님금'에 대응한다. 시기상 '柰'에 대응하는 '멋'이 가장 이른 시기에 출현한다. 『동문유해』에서는 '沙果(샤오)'가 나오는데 이에 대한 정음 표기는 제시되지 않는다. 단지 한자음과 관련한 만주어만 명기하고 있다. 『譯語類解』 <상55a>에는 '蘋蔢果굴근 님금, 白檎(上同이니 '굴근님금'), 小紅준님금'으로 나타난다. 『동문유해』와 마찬가지로 '沙果'는 빈 칸으로 두고 있다. 단지 '님금'의 종류에 해당하는 명칭이 크기에 따라 구분된다. 그리고 『광재물보』에는 '林檎능금'의 대응도 보인다. 그런데 대응하는 한자를 보면, '柰/蘋果'는 '멋/농비(농비)'와 '사과'로 나타나고, '林檎/檳子'는 '님금/임금/능금'으로 나타난다. 특히 '蘋果'는 '사과'에만 대응한다. 이렇게 엄격하게 구별되는 것은 대상이 다르다는 것을 의미한다. 『물명고』 <권4, 無情類-木>에서 이와 관련한 다음의 자료가 주목된다.[51]

---

51) 해석은 본문에서 부분적으로 언급하고 있지만 전체 해석을 편의상 붙여둔다. 林檎(배
   와 비슷하나 배가 아니다, 능금) …중략… 檳子와 같음, 蘋婆(林檎의 종류이나 큰 것),
   日給과 같음, 柰子(자두와 비슷한데, 껍질은 푸르고 안은 붉다 …중략… 우리 동북도에

林檎(似梨非梨능금) …중략… 檳子仝蘋婆(林檎之種大者)日給仝柰子(似李外靑內紅 …중략… 我東北道有呼멋者是也云而今之少見者訛傳爲벗有識者又以爲사과均非也)丹柰(柰之色丹者)小紅(疑亦丹柰)楸(似柰赤可食恐亦如小紅) 樴其(楸別種)菴羅果(似林檎而大出自僧家사과)沙果香蓋蘿摩羅迦果仝

'林檎'은 '배와 비슷하지만 배가 아니다'라는 설명은 『왜어유해』의 '柰가라나시'[52]라는 명칭과 관련이 있다. 이것은 '檳子'와 같다고 하였으니 '檳子'와 '林檎'의 대응이 다른 문헌자료에서의 대응과 일치한다. 또한 '蘋婆'는 '林檎'의 종류이나 큰 것이라고 했으니 『동문유해』의 '蘋蔢果굴근님금'과 관련이 있다. '柰子'는 '자두와 비슷한데, 우리 동북도에서 '멋'이라고 부르는 것은 옳다'고 하였으니 이는 『증보산림경제』에서 제시된 '멋'에 대응한다. 그러나 와전된 '벗'은 少見者가 쓰는 것이고, 有識者는 '사과'라고 쓴다고 하면서 둘 다 그릇되었음을 밝힌다. 이는 『농정회요』의 '柰俗稱벗非'와 일치한다. 그러나 견식이 있는 사람이 '사과'를 쓴다는 것은 '사과'가 이에 대한 새로운 어형(명칭)으로 나타났다는 것을 증명한다. '사과'는 '菴羅果'인데 '林檎'과 비슷하나 크다고 하면서 僧家에서 나온 어형으로 풀이한다. '사과'는 농서 자료에서 '査果(색경증집, 산림경제), 楂果(攷事新書, 농정회요, 증보산림경제)' 등으로 상이하게 표기된다. 僧家에서 나온 명칭에 대한 설명은 『색경증집』에서 '一名菴羅果釋名菴摩羅迦果'로 언급된다.

『물명고』의 내용으로 본다면, '林檎'과 '柰'는 분명히 구분되었음을 짐

서는 멋이라 부르는데 옳다. 지금의 少見者는 訛傳된 벗이라고 하고, 有識者는 사과라고 하는데 다 그릇되었다). 丹柰(柰의 색이 붉은 것), 小紅(또한 丹柰), 楸(柰와 비슷하나 붉어 먹기가 두렵다. 小紅과 같다). 樴其(楸의 別種), 菴羅果(林檎과 비슷하나 큰데 僧家에서 비롯한다, 사과). 沙果香은 대개 蘿摩羅迦果와 동일하다.

52) 세밀한 추적을 해 볼 필요가 있지만, 이로 볼 때 '농비'는 '농-배'의 합성어일 것으로 추정된다. 그렇다면 이때의 '농-'은 일본어 '가라(から)'의 의미와 관련이 있을 것이다.

작할 수 있다. '柰'는 '丹柰'와 '小紅'으로 불렸는데, 外靑內紅으로 설명한다. 『증보산림경제』에서는 '林檎(一名來檎), 楂果, 柰멋或云농비'의 항목을 구분하고, 柰는 '與檎一類而二種'이라 하여 檎과 한 종류이나 품종이 다르다고 명시하고 있다. 『해동농서』에서도 '柰사과'와 '林檎님금'을 구분하고 있는데, 柰가 사과에 대응하고 있다. 『해동농서』에는 『본초강목』을 인용하여 '柰는 또한 頻婆와 林檎이라고 하는데 한 종류의 다른 품종이다. 樹實은 대개 林檎과 비슷한데 크고, 白赤靑의 三色이 있다. 흰 것은 素柰, 붉은 것은 丹柰, 푸른 것은 綠柰라고 한다(柰亦名頻婆與林檎一類二種也樹實皆似林檎而大有白赤靑三色白者爲素柰赤者爲丹柰靑者爲綠柰)'라고 하여 이들을 분명하게 구분한다. 여기서의 '柰'는 '頻婆'로 불리는데 '林檎'과는 같은 類이나 다른 種이라고 명시한다. 그런데 '頻婆'가 '林檎'보다 크다고 언급한다. 또한 '林檎'에서 '林檎은 또한 來禽이라 부르는데, 柰 중에서 작고 둥근 것은 金林檎, 紅林檎 등의 품종이 있다(林檎亦名來禽卽柰之小而圓者有金林檎紅林檎等品)고 설명한다. 『농정회요』에서도 '柰俗稱벗非, 林檎, 蘋果(俗名楂果)'를 구분한다. 다른 내용은 대동소이하지만, 蘋果(俗名楂果)의 설명에서 採蘭雜志와 學圃餘疏를 인용하여 柰와 類는 같으나 種이 다르고 '頻婆'는 여기에 속해야 한다고 설명한다. 이로 볼 때, 이들은 대체로 품종과 크기에서 차이가 있는 대상임을 분명히 한다. 여기서 동일 계층상에 언급되는 것은 柰, 頻婆, 蘋果, 사과, 檳子, 林檎 등이다. 이들은 대체로 완전하게 동일 類에 속하지는 않지만, 상대적으로 '柰'는 '頻婆(蘋果), 사과'와 유사성이 크고, '林檎'은 '檳子'와 유사성이 크다. 또한 이들의 크기가 여러 곳에서 언급되고 있는데, '林檎'과 '檳子'가 상대적으로 작고, '柰', '頻婆(蘋果), 사과'가 상대적으로 큰 것으로 명시된다.

(2) ‘기암’과 ‘고욤’

‘기암’과 ‘고욤’은 발음상의 형태가 비슷하여 동일한 요소로 혼란을 겪는다. ‘고욤’은 『해동농서』에 ‘群千子고욤’으로 나온다. 이는 『훈몽자회』에서도 나오는데 ‘樗고욤빙俗呼羊矢棗’로 설명된다. 『산림경제』와 『증보산림경제』에서 ‘柿’의 설명에 ‘㮄棗’를 부기하여 설명한다. ‘㮄棗’는 『색경 국역본(농촌진흥청, 2001)』에서 ‘고욤나무’로 해석하고, 감나무의 일종으로 키가 작다고 각주를 달아 놓았다. 이와 비슷한 형태로 ‘榛기암’이 나오는데 이는 별개의 것이다. 『색경증집』에는 ‘榛가암’으로, 『해동농서』에는 ‘榛기암’으로 나온다. 『훈몽자회』에서는 ‘榛개옴진’이다. 『색경』에서 周官을 인용하여 ‘榛似栗而小’라고 하여 ‘栗’과 비교한다. 『설문해자』에는 ‘榛似梓實如小栗(梓와 비슷하고 열매는 작은 밤과 같다)’로 설명한다. 『표준국어대사전』에도 고욤나무는 ‘감나뭇과의 낙엽 활엽 교목’이고, 개암나무는 ‘자작나뭇과의 낙엽 활엽 관목’이다. 이들은 단지 정음 표기에서 형태만 비슷할 뿐이다.

(3) ‘松’, ‘柏’과 ‘側柏’

『색경』에서는 松柏을 제시하고, 『색경증집』에서는 松柏에 側柏을 병기한다. 그리고 『산림경제』와 『고서신서』에서는 松과 柏, 그리고 側柏을 구분하여 제시한다. 『산림경제』에서 ‘松杉檜柏自冬至後至春社前皆可移’라는 문구로 봐서, 松과 柏은 별개의 품종으로 취급하고 있다. 그리고 『해동농서』와 『농정회요』에서도 ‘松솔’과 ‘柏측빅’을 구분한다. 비록 松柏이 함께 명시가 되더라도, 이들은 별개의 품종으로 인식한다. 하지만 이들은 상당히 유사한 요소로 취급한 것은 틀림없다. 『대한화사전』에서 ‘柏’은 ‘측백나무(㮄也)’와 ‘잣나무(松)’이다. 이렇게 볼 때, ‘松’과 병기한 ‘柏’은 ‘松’과 동일한 소나무과에 속하는 ‘잣나무’이다. 『훈몽자회』 <상6a>

에서도 '松솔숑俗呼油松又呼잣나모曰果松呼子曰海松子'라 하여 松은 '油松', '잣나모'를 '果松', 씨를 '海松子'라고 부른다는 언급이 있다. 이는 松과 柏을 동일류로 취급하였음을 직접적으로 보여준다. 『농정회요』에서는 이시진의 말을 인용하여 이들의 관계를 명확하게 설명한다. '海松子'는 그 나무가 중국의 소나무와 같고 오직 잎 다섯 개가 하나로 묶여 있다(海松子其樹與中國松樹同惟五葉一叢者). 海松子는 잣나무의 씨인데, 잣나무는 중국의 소나무로 언급된다. 그래서 중국어 명칭으로 『훈몽자회』에서는 油松을 언급하여 '松솔'과 관련시킨 것이다. 그런데 『증보산림경제』에서는 '栢(卽側栢)'이라 하여 栢을 側栢과 동일시한다. 『훈몽자회』<상5b>에서는 '栢즉빅빅俗呼區松'이라 하여 '栢'을 중국어로 '區松'이라고 명기한다. 이로 볼 때, '柏'과 '側柏'은 동일하게 '측빅'에 대응한다. 松柏과 側柏은 『색경증집』, 『산림경제』, 『고사신서』에서 항목을 달리하여 각각을 구분한다. 『해동농서』에도 '柏'은 '측빅'에 대응하는데, 『본초강목』을 인용하여 '잎이 납작하고 옆으로 나기 때문에 측백이라고 부른다(葉扁而側生者故亦名側柏)'고 한다. 또한 '해송자는 新羅松子라고 하는데 대개 해동에서 생산된다. 세간에서 栢子라는 것은 잘못된 것이다(海松子亦名新羅松子蓋海東所産也俗稱栢子者誤)'고 한다. 이때 설명하는 '栢子'의 '栢'은 '측백나무'를 칭한다. 결국 이는 '柏'이 '松'과 동일류인 '柏'과 잎이 납작한 '측백나무'의 의미인 '柏'의 의미를 공유하였기 때문에 생긴 현상이다. 『훈몽자회』에서 松과 관련하여 '잣나모'가 쓰이는데도, 이후 다른 문헌에서는 '잣나모'로 쓰기보다는 '측빅'으로 명기하는 경우가 많았다.

(4) 柳와 楊

'柳'와 '楊'의 구분은 『훈몽자회』<상5b>에서 '楊버들양揚起者'와 '柳버들류下垂者白楊'으로 분명하게 구분하고 있다. '柳'가 白楊인 것이다.

『색경』과 『색경증집』에서는 ‘白楊’만, 『산림경제』와 『고사신서』, 『해동농서』에서는 ‘柳’만 제시된다. 『증보산림경제』에서는 ‘柳, 赤檉柳, 渭城柳, 白楊샤쉭나무’가 구분되는데, 이는 柳와 白楊을 구분한 것이다. 『증보산림경제』에서 白楊은 ‘無風自搔’로 설명하면서 ‘꺾으면 부러지지만 휘지는 않는다(折則折矣終不曲)’고 한다. 白楊에는 ‘샤쉭나무’가 대응하는데 이는 『동의보감』 <탕액3:41>과 『물명고』 <4木>에서는 ‘사슷나모(白楊)’로 나온다. 『농정회요』에서는 ‘柳, 檉柳긔버들, 櫸柳, 箕柳, 楊’이 구분된다. 하지만 『농정회요』에서는 ‘檉柳긔버들, 櫸柳, 箕柳’가 ‘柳’에 덧붙여 있어 이들은 ‘柳’에 속한다. ‘檉柳’는 껍질의 색깔에 의해 ‘赤檉’이라고도 불린다고 하니, 『증보산림경제』에서 분류된 ‘赤檉柳’이다. 『훈몽자회』 <상5b>에서도 ‘檉’은 ‘갯버들뎡俗呼赤檉’으로 나온다. ‘渭城柳’는 ‘唐柳’라고도 하는데 역시 ‘柳’의 한 종류이다. 『농정회요』에서 ‘楊’은 ‘白楊’과 ‘靑楊’의 두 종류로 구분한다. ‘白楊’은 楊의 하위 품종인 것이다. 『해동농서』에서도 ‘楊은 가지와 잎이 짧고, 柳는 가지와 잎이 길다’고 하여 이들을 구분한다.

4.3.3.2. 상하위 계층

동일 대상이나 비슷한 대상으로 인식하지만 실질적으로는 상하위 관계에 놓여 있는 대상이 있다. 하위어에 속하는 것은 대체로 세부적 항목이 제시된다. 하위어는 상위어보다 구체적 대상이기 때문이다. 하위의 계층으로 설정한 세부적 항목은 각각의 농서 자료에서 구체적 설명 하에 제시된 항목이 아니다. 이들은 독립된 층위의 요소가 아니라, 하위 품종이라고 분명히 명시되어 있기 때문이다. 여기서는 동일 문헌에서 동일 계층으로 취급한 별개의 항목을 대상으로 한다. 단순히 품종의 구

분이 아니라 독립된 항목으로 제시된 것이다. 가령 梧桐의 『색경』항목을
보면, ‘花而不實曰白桐實而皮靑曰靑桐(꽃이 피고 열매를 맺지 못하는 것을 白桐
이라 하고, 열매를 맺고 껍질이 푸른 것을 靑桐이라고 한다)’라는 설명이 있다.
이를 통해서 하위의 항목 ‘白桐’과 ‘靑桐’의 의미를 살피는 것은 본 논의
에서 벗어난다. 다만 논의를 보충 설명하기 위해서 제시할 뿐이다. 여기
서는 동일 계층의 항목으로 설정되었지만 하위어로서 구분되는 독립 항
목을 살피는 데 목적이 있다.

(1) 감

『색경』, 『색경증집』에서는 ‘柿’ 항목에 ‘輭棗’53)가 부기된다. 『증보산
림경제』에서는 ‘柿’, 『해동농서』에서는 정음 표기가 부기되어 ‘柿감’으
로 명기된다. 그러나 『농정회요』에서는 ‘柿, 椑柿, 軟柿’가 제시된다. 『훈
몽자회』 <상6b>에서는 ‘柿감시俗呼乾者曰柿餠正作柹’로 설명한다. 『농정
회요』에서는 ‘柿’의 다양한 종류를 생산지와 모양에 따라 다음과 같이
제시한다.

> ・생산지에 따른 구분 : 紅柿(所在皆有), 黃柿(汴洛諸州), 朱柿(華山)
> ・모양에 따른 구분 : 著蓋柿(帶下別有一層), 牛心柿(狀如牛心), 蒸餠柿(炊
> 餠), 八稜柿(大而稍扁), 塔柿(大於諸柿)

八稜柿는 모양에 따라 먼저 구분하고, 생산지에 따라 光溪柿(劍南)와 松
陽柿(處州)로 나눈다. 이들은 ‘柿’의 설명 하에서 제시되지만, ‘椑柿’와 ‘軟
柿’는 항목이 따로 구분된다. 그리고 이들의 특성과 생산지는 다음과 같
이 설명한다.

---

53) ‘輭棗’는 색경 국역본(농촌진흥청, 2001)에서 ‘고욤나무’로 해석하고, 감나무의 일종으
로 키가 작다고 각주를 달아 놓았음은 앞에서 언급하였다.

- 椑柿：柿之小而卑者, 江淮宣歙荊襄閩光諸州
- 軟柿：子中有汁如乳汁, 海南

'椑柿'와 '軟柿'는 독립된 항목으로 구성되었지만, '감 중에서 작고 낮은 것'과 '씨 가운데 유즙과 같은 즙이 있는 것'으로 그 특징을 설명하고 있다. 또한 생산지도 따로 구분하고 있다.『해동농서』에서는 따로 항목을 구분하지 않았지만, '柿'의 설명 속에 각각의 특성을 중심으로 다음의 항목을 구분하여 설명한다. 이들은『농정회요』에서와 마찬가지로 독립된 항목으로 구분한 것이 아닌 해설 속에서 구분한 감의 품종들이다.

水柿, 月華柿, 早紅, 椑柿, 軟柿, 紅柿, 醂柿(沈柿), 乾柿, 柿餠(蹲枛)

(2) 배

『색경』,『색경증집』,『산림경제』,『증보산림경제』,『고사신서』에서는 '梨'만 제시된다. 그런데『농정회요』에서는 '梨, 檖, 櫨, 榲桲, 棠梨, 沙棠, 棣' 등이 하나의 항목을 형성한다. 전부 '梨'와 관련이 있는 품종이지만, 단순히 '비'라고 하기에는 품종과 특성에서 차이가 난다.『농정회요』에서는 '梨'의 설명에 '맛, 색, 향이 가지가지로 기이하고 뛰어나서 이루다 셀 수 없다'고 하면서 다음의 품종을 제시한다. 이들은 해설상에서 구분한 명칭이다.

乳梨, 鵝梨, 水梨, 赤梨, 茅梨, 禦兒梨, 紫糜, 陽城夏梨, 秋梨, 紫香水梨, 張公夏梨, 廣都梨, 鉅鹿豪梨, 鉅野梨, 新豊箭谷梨, 關西谷中梨, 紫花梨, 含消梨, 眞定御梨

그런데『농정회요』에서 별개의 항목으로 제시된 '檖, 櫨, 榲桲, 棠梨,

沙棠, 棣’는 ‘梨’와 직접적으로 연관성을 가진다. ‘樆’는 ‘李時珍曰山梨野梨也’로 설명하고 있고, ‘櫨’는 禮記內則에 ‘柤梨薑桂’라고 하면서 ‘柤’는 ‘배 중에서 좋지 않은 종류’라고 설명한다. 그리고 ‘榲桲’은 ‘櫨子’와 같다고 하고, ‘棠梨’는 북에서 林梨로, 남에서 棠梨로 부른다고 한다. ‘沙棠’은 모양은 ‘棠’과 같은데 핵이 없다고 설명한다. 이 외에 ‘棣’가 있는데, 『훈몽자회』<상6b>에서 ‘棠아가외당白曰棠赤曰棣又海棠댓딜위 棣아가외데俗呼山梨紅’으로 설명하고 있어 이들의 관련성을 간접적으로 살펴 볼 수 있다. ‘棠’과 ‘棣’는 白과 赤의 구분이 있을 뿐인데 이를 ‘아가외’로 명시한다. ‘아가외’는 『해동농서』에서도 출현하는데, ‘梨비, 棠梨팟비, 山櫨아가외’ 등의 항목이 각각 제시된다. 그리고 ‘梨’는 ‘靑水, 紅水, 秋香’의 품종이 있다고 하면서, 작고 일찍 익는 것은 ‘爛梨’라고 한다. ‘棠梨’는 붉은 것은 杜, 흰 것은 棠으로 구분한다. 배나무와 비슷하나 적다는 것으로 보아 ‘배’와는 다른 품종이다. 그런데 『훈몽자회』에서 ‘棠’의 자석어로 ‘아가외’가 쓰이는데, 『해동농서』에서는 ‘山櫨’에 ‘아가외’가 대응한다. 『농정회요』에서 ‘櫨’는 ‘柤梨’라고 하면서 ‘柤’는 ‘배 중에서 좋지 않은 종류’라고 설명하였기 때문에 서로의 연관성은 있다. 그리고 ‘아가외’가 『물보』<木果>에서 ‘아가비(山櫨)’로 출현하는 것은 주목할 만한 하다. 동일한 ‘비’의 종류로 본 것이다. 『해동농서』에서는 ‘棠梨’는 ‘팟비’로, ‘山櫨’는 ‘아가외’에 대응하고 있는데 『표준국어대사전』에서는 동일한 장미과의 낙엽 활엽 교목이지만 이들을 다음과 같이 분명하게 구분하고 있다.

- 팥배나무 : 장미과의 낙엽 활엽 교목. 높이는 10미터 정도이며, 잎은 어긋나고 달걀 모양 또는 타원형이다. 4~5월에 흰 꽃이 방상(房狀) 화서로 피고 열매는 타원형의 이과(梨果)로 10월에 익는다. 목재는

기구재나 땔나무로 쓰고 열매는 식용한다. 한국, 일본, 만주 등지에 분포한다. ≒감당(甘棠)·왕잎팥배·왕팥배나무.
- 산사나무 : 장미과의 낙엽 활엽 교목. 높이는 6미터 정도이며, 잎은 어긋나고 깃 모양으로 얕게 갈라진다. 초여름에 흰 꽃이 산방(繖房) 화서로 피고 가을에 '산사자'라는 붉은 열매가 열리는데 약용 또는 식용한다. 한국, 중국, 시베리아 등지에 분포한다. ≒당구자·산사(山査)·아가위나무.

(3) 귤

'橘'은 『증보산림경제』에서 '柚, 柑'과 함께 제시된다. 『증보산림경제』와 『농정회요』의 '柑'은 『해동농서』에서 '감ㅈ'에 대응하는 데, 한자로는 '柑子'로 명기한다. 『박통사』 <상4b1>에서도 '柑子'가 나타난다. '柑'은 '古作甘開寶本草云柑未經霜時猶酸霜後甘(옛날에는 甘이라 했는데 개보본초에 柑은 서리가 내리기 전에는 오히려 시고, 서리가 내린 다음에는 달다)'라고 설명하면서 이를 '柑子'라고 한다. 『해동농서』에서도 '柑'은 '柑與橘樹葉相似而無刺實亦似橘而稍大有朱柑黃柑乳柑等名産於耽羅(감은 귤나무와 잎이 비슷하나 가시가 없고 열매 또한 귤과 비슷하나 조금 크고 주감, 황감, 유감 등의 명칭으로 쓰이는데 탐라에서 생산된다)'라고 설명한다. 또한 '柚'는 『해동농서』에서 '亦名壺柑蓋柑屬也(壺柑이라고도 하는데 柑에 속한다)'고 하고, '柚與柑橘之屬(유자와 감은 귤에 속한다)'이라고 하여 이들의 관련성을 언급하였다. 결국 橘의 종류로 본 것이다. '橘'은 『해동농서』에서 '橘귤'로 나타나고, 『농정회요』에서는 귤의 종류로 '蜜橘, 黃橘, 綠橘, 朱橘, 楊橘, 包橘, 綿橘, 沙橘, 凍橘, 早黃橘, 穿心橘, 荔支橘, 乳橘, 油橘, 自然橘'을 들고 있다. 그리고 '橘'과 함께 '柑, 拂手相, 橙, 香櫞, 金橘, 金豆, 柚, 枳, 枸橘'을 각각의 항목으로 명시한다. 이들은 귤과 비슷한 것으로 설명하고 있지만 전부 상이한 대상이다. 이와 관련하여 『훈몽자회』 <상6b>에서는 '橘귬귤俗呼金

橘', '橙효근귤등俗呼香橘'을, <상5b>에서 '枳팅즈기俗呼醜橙樹本읍지'를 구분하여 '橘'과 관련있는 품종으로 설명한다.

(4) 樗

『증보산림경제』에서는 '樗'를 '춤쥭나무或云椿'으로 설명하고, '假樗'를 '가쥭나무'로 설명한다. 여기서 '樗'는 '椿'이라 했는데, 『훈몽자회』<상5b>에서는 '樗'를 '개둉나모뎌俗呼虎木樹又曰臭椿'로, '椿'은 '튱나모 츈俗呼椿樹'로 설명한다. '樗'는 '椿'의 하위 대상인 '臭椿'으로 본 것이다. 『해동농서』에서도 '樗'는 '춤쥭나모'이다. 그런데 나무가 실하고 잎이 향기로운 것을 '眞樗'로, 나무가 엉성하고 잎에서 냄새가 나는 것을 '假樗'로 나누고 있다(木實而葉香者謂之'眞樗木踈而葉臭者謂之假樗). 이렇게 볼 때, '樗'는 '眞樗'와 '假樗'의 상위 개념이다.

4.4. 구황(救荒)류 어휘장

국어사는 개별 문헌 자료에 대한 세밀하고 정확한 검토와 분석을 기초로 하여 이루어진다. 국어사란 현전 자료에 대한 체계적 기술이기 때문이다. 여기서는 이러한 작업의 일환으로 구황서의 구황작물과, 구황을 주목적으로 저술하진 않았지만 구황 항목을 포함하고 있는 자료들의 어휘에 대한 전반적 고찰을 목적으로 한다.[54] 이 글은 '구황'과 관련한 식품, 작물 등을 총칭하여 구황 어휘로 다룬다. 이를 위해서는 기존의 『구

---

[54] 救荒書는 '救荒'을 주목적으로 하는 「구황촬요」類를 지칭하는 것으로 한정한다. 여기서는 구황서를 포함하여 기타 자료의 '구황' 항목을 총칭하여 구황 자료로 다루기로 한다. '구황' 항목을 담고 있는 기타 자료는 주로 농사서(農書)에 해당한다.

황촬요』류의 성과와 함께, 다른 여러 자료들에 분포하고 있는 '구황'의 항목도 아울러 다루고자 한다.『구황촬요』류만을 대상으로 해서는 구황의 일반적 언어 현상, 특히 어휘 특성에 대한 규명이 다소 부족하다고 판단하기 때문이다.

『救荒撮要(충남대본)』에는 '救荒書'를 '녀름 몯 머근 희예 주우린 사람 구흘 종요로윈 법 뫼흔 것'으로 정의한다. '구황(救荒)'은 '부황(浮黃)'을 구제하는 것'이다. '부황'은 '오래 굶주려서 살가죽이 들떠서 붓고 누렇게 되는 병'이다. 따라서 구황서에 언급된 '구황'의 실질적 의미는 '흉년 따위로 기근이 심할 때 빈민들을 굶주림에서 벗어나도록 돕는 것'이다. 구황식품은 부황을 해결하는 음식이지만, 시대적, 계절별로도 차이가 있고, 또한 지역별로도 차이가 있을 수 있다. 구황식품의 주재료가 되는 '구황작물'은 '흉년 따위로 기근이 심할 때 주식물 대신 먹을 수 있는 농작물'이다. 농업은 기후·지세·토양·지질 등의 자연환경에 큰 영향을 받는데, 특히 기온과 강수량은 농작물의 종류와 분포를 결정짓는 한 요소가 된다. 이는 구황작물이 시대나 지역에 따라 다른 분포를 가질 수밖에 없는 요인이 된다. 따라서 旱災나 水災 등 예기할 수 없었던 기후의 변화가 많았던 조선조에는 수없이 많은 기근에 시달려왔다. 조선조 519년 동안 2,125회의 재난이 기록되어 있는데, 饑饉 419회, 水害 322회, 旱害 78회로 饑饉이 가장 잦은 재난이다.[55] 饑饉은 수해나 한해, 전란이나 민란 등으로 생기는 부수적 재난일 수도 있으므로, 실질적으로는 모든 재난에 의해 야기될 수 있다. 이러한 기근을 해결하기 위해 위정자들은 수리사업 및 천문·기상의 관측에 힘써 왔으며 구휼책에 진력하였다.[56]

---

55) 임송산, 재난구제사, 1985, 법수출판사 1266-1315쪽.

56) 경국대전의 備荒條와 續大典에는 각 읍에 기아민을 구제하기 위한 곡식을 해마다 능력

또한 조선조에는 기근을 넘길 수 있는 방법과 예방할 수 있는 방법을 적은 구황서 類를 간행하였다. 구황서는 구황작물을 음식으로 섭취하는 방법을 기록한 것이지만, 세부적인 내용을 보면 적게 먹고 오래 견딜 수 있는 음식, 혹은 기근에 생긴 병을 치유하는 음식 및 방법 등도 기술하고 있다. 단순히 채취한 음식을 바로 섭취하는 것이 아니라, 이를 이용하여 기근을 헤쳐 나가는 지혜를 담은 책이기도 하다. 그런데 이러한 구황서에 대한 연구는 『구황촬요』를 중심으로 산발적으로 연구되었다. 본고는 이러한 구황자료들에 나타나는 구황작물의 어휘 변화와 어휘 의미를 살펴보는 것이 주목적이다. 이를 위한 기본 자료는 기존의 구황서와 함께 '구황' 항목을 포함하고 있는 다음의 자료들이다.

救荒撮要(충남대본, 1554), 救荒撮要辟瘟方(일사본, 1639), 新刊救荒撮要(장서각본, 1660), 治生要覽(1691), 山林經濟(1715), 增補山林經濟(1766), 海東農書(1799), 林園十六志 仁濟志(1827), 農政會要(1830), 竹僑便覽(1849)

구황 항목이 포함된 이들 자료의 편찬 연대를 보면 16세기에서 19세기까지 고르게 분포한다. 구황서 중, 『구황촬요』 가람 문고본57)은 한문 원문과 그 언해가 일치하지 않는 부분이 많아 자료로서의 가치가 떨어진다. 또한 중간 중간에 내용이 끊어지고 이어지지 않는 부분도 발견된다. 이에 비해 충남대본은 그 구성이 비교적 완전하다. 따라서 『구황촬요』는 충남대본을 저본으로 한다. 『구황촬요벽온방』은 편찬 연대가 1639년이라고 하지만, 16세기 자료인 『구황촬요』를 포함하고 있어 이에 대한 비교도 이루어져야 한다. 이는 『신간구황촬요』도 마찬가지이다.58)

에 따라 비축하도록 하였고, 이를 시행하지 않는 자는 처벌하도록 하였다는 기록이 있다.
57) 서울대 가람문고(도서번호 가람古361.5-G939). 이에 대해 홍윤표(1986), 한국어학자료 총서 제5집에서 가람문고본을 복각본으로 보고 있다.

구황서에 대한 연구는 크게 두 부류로 나누어진다. 첫째는 국어학적 관점의 연구이고, 둘째는 식품 영양학적 관점의 연구이다. 구황서에 대한 소개는 식품 영양학적 관점에서 먼저 이루어진다. 이러한 관점의 연구는 초창기에 일본 학자들에 의해 주도되었다. 물론 국어학적인 연구가 아닌 구황식물에 대한 소개 및 특성, 생태, 풍속, 원산, 이용, 품질, 재배 등과 관련한 연구가 이루어졌다. 植木秀幹이 편찬한 朝鮮の救荒植物(1919, 조선휘보), 兒野榮이 찬한 조선の山果と山菜(1928, 通俗山林叢書 제1집), 井垣圭復이 撰한 救荒指南(1943, 本草榮養硏究會), 林泰治가 지은 救荒植物と其の食用法(1944, 東都書籍京城支店) 등이 여기에 속한다. 그리고 小林林藏(1916), 朝鮮林野主要副産物, 朝鮮彙報, 大正6-4. 西原宇一(1941), 山野に自生する食用植物の營養學的調査, 朝鮮藥學會雜誌, 昭和16-12는 각 지역에서 야생하는 식물, 野草山菜와 자생 식물 및 임야의 주요 부산물 등에 대한 조사 보고서이다. 김성미, 이성우(1992)에서는 구황식품의 식용법과 관련하여 고찰하고 있다. 특히 구황식품의 종류와 그 식용법을 파악하고, 이를 영양학적 및 조리과학적으로 분석하였으며, 시대에 따른 변천도 살피고 있다.

『救荒撮要』類에 국어학적으로 접근한 논문에는 임명선(1978), 서종학(1986), 남권희(2001) 등이 있고, 이에 대한 종합적 연구가 최근 서종학(2011)에 의해 단행본으로 간행되었다. 서종학은 비교적 많은 이본들에 대해 자세한 서지학적 연구를 수행하였는데, 대체로『구황촬요』와『신간구황촬요』의 연구에 집중하였다.『구황촬요』와『구황촬요벽온방』에서 나타나는 어휘를 비교하여 다음의 항목들을 제시한다. '구쉬어나 : 나모바조테엿거싀(5a), 무쉬 : 무궁히(5a), 눌콩 : 싱콩(5b), 밍ㄱ라 : 비저(6a), 출

---

⁵⁸⁾ 이들에 대한 음운과 표기법에 대한 논의는 서종학(1986)에서 상세하게 다루고 있어 본고는 어휘적 측면에 중점을 둔다.

우켓딥 : 출벼딥(7a), 닉게 : 므르게(7a)'. 또한 『신간구황촬요』의 식물 관련 어휘로 '조피, 대마ᅎ, 듁대, 메, 둥구레, 무릇, 올미, 새박, 회초미, 가ᄎ라기, 소롯, 삼쓔' 등을 제시하였고, 'ᄀᄉ라기, 콩각대, 메밀느정이, 것곡, 테엿, 메조, 며조, 무이, 벽테로, 이사나흘, 넙덕지, ᄒ리, 과하ᄒ, 뭉텨, 즉긔, ᄇ라, 되오' 등의 어휘는 풀이, 해설하고 있다. 그러나 서종학은 어휘론적 관점에서가 아니라 음운론적 관점에 집중하여 『구황촬요』류를 논의한다. 구황식품과 관련한 구황 어휘는 농서, 음식서, 의약서 등에도 다양하게 분포하기 때문에 음운의 변화와 함께 어휘론적 관점에서도 논의의 필요성이 제기된다. 각각의 어휘 특성이나, 문헌별에서 나타나는 어휘의 비교도 흥미로운 연구 대상이 된다. 이를 위해서는 이들에 대한 연구 대상을 확대할 필요성이 있다.

식품 또는 농업 관계 저서로 분류되는 이성우(1981), 김영진(1982) 등의 단행본은 비록 식품, 농업 관계 저서이지만 국어학적으로도 유용한 자료를 자세히 소개하고 있다. 임명선(1978)은 유탁일 소장의 『신간구황촬요』를 대상으로 연구한 논문이다. 음운, 굴곡법, 조어법, 쌍형어, 표기법, 어휘, 오각의 항목으로 나누어 각각의 현상을 살핀다. 특히 어휘의 항목에서 'ᄂ-(消, 除)'과 '낫-(低)', '가ᄎ라기'와 '올미'의 동의성을 설명하고, '건듸(肥地)', '것보리(皮麥)', '것곡'에 대한 해설을 하고 있다. 그리고 논문의 말미에 구황 관련 어휘를 제시한다. 다양한 현상들이 각기 다른 항목으로 나열되어 다소 복잡한 양상을 보인다. 서종학(1986)은 『구황촬요』와 『신간구황촬요』에 관한 국어학적인 고찰을 하였는데, 전자로는 고려대본 『구황촬요』와 『구황촬요벽온방』을 대상으로 하고 후자로는 '일사문고본'과 '국립중앙도서관본'을 대상으로 하여 연구하였다. 무엇보다 상세한 서지적 논의가 돋보인다. 하지만 어휘는 식물과 관련하여 'ᄀᄉ라기, 콩각대, 곡셕, 것곡, 잡것, 메밀느정이'를 간단하게 다루고 있어 아쉽다. 남권희(2001)는 영천에서 간행한 『수민방』을 새롭게 소개하고 이를 자세히 고찰하였다. 이는 서지학자로서의 연구 특징이 잘 드러난 논문이다. 국어학적으로는 음운과 표기법에 한정된다.

이런 점에서 본다면 구황서에 대한 서지적 소개는 비교적 많이 이루어져 있다. 또한 식품 영양학적인 관점에서도 그 연구는 활발하다고 할 수 있다. 하지만 김성미 외(1992 : 36쪽)에서 "구황 자료들은 한문으로 기록된 자료가 많아 그 연구가 집중적으로 이루어지지 못했다"고 아쉬움을 토로한다. 그리고 국어학적 관점에서는 『구황촬요』와 『신간구황촬요』에 집중된 만큼 이에 대한 보완이 필요하다. 구황서 전반에 걸친 자료를 해석, 보급하고 이에 대한 포괄적 연구가 이루어져야 할 필요성이 있다. 그리고 구황서 전체의 연원 관계나 자료의 授受 관계를 파악하여, 초간과 중간, 복각, 지역적 특성에 따른 개변 등으로 나타나는 자료들의 체계도 새롭게 구축할 필요성이 있다. 또한 각 지역 관청에서 발간된 자료를 통하여 지역별 언어 특성도 파악하여야 한다. 이들은 방언 자료로서도 충분한 가치를 가지고 있기 때문이다. 이 글은 이러한 다양한 가치를 가진 구황서에 대한 기본적인 연구로서 구황작물의 어휘 특성과 그 변화를 우선 살펴보고자 한다.

4.4.1. 구황 어휘의 문헌별 목록

구황서와 구황의 항목을 포함한 자료는 두 가지 관점에서 연구될 필요가 있다. 첫째는 16세기 자료인 『구황촬요』와 17세기 자료인 『구황촬요벽온방』과 『신간구황촬요』의 비교이다. 『구황촬요벽온방』과 『신간구황촬요』에는 『구황촬요』가 포함되어 있기 때문이다. 둘째는 이들 자료와 기타 자료에 분포한 구황작물에 대한 비교이다. 동일한 구황작물에

대한 표기법 및 어휘특성을 살펴볼 수 있기 때문이다. 지금까지의 연구
는 대체로 전자에 한정되어 있다.

4.4.1.1. 『구황촬요』類의 어휘

『구황촬요』의 내용은 다음의 11개 항목으로 구성된다. 9개의 항목이
'-法'으로 설명하고 있고, '-式'으로 설명한 2개의 항목이 있는데 언해에
는 전부 '-법'으로 풀이한다. 구분에 대한 특별한 목적은 없었던 것으로
보인다.

> 飢困將死人救活法(굴머 곤ᄒᆞ야 ᄒᆞ마 주거 가는 사ᄅᆞᆷ 구ᄒᆞ야 사롤 법), 飢
> 腫人治療法(굴머 브은 사ᄅᆞᆷ 고틸 법), 取松葉末法(솔닙 ᄀᆞᄅᆞ 밍ᄀᆞᆯ 법), 取楡
> 皮汁法(느릅믈 아술 법), 作松葉粥法(솔닙쥭 술 법), 作楡皮餠法(느릅 ᄧᅥᆨ 밍
> ᄀᆞᆯ 법), 作糗法(미시 밍ᄀᆞᆯ 법), 千金酒法(븕나모쏠 비줄 법), 取穀末式(곡식
> ᄀᆞᄅᆞ 아술 법), 沉醬式(장 ᄃᆞᄆᆞᆯ 법), 作糝法(버므레 밍ᄀᆞᆯ 법)

『구황촬요』는 구황작물을 각각의 항목으로 기술한 것이 아니기 때문
에, 원문에 대응한 언해문을 통해 구황 음식과 재료의 명칭을 살펴볼 수
있다. 구황 음식과 재료의 명칭은 『구황촬요』(충남대본, 1554), 『구황촬요
벽온방』(일사본, 1639), 『신간구황촬요』(장서각본, 1660)의 순으로 비교하여
제시한다.

> 千金木皮(븕나모거플, 븕나모겁질, 븕나모겁질), 松葉(솔닙ㅎ, 숑엽, 숑
> 엽), 楡皮(鄕名於乙믐느릅, 느릅겁질, 느릅겁질), 松葉末(솔닙ᄀᆞᄅᆞ, 숑엽ᄀᆞ
> ᄅᆞ, 숑엽ᄀᆞᄅᆞ), 楡皮汁(느릅믈, 없음, 없음), 松葉粥(솔닙쥭, 없음, 없음), 太
> 末(콩ᄀᆞᆯ, 콩ᄀᆞᆯ, 콩ᄀᆞᆯ), 生太(눌콩, 싱콩, 싱콩), 楡皮餠(느릅ᄧᅥᆨ, 없음, 없음),
> 糗(미시, 없음, 없음), 千金酒(븕나모쏠, 없음, 없음), 糯稈(출우켓딥ㅎ, 출벼
> 딥ㅎ, 출벼딥ㅎ), 麴末(누록ᄀᆞᆯ, 누록ᄀᆞᆯ, 누록ᄀᆞᆯ), 米粥(ᄡᆞᆯ쥭, 쏠쥭, ᄡᆞᆯ쥭), 穀

末(곡식ᄀᄅ, 없음, 없음), 白米(흰뿔, 빅미, 빅미), 皮麥(것쓰리, 것보리, 것보리), 粟糭(조피, 조피, 조피), 沙蔘(더덕, 더덕, 더덕), 桔梗(돌앚, 도랏, 도랏), 末醬(며조질올, 메조, 메조), 太殼(콩각대, 콩각대, 콩각대), 太葉(콩닙ᄒ, 콩닙ᄒ, 콩닙ᄒ), 淸醬(몰ᄀ쟝, ᄀ쟝, ᄀ쟝), 豆醬(콩쟝, 없음, 없음), 楡實(느름여름, 없음, 없음), 糝(버므레, 없음, 없음), 木麥花(모밀느정이, 메밀느정이, 메밀느정이), 穀根(곡식불휘, 곡셕불희, 곡셕불희), 殼末(각댓ᄀᆯ, 없음, 없음), 西土里菜(셔투리ᄂ믈, 없음, 없음), 木賊末(속샛ᄀᄅ, 없음, 없음), 海菜(바랏ᄂ몰, 없음, 없음)

『구황촬요』, 『구황촬요벽온방』, 『신간구황촬요』를 비교하여 볼 때, 17세기 자료인 『구황촬요벽온방』과 『신간구황촬요』는 자료의 유사성이 강하다. 항목도 동일하고, 각 항목에 나타나는 어휘 표기도 일치한다. 다만 米粥(쓸쥭, 뿔쥭)에서 '米'에 각자병서인 '쓸'이 대응한다. 하지만 본문 중에 나타나는 '뿔 ᄒ되롤(7a)'의 표기로 보아 『구황촬요벽온방』에서는 각자병서와 합용병서가 함께 쓰였음을 확인할 수 있다.

그런데 『구황촬요벽온방』과 『신간구황촬요』에서는 『구황촬요』에서 나타나는 고유어 표기가 한자어로 대체되기도 한다. 松葉(솔닙ᄒ, 숑엽, 숑엽), 松葉末(솔닙ᄀᄅ, 숑엽ᄀᄅ, 숑엽ᄀᄅ), 白米(흰뿔, 빅미, 빅미). 그리고 '쓸'과 '뿔'이 쓰이는데도 白米가 정음 표기 '빅미'로 쓰인 것을 감안하면 米에 대한 복합적 표기방식을 보인다.

'거플과 겁질, ᄀᆯ(ᄀᄅ)과 ᄀᆯ롤, 출우켓딥ᄒ과 출벼딥ᄒ'에서 보는 것처럼 『구황촬요』와 『구황촬요벽온방』, 『신간구황촬요』의 어휘는 차이가 난다. 그러나 『구황촬요벽온방』과 『신간구황촬요』는 여기서도 완전히 일치한다.

『구황촬요』와 『구황촬요벽온방』, 『신간구황촬요』에서는 'ᄀᆯ'과 'ᄀᄅ' 형이 공존하는데 대격조사는 『구황촬요』에서 'ᄀᆯ올'로, 『구황촬요벽온방』,

『신간구황촬요』에서는 'ㄹ'이 첨기된 '굴롤(ㄹ+올)'의 형태로 실현된다.

'糯稗'에 대응하는 '출우켓딥ㅎ'과 '출벼딥ㅎ'의 관계로 보아 '우케'와 '벼'의 의미적 연관성을 볼 수 있다. '우케'는 '우케爲未舂稻(해례용자)'로 보아 찧지 않은 벼를 지칭한다. 이는 '우케는 하늜 ㅂㄹ매 니겟도다(秔稻熟天風, 두초7:16), 반만 저즌 곳다온 우케롤 딘놋다(半濕擣香秔, 두초12:28), 쏘 우케 오빅셕과 집 혼 고들 주시고(賜租五白石家一區, 신속효1:4), 논에 욱케는 집마다 이받놋다(秔稻供此屋, 두중13:15)'에서도 보이는데, '우케'는 한자 '秔稻'에 대응하여 '메벼'에 해당한다. 이를 찧으면 멥쌀이 되는데, 결국 찧지 않은 쌀 '未舂稻'이다.

다음의 요소에서도 『구황촬요』와 비교하여, 『구황촬요벽온방』, 『신간구황촬요』는 동일한 표기를 보인다.

> 皮麥(것쏠리, 것보리, 것보리), 桔梗(돌앗, 도랏, 도랏), 末醬(며조질, 메조, 메조), 淸醬(물ᄀᆞ장, ᄀᆞ쟝, ᄀᆞ쟝), 木麥花(모밀ᄂᆞ정이, 메밀ᄂᆞ정이, 메밀ᄂᆞ정이), 穀根(곡식불휘, 곡셕불희, 곡셕불희)

'돌앗, 도랏'은 8종성의 'ㅅ'종성 표기인 '도랏'의 형태로 많이 분포한다. '도랏 길(葀, 훈몽상13), 도랏 경(莄, 훈몽상13), 도랏(葀莄, 역하12), 도랏(葀莄, 동문하4)'이 그것이다. 그런데 여기서 대응하는 한자어는 전부 '葀莄'이다. 『증보산림경제』나 『농정회요』에서는 한자어 '桔梗'이 대응하고 정음 표기는 '도랏'이다.

'며조>메조>메주'는 '메조'의 형태가 보편적이다. 18세기 자료인 『여사서언해(3:22)』에서는 '호쵸와 메ᄌᆞ를(椒豉)'로 쓰여 '메ᄌᆞ'가 나타난다. 『柳物三草』에는 '며조'가, 『훈몽자회(예산본중11)』에서는 '麴누룩국俗呼酒麴又醬麴며주'가 나온다. '豉'는 '전국시俗呼豆豉'로 설명한다. '전국'은

‘젼구기 노ᄀ니(豉化, 두초15:27), 젼국 닷되와(豉五升, 구간1:15), 젼국을 시버(嗜豉, 구간6:27), 눌 춤기름에 젼국을 ᄀ라 골 밍ᄀ로디(豉, 구간 6:41)’ 등에서도 나타난다. 『훈몽자회』에서의 풀이로 보면, ‘메주’가 중국어의 酒麴, 또는 醬麴에 대응하기 때문에 ‘젼국’이 현대어의 ‘메주’이고, ‘며주’는 술이나 장을 빚는 ‘누룩’에 해당한다.

‘모밀’은 『색경증집』에서 ‘蕎麥’에, 『해동농서(大阪本)』에는 ‘木麥’에 해당한다. 그러면 ‘느정이’는 花에 대응한다. 『표준국어대사전』에는 ‘느정이’를 ‘줄기’의 옛말로 풀이한다.

『구황촬요벽온방』과 『신간구황촬요』에서는 나타나지 않지만, 『구황촬요』에서만 나타나는 항목은 다음과 같다.

> 楡皮汁(느릅믈), 松葉粥(솔닙쥭), 楡皮餠(느릅쩍), 糗(미시), 千金酒(붉나모쑬), 穀末(곡식ᄀ릭), 豆醬(콩쟝), 楡實(느름여름), 糝(버므레), 殼末(각댓ᄀᆯ), 西土里菜(셔투리ᄂ믈), 木賊末(속샛ᄀ릭), 海菜(바랏ᄂ믈)

표기법에 있어, 『구황촬요』에는 사이시옷의 존재를 쉽게 확인할 수 있다. 비록 이들이 특별한 규칙성을 가지지는 않지만, ‘것쏘리, 며조씰, 붉나모쑬’에서는 ‘ㅅ’이 뒷음에 첨가되고, ‘각댓ᄀᆯ, 속샛ᄀ릭, 바랏ᄂ믈’에서는 앞음에 첨가된다. 된소리는 합용병서 표기와 각자병서 표기가 공존한다.

‘楡’에 대응하는 ‘느릅’은 ‘楡實’의 정음 표기에서는 발음상 ‘ㄴ’첨가와 비음동화가 복합적으로 반영된 ‘느름녀름’에서 ‘느름’이 쓰인 것으로 보인다. 그러나 이러한 현상이 ‘느릅믈(楡皮汁)’에서 보는 것처럼 규칙적으로 나타나는 현상은 아니다. 『구황촬요』에서의 混記는 ‘末’에 대해서도 ‘ᄀ릭(곡식ᄀ릭, 속샛ᄀ릭)’와 ‘ᄀᆯ(각댓ᄀᆯ)’의 양형이 공존한다.

‘속새’는 ‘木賊’에 해당하는데 『두산백과사전』의 다음 설명이 ‘木賊’의 어원을 짐작하게 한다.

　　원줄기에 규산염이 있어 딱딱하기 때문에 목재의 연마에 사용해서 목
적(木賊), 주석으로 된 그릇을 닦는 데에 쓰여서 주석초라고도 부른다. 또
수많은 곁가지가 상자처럼 서로 겹쳐져 속새의 줄기를 이루고 있기 때문
에 상자풀이라고도 한다. 학명 중 Equisetum은 라틴어로 말이란 뜻의
‘equss’와 꼬리털이란 뜻의 ‘saeta’가 합쳐진 말로, 속새의 모양이 말꼬리
의 털과 비슷하게 생긴 것에서 나온 말이다.

　　‘속새’는 ‘속새롤 굴올 밍ᄀ라(구간6:18)’에서 보듯이 ‘속새’를 ‘가루’로
만들어 먹은 기록이 확인된다. ‘속새’는 『역어유해보(50b)』와 『동문유해
(하45)』, 『한한청문감(397b)』에서는 ‘鉎草’로 쓴다.

　　‘버므레’는 『동문유해(하12)』와 『역어유해보(17)』에서 ‘咳網’으로 쓰이
는데, 『구황촬요』에서는 ‘버므레롤 ᄒ여도’에서 ‘糝’에 대응한다. 그리고
『해동농서』에는 훈독자 ‘渾’에 대응하기도 한다. 이는 현대어의 ‘버무리’
에 해당한다.

　　‘西土里菜(셔투리ᄂ믈)’은 방언으로 보이는데 함경도 지방에서는 ‘씀바
귀’를 ‘세투리’라고 하는데 ‘西土里菜’는 ‘씀바귀’를 지칭한다. 『증보산림
경제』의 治圃 항목에서도 ‘西土里’가 보이는데 ‘鄕名’은 ‘샤터올’이다. 현
재 ‘사데풀’ 혹은 ‘사데나물’로 쓰이는 것으로 보아 ‘씀바귀’가 분명해
보인다. ‘海菜’의 ‘바랏ᄂ믈’은 ‘바랈ᄂ믈’의 형태에서 ‘ㄹ’이 탈락하였다.

4.4.1.2. 농서 자료에 나타난 ‘구황’ 항목의 어휘

(1) 『치생요람』

　　『치생요람』에는 ‘구황’의 항목에 飢困者와 浮氣者의 섭생이 우선 제시
되고, 白圓 아래에 다음의 구황 식품이 제시된다.

> 松葉, 楡皮, 松末, 穀末, 作糜, 木麥莖葉, 莒蕒, 葛根, 蓂菜, 蒼朮, 羊蹄根,
> 黃蠟, 松脂, 雜菜

그런데 雜菜 다음에 淸暑酒, 少麯酒, 過夏酒, 藥山春, 救荒酒, 松筍酒가
이어서 제시되는데 이는 다음 항목에 나오는 酒方文과 섞인 것으로 보
인다. 오히려 앞 항목에 나오는 忌食物의 粘米, 靑粱米, 蔓菁子, 避穀方이
구황의 요소에 포함되어야 할 것이다. 『치생요람』에는 정음 표기가 나
타나지 않는다.

(2) 『산림경제』와 『증보산림경제』

『산림경제』의 '구황 항목'에는 飢困將死人救活法과 飢而有浮氣者를 다
스리는 법 속에 千金酒方, 松葉末法을 설명하고, 마지막 부분에 松笋酒法
과 謫仙燒酒法을 제시하고 있다. 그리고 구황식품의 재료가 되는 작물을
다음과 같이 제시한다.

> 千金木皮, 糯米稗, 松葉, 楡皮, 楡白皮, 太, 松白皮, 松脂, 白茯苓, 栢葉, 橡
> 實, 桔梗, 葛根, 朮, 薯蕷根, 旋葍根, 菱葵, 黃精, 天門冬, 百合, 何首烏, 蓮子,
> 蓮根, 菱仁, 芡仁, 芋, 烏芋, 蘿葍根, 蔓菁, 兔絲子, 蓂菜, 羊蹄根, 田菜, 山菜,
> 檀葉, 櫟葉, 蒿葉, 生栗, 黃栗, 紅棗, 胡桃, 乾柿, 大棗, 海松子, 榛子, 小柿,
> 蠟, 黃蠟, 大麥, 黑豆, 貫衆, 大豆黃, 胡麻, 白脂麻, 荏子, 靑粱米, 糯米, 粳米,
> 苦酒, 木麥花, 大豆葉, 大豆殼, 沙蔘, 楡實, 松笋

그런데 이 중에서 다음의 항목은 정음 표기가 병기된다. 편의상 『증
보산림경제』에 나타나는 구황 항목과 비교하여 제시한다. 항목이 유사
하기 때문이다. 이들은 표기법에서 부분적으로 차이를 보인다. 앞에 제
시된 것이 『산림경제』, 뒤에 제시된 것이 『증보산림경제』의 표기이다.
단독으로 제시된 것은 『산림경제』의 표기이다. 단독으로 표기되었더라

도 '-' 뒤에 항목이 제시된 것은 『증보산림경제』의 표기이다.

千金木皮(붉나모겁질-북나모59)), 楡皮(느릅나모겁질-느릅나무겁질), 橡實(도토리), 朮(삽듀블회-삽죠불히), 薯蕷根(마-마), 旋葍根(메블회-메불히), 萎蕤(둥구레-둥구레), 黃精(둑대블회-둑디불히), 百合(개나리블회-기나리불히), 何首烏(새박블회-시박불히), 菱仁(말암), 芡仁(一名鷄頭實거싀년밤), 芋(토안一名土芝今人呼之土蓮-俗稱土卵或稱土蓮一名玉芝), 烏芋(-울믜卽鳧茨俗名烏昧草), 蘿葍根(단무우-딘무우), 蔓菁(쉰무우-쉰무우), 兎絲子(새삼삐-시삼씨), 薺菜(나이), 羊蹄根(솔욧블회-소롯), 檀葉(핑나모닙-핑나무닙), 櫟葉(느더닙-닌더닙), 蒿葉(쑥-쑥닙), 大麻子(-심벼), 海松子(잣), 小柿(고욤-고욤), 貫衆(회초미블회-회초미根), 胡麻(거믄춤째-거믄춤씨), 白脂麻(흰춤째--名脂麻卽흰춤씨), 荏子(들째-들씨), 苦酒(쁜술-쓴술), 木麥花(모밀ㄴ정이), 大豆葉(콩닙), 大豆殼(-大豆角콩각지), 殼(각대-角각지)

(3)『해동농서』

『해동농서』에서의 '구황'은 '飢困將死人救活法'만 담고 있다. 『해동농서』는 『구황촬요』와 『攷事』, 『본초』를 인용하여 구성하고 있다. 이성우(1981)에서는 『해동농서』 성대본에 보충된 항목은 『산림경제』를 그대로 옮겨 놓았기 때문에 아무런 가치조차 없다고 하고 있다. 하지만 이들은 기술 당시의 표기에 맞춰 기록했기 때문에 어휘의 표기 측면에서 보면, 연구의 대상으로 충분한 가치를 가진다. 『해동농서』에 담긴 구황작물의 정음 표기는 다음과 같다.

千金木皮불나모겁질 楡皮느릅나모겁질 橡實도토리 朮삽듀블희 薯蕷根마 旋葍根메블희 萎蕤둥구레 黃精둑디블희 百合개나리블희 何首烏새박블희 菱仁말암 芋토란一名土芝今人呼爲土蓮60), 芡仁一名鷄頭實가싀년밤 蘿葍根무

---

59) 증보산림경제의 辟瘟方에는 千金木이 '북나무'로 제시되어 '나무'와 나모'가 혼용된다.
60) 본문 중에서는 없으나 頭註로 보충하여 제시하고 있다.

우 蔓菁쉰무우 兎絲子새삼씨 薺苨낭이 羊蹄根술옷블희 檀葉핑나모닙 櫨葉
늣희닙 蒿葉뿍 海松子잣 小柿괴욤 貫衆희초미블희 胡麻거문춤깨 白脂麻흰
춤깨 荏子들깨 苦酒쁜슐 木麥花모밀느졍이 大豆葉콩닙 殼각대

(4) 『임원십육지』

『임원십육지』의 仁濟志에는 구황 항목 중 辟穀總論에 劉景先濟飢辟穀
方, 許眞君避難歇食方, 避難大道丸, 黃山谷煮豆方, 鄧覺非休糧方, 周憲王救荒
方, 左慈救荒法, 休糧養道方, 王氏休糧方, 周廉訪千金麨方과 함께 秫, 黃豆,
胡麻, 荏, 梁(靑梁米), 糯, 粳, 松柏葉, 松皮, 松脂, 松子, 楡皮, 朮, 黃精, 天門
冬, 芍藥, 蒺藜, 菱實, 蔓菁, 蜜蠟, 百滾水 등을 복용하여 住食, 休糧 하는
방법을 제시한다. 정음 표기는 나타나지 않는다.

(5) 『농정회요』

『농정회요』의 救荒은 10책 治膳 항목에 포함된다. 정음 표기는 다음과
같이 기록된다.

楡皮느릅나무겁질 朮 삽죠불리 薯蕷根마 旋葍根메불휘 萎蕤둥굴레 黃精
듁더불휘 百合기나리불휘 何首烏새박불휘 烏芋올미卽鳧茨俗名烏昧草 蘿葍
根대무우 蔓菁순무우 兎絲子새삼씨 羊蹄소롯 海松子잣 小柿고욤 貫衆회초
미根 胡麻거믄춤씨 白芝麻一名脂麻卽흰춤씨 荏子들씨 檀葉핑나무닙 櫨葉는
디닙 麻子삼씨 大豆角콩각지

(6) 『竹僑便覽』

『竹僑便覽』에도 '救荒' 항목이 있는데, 정음 표기는 없이 松葉, 楡皮,
橡實, 桔梗, 葛根, 白茯苓, 薯蕷根, 旋葍근, 萎蕤, 黃精, 芋, 蘿葍, 天門冬, 作
醬法이 제시된다. 하지만 治圃에서 蘿葍(俗名무우), 蔓菁(俗稱名쉬무우), 芋(俗
名 토연) 등의 정음 표기가 나타난다.

4.4.2. 구황 어휘의 비교

농서류에 나타나는 '구황'의 각 항목은 구황서에 나타난 항목과는 차이가 난다. 구황서에 직접적 영향을 받아 형성되는 연원관계는 두드러지지 않는다. 오히려 '구황' 항목을 달리 설정하여 기술하고는 있지만 이들은 동일한 책의 다른 어휘 항목에서도 제시되기도 한다. 하지만 다른 항목에 제시되어 있더라도 설명의 방식에는 부분적으로 차이를 보이기도 한다. 어휘에 대한 고찰은 편의상 구황어휘 항목이 가장 많은『산림경제』와『증보산림경제』를 중심으로 살피기로 한다.

『치생요람』에서는 언급되지 않지만『산림경제』와『증보산림경제』에서 '붉나모'와 '북나무'로 나오는 千金木이『해동농서』에서는 '불나모'로 쓰인다. '붉다'에서 연유한 것이 분명한데, 그 의미적 유연성이 '불나무'로 연결된다. '붉나무'는 현대어(『두산백과사전』)에서도 '불나무'로 쓰인다. 이 외에도 현대어에서는 오배자나무·염부목·굴나무·뿔나무로 쓰인다. 16세기 자료인『牛馬羊猪染疫病治療方』에서도 '붉나모를 버혀다가(牛疫方5), 이 짜희셔 나ᄂ니는 붉나모진이라(牛疫方10)'와 같이 쓰인다.『牛馬羊猪染疫病治療方』에서는 이두표기로도 쓰였는데 '千金木'을 '火乙叱羅毛(牛疫方5)'으로 표기하였다. '븘나모(붉나모)'로 해독된다.

『증보산림경제』는『산림경제』와 내용이 대동소이 하지만 '松子'가 부기되고,『산림경제』에서 정음 표기 되지 않았던 '烏芋'가『증보산림경제』의 구황 항목에서는 '올미又名가츠라기卽鳧茨'로, 치포 항목에서는 '울미卽鳧茨俗名烏昧草'로 나타난다. 동일한 책이지만 항목의 표기에 차이가 있다. '올미'가 '울미'로 표기되는 상이성도 특이하다. '울미'는 다른 자료에서는 전혀 나타나지 않고 '올미'가 쓰인다. '烏芋'가 '올미又云가츠라기'에 대응하는 것은『동의보감』<탕액2:26>에서도 나타난다.『훈몽자회』<상14>에서는 '葧올미볼一名鳧茈一名烏芋'로 설명하고 있어 여기서의 '올미'도 동일한 명칭이다. 그리고 '蒡올미졔俗呼地栗方書胇臍亦作荸薺'로 풀이한다. 『사성통해』<상13>에서도 '荸薺'가 '올미'에 대응한다. 『농정회요』는 『증보산림경제』와 동일하게 나타나지만 '올믜'이다. 이로 볼 때, 『증보산림경제』의 표기는 오기로 보인다. 이는 현대어의 '올방개'에 해당한다. 그런데 '芒'에 해당하는 『구황촬요』의 'ㄱ스라기>ㄱ亽라기'는 '올미'에 해당하는 '가초라기'와는 다른 어형이다. 'ㄱ스라기'는 현대어의 '까끄라기'에 해당하는데 '벼, 보리 따위의 낟알 껍질에 붙은 깔끄러운 수염. 또는 그 동강이'를 말한다. 'ㄱ亽라기'는 당연히 구황작물에 해당하는 어휘가 아니다. 그리고 『산림경제』의 '大麻子'와 '大豆角'도 『증보산림경제』에서는 '大麻子심벼'와 '大豆角콩각지'로 정음 표기가 제시된다. '大麻子심벼'는 '大麻'의 씨에 해당하는 것으로 보이는데 정음 표기로는 '심벼'이다. 이는 '삼벼'일 것으로 보인다. 『산림경제』에서 '각대'에 대응한 '殼'은 '角'으로 표기되면서 '각지'로 대응한다. 이는 『산림경제』에서 '大豆殼'이 『증보산림경제』와 『농정회요』에서 '大豆角콩각지'로 쓰이는 것과 일치한다.

그리고 『증보산림경제』에는 '芋'에 대한 명칭에서 정음 표기가 보이지 않는다. '俗稱土卵或稱土蓮一名玉芝'로 정음 표기 없이 설명되는데, '土卵'과 '玉芝'라는 명칭은 『산림경제』에도 '토안一名玉芝今人呼之土蓮'으로 언급된다. 이는 『竹僑便覽』에서는 俗名 '토연'으로 정음 표기된다. '芋'는 『훈몽자회』<上7b>에서 '芌토란우俗稱芌頭又芌嬭알俗作芋'로 설명한다. 『훈몽자회』에서는 '芌'와 '芋'를 구분하여 '알'을 '芋'로 쓴다는 설명이 보충된다. 결국 '토란'은 형태와 관련하여 재구조화된 鄕名이다. 하지만 '芌'와 '芋'는 대체로 같이 쓰인다. '芋'의 이명칭으로는 '玉芝'와 '土蓮'이 있다. 그리고 『훈몽자회』에서 언급된 중국어 이명칭으로 '芌頭'

와 '芎藭'가 쓰인다.

이 외의 요소는 『산림경제』와 『증보산림경제』의 항목이 일치한다. 다만 이들에서 표기법의 차이는 일부분 확인할 수 있다.

『산림경제』에서는 '나모'만 쓰이지만 『증보산림경제』에서는 '나모'와 '나무'가 혼용된다. 『해동농서』에서는 '나모'로, 『농정회요』에서는 '나무'로 표기된다. 『증보산림경제』에서 나타나는 '블회(根)>불히'로의 변화는 순음 아래의 원순모음화와 'ㅚ>ㅣ'의 변화가 규칙적으로 나타난다. 『해동농서』에서는 '불희'가, 『농정회요』에서는 '불히'가 쓰인다. 그런데 『농정회요』에서는 '朮'에 '삽죠불리'가 쓰여 '불리'형이 나타난다. 그리고 『산림경제』와 『농정회요』에서는 '貫衆'이 각각 '회초미블회'와 '희초미블희'에 대응하는데, 『증보산림경제』와 『농정회요』에서는 '불히'와 '불히(혹은 '불리')'가 그대로 한자 '根(회초미根)'에 대응한다. 그리고 『증보산림경제』에서는 'ㆍ'의 쓰임이 보편적이다. 『산림경제』에서는 '춤째'에만 나타난다. 『해동농서』는 『산림경제』와, 『농정회요』는 『증보산림경제』와 'ㆍ'표기가 일치한다. 『증보산림경제』에서 나타나는 'ㅼ>ㅆ, 쁜술>쓴술'로의 변화인 합용병서>각자병서로의 표기 변화는 'ㅺ'에서 나타난 것처럼 전체적인 변화는 아니다. 이러한 현상은 『해동농서』와 『농정회요』에서도 마찬가지이지만 『증보산림경제』의 '쑥'이 『해동농서』에서는 오히려 '뿍'의 형태로 나타난다.

'橡實'에 대한 정음 표기 '도토리'는 『증보산림경제』에서 나타나지 않는다. 『해동농서』에서도 '도토리'이다. 그런데 '도토리'는 떡갈나무의 열매이고, '상수리'는 상수리나무의 열매인데, '도토리'와 거의 비슷해서 혼용되고 있다. 『증보산림경제』에만 '橡'에 대해 '상슈리'라고 표기하고 있는데, '상수리'는 '橡實상소리(醫宗33, 方藥41), 橡상슐리(물보12)'로도 나타난다. 『훈몽자회(상11)』에서는 '芧, 橡, 栩'가 동일하게 '도토리'에 해당한다.

'朮'에 대한 정음 표기는 『산림경제』와 『증보산림경제』, 그리고 『해동농서』, 『농정회요』에서 나온다. 이는 각각 '삽듀블회, 삽죠불히, 삽듀블희, 삽죠불리'로 쓰여 각기 다르다. 그러나 '根'에 해당하는 '블회, 불히, 블희, 불리'를 제외하면 '삽듀'와 '삽죠'의 두 어형만 존재한다. 『산림경제』와 『해동농서』, 『증보산림경제』와 『농정회요』의 연관성이 확인된다. 『훈민정음』에서 '삽됴爲蒼朮菜'로 나오고, 『훈몽자회』 <상13>의 '菜삽듀튤俗呼蒼朮菜或作朮', 『유합』 <상8>의 朮삽듀튤, 『역어유해』 <하11>의 '蒼朮菜삽듀'로 봐서 '삽됴>삽죠', '삽듀>삽쥬'의 변화는 쉽게 확인이 된다. 현재는 '삽주'가 쓰인다.

'旋薑根'에 해당하는 정음 표기도 『산림경제』와 『증보산림경제』, 그리고 『해동농서』, 『농정회요』에서 나온다. '根'을 제외하면, 동일하게 '메'에 해당한다. '메'는 '메꽃'을 일컫는다. 『동의보감(탕액2:47)』에 '旋花멧곳'이 나오고, 『柳物(三草)』에도 '旋花'가 '메꽃'에 대응한다. 결국 '旋薑根'은 '메꽃의 뿌리'이다.

『농정회요』에서 '萎蕤'가 '둥굴레'에 대응하고, 『산림경제』, 『증보산림경제』, 『해동농서』에서는 '둥구레'로 쓰인다. 이와 구분하여 '黃精'은 '듁대블회, 듁디불히, 듁디블희, 듁디불히'로 구분된다. '根'을 제외하면 '듁대'와 '듁디'의 두 어형이다. 그런데 『임원경제지(仁24)』에서는 '黃精듁대불희一名둥구레'로 '黃精'이 '둥구레'로도 쓰인다. '黃精'은 '듁대 불휘(東醫二37), 쥭뒷 불휘(濟衆8:12), 듁뒷 불휘(醫宗2)'와 같이 나타나기도 하지만, '黃精둥구레(物譜), 黃精苗둥구레삭(物譜), 黃精둥구레(廣才)'에서 처럼 '黃精'을 '둥구레'로 명명하기도 한다. 둘은 유사한 품종으로 당시에는 부분적으로 혼란이 있었던 것으로 보인다. 『표준국어대사전』에서는 '黃精'의 학명을 'Polygonatum lasianthum'로, '둥굴레'의 학명을 'Polygonatum odoratum var. pluriflorum'로 표기하여 둘을 구분한다.

'百合'에 대응하는 '개나리, 기나리'는 현재의 '개나리'와는 다르다.『표준국어대사전』에서 '百合'은 '백합과의 여러해살이풀'로 학명은 Lilium longiflorum이다. 오히려 현재의 '나리'에 해당한다. 반면에 '개나리'의 학명은 Forsythia koreana로 百合과는 분명히 구분된다.

'何首烏'에 나오는 '새박, 시박'은『훈몽자회』<상8>에 '芄새박환俗呼蘿藦'로 나오는데,『동의보감』<탕액3:12>에도 '새박'이 '蘿藦子'에 해당한다. '새박'이 '蘿藦'에 대응하는 것은 '새박 너츨(蘿藦草, 구간6:68)'에서도 확인된다.『표준국어대사전』에서 '새박'을 '박주가리 열매의 씨'라고 하고 '蘿藦子'와 동일한 것으로 보고 있다. 하지만 '何首烏'는 '마디풀과의 하루해살이풀'로 학명은 Fallopia multiflora이다. 반면에 '새박'의 학명으로 Melothria japonica를 제시하여 둘을 구분한다.

'菱仁'에 해당하는 '말암'은『산림경제』와『해동농서』에 출현한다. 15, 6세기에는 '말왐'도 나온다. '치위옛 고기는 칙칙흔 말와매 브텟고(寒魚依密藻, 두초7:7), 藻는 말와미니(능9:56)'에서 확인되는데 대응 한자는 '藻'이다.『훈몽자회』<상12>에서는 '菱말왐기四角爲芰兩角爲菱, 菱말왐릉俗呼菱角又呼水栗'으로 나온다. 또한『훈몽자회』<상9>에서 '藻'는 '몰조海藻又水草文宗語釋말왐조初學字會同'으로 설명하고 있어 '몰'과 '말왐'이 동일한 것임을 설명한다. 현대어의 '마름'에 해당하는데,『훈몽자회』의 풀이로 보면 '말왐>말암'은 水草로서의 명칭과 열매로서의 명칭을 총칭한다. 열매가 兩角인 것과 四角인 것을 '芰'와 '菱'으로 구분한 것은 흥미롭다.

'芡仁'은『산림경제』에서 '거싀년밤'으로,『해동농서』에서 '가싀년밤'으로 나온다. '鷄頭實'로도 불린다. '芡仁'이 '거싀년밤'으로 나오는 것은『동의보감』<탕액二果>나『유물』<三草>에서도 마찬가지이다.『훈몽자회』<상12>에서 '茨가시렫감俗呼鷄頭'과 '莜기시련역'이 나오는데, '기시련'은 '가시련'의 오기이다. 『훈몽자회』의 설명에 의하면, '茨'은 '鷄頭'에 해당한다. 당연히 '仁'은 열매를 말하는 것이니 '實'에 대응한다. 이것이 '밤'에 해당하는데, 현대어에서는 '가시연밥'으로 쓰인다.

『산림경제』와 『증보산림경제』에서는 '蘿葍根'이 '단무우'와 '딘무우'에 대응한다. 『해동농서』의 구황 항목에서는 '蘿葍根'이 '무우'에 대응하는데 菜類에서는 '蘿葍'을 '댄무우'라 하고 '一名蘆菔'이라고 부기된다. 이는 『산림경제』와 『증보산림경제』에서도 마찬가지인데, 治圃 항목의 菜名에는 '蘿葍'을 '딧무우或稱萊菔或稱蘆菔'으로 설명하여 '萊菔'과 '蘆菔'이 병기된다. 『농정회요』에서는 '蘿葍根'이 '대무우'로, 『죽교편람』에서는 '俗名무우'로 나타난다. '蘿葍'은 『훈몽자회』<상7>에서 '蘿댓무수라 又蘿摩새박女蘿새삼'과 '葍댓무수복俗呼蘿葍又蕎葍梔子花'로 설명한다. 『표준국어대사전』에서는 이의 이명칭으로 '蘿葍, 萊菔, 蘆菔, 菁根'을 들고 있다. 『훈몽자회』에서는 '葍'에 대한 중국어 이명칭으로 '蘿葍, 蕎葍, 梔子花'를 들고 있는데, '蕎葍'은 『훈몽자회』<상4a>에서 '梔<지짓지俗呼 梔子花名蕎葍音占匋子可染黃'에서 '梔子花名'으로 풀이된다. 『월인석보』<21:168>에서도 '興渠'를 설명하면서 '불휘 댓무수 곧ᄒ니라'로 쓰인다. 『산림경제』와 『증보산림경제』에서는 '무우'가 대응되는 것이 특징적이다.

'蔓菁'은 『산림경제』와 『증보산림경제』, 『해동농서』에서 '쉰무우'에 대응한다. 그러나 『농정회요』에서는 '순무우'로, 『죽교편람』에서는 '쉬무우'로 나온다. 『훈몽자회』<상7b>에서 '蔓쉿무수만又去聲藤蔓너출'과 '菁쉿무수쳥俗呼蔓菁'을 설명하고 있다. 이로보아 '蔓菁'은 '菁'에 대한 중국어 이명칭임을 알 수 있다. '蔓'도 '菁'과 동일한 자석어를 가지지만 '너출'의 의미도 있다. 하지만 '藤蔓'의 '너출'에 해당하는 의미는 '쉿무수'와 별개이다. 이에 대한 이명칭은 '芙菁'과 '蕪菁'이 쓰인다. 현대어에 서는 '순무'로 쓰이는데, 이는『농정회요』에서의 '숫무우>순무우(자음동화)'와 관련이 있다. 어두의 'ㅟ>ㅜ' 변화는 19세기에 보편적이다.『색경증집』의 '쉰무우'는 당연히 '쉿무우'에서 연유한다. 이때의 '쉿'은 곡식의 줄기를 뜻하는 '쉬'에서 연유한다. 이는『훈몽자회』<下3>와『유합』<상10>에서 '禾쉬화'로 나타난다.

'兎絲子'는『산림경제』에서 '새삼삐',『증보산림경제』에서는 '시삼씨'에 대응한다.『해동농서』와『농정회요』에서는 '새삼씨'이다.『훈몽자회』<상8>에서는 '菟새삼토, 蔴새삼ᄉ俗呼菟蔴'으로 쓰인다. 또한 '蘿摩새박女蘿새삼'이 나온다.『한한청문감』<397c>에서 '兎絲草'를 '새슴'에 대응한 것으로 보아 '兎絲子'는 '兎絲草의 씨'이다.

'薺菜'는『산림경제』에서 '나이'로,『해동농서』에서는 '낭이'로 나온다.『훈몽자회』<상14>에서는 '薺나ᅀㅣ졔俗呼薺菜又薺苨계로기苨音你'가 나온다. '계로기'는『사성통해』<상27>,『동의보감』<탕액2:31>,『유물』<三草>에서도 '薺苨'에 대응한다.『물보(蔬菜)』에서는 '계류이'로도 나온다.『표준국어대사전』에서는 둘을 구분하여 '薺菜'는 '냉이'로, '게로기(薺苨)'는 '모싯대'로 설명한다.

'羊蹄根'은『산림경제』에서 '솔욋블회'로,『증보산림경제』에서는 '소롯'에 대응한다.『해동농서』에서는 '술옷블희'에,『농정회요』에서는 '羊蹄'가 '소롯'에 대응한다.『훈몽자회』<상9>에서는 '蹄'가 '솔옷데俗呼羊蹄菜又馬蹄菜곰돌외'로 쓰인다.『역어유해』<하11>에서도 '羊蹄菜'에 '솔옷'이 대응한다.『표준국어대사전』에서 '소루쟁이'로 '마디풀과의 여러해살이풀로 학명은 Rumex crispus로 설명한다.

'檀葉'은『산림경제』에서 '핑나무닙'으로,『증보산림경제』,『해동농서』,『농정회요』에서는 '핑나무닙'으로 대응한다.『산림경제』의 '핑나무'는

‘펑나무’일 것이다. 『표준국어대사전』에서 ‘팽나무’로 나온다.

‘櫷葉’은 『산림경제』와 『농정회요』에서 ‘는티닙’으로 나오고, 『증보산림경제』에서 ‘닌티닙’으로 나온다. 『해동농서』에서는 ‘늣희닙’이다. ‘櫷葉’은 ‘櫷木의 잎’이다. 이것이 ‘는티, 닌티’로 표기된 이유는 분명하지 않다. 다만 『해동농서』의 ‘늣희닙’이 현재의 ‘느티나무 잎’에 연결된다. 『훈몽자회』 <상10>에서는 黃楡樹를 ‘누튀나모’에 대응한다.

‘小柿’는 『산림경제』와 『증보산림경제』, 『농정회요』에서 ‘고욤’에, 해동농서에서는 ‘괴욤’에 대응한다. 그런데 『해동농서』의 果類에서는 ‘群千子’에 ‘고욤’이 대응한다. 이는 『훈몽자회』에서도 나오는데 ‘椑고욤빙俗呼羊矢棗’로 설명된다. 『산림경제』와 『증보산림경제』에서는 ‘柿’의 설명에 ‘軟棗’를 부기하여 설명한다. ‘軟棗’는 『색경』(농촌진흥청 해설, 2001)에서 ‘고욤나무’로 해석하고, 감나무의 일종으로 키가 작다고 각주를 달아 놓았다. 이와 비슷한 형태로 ‘榛기암’이 나오는데 이는 별개의 것이다. 『색경증집』에는 ‘榛가얌’으로, 『해동농서』에는 ‘榛기암’으로 나온다. 『훈몽자회』에서는 ‘榛개욤진’이다.

‘蒿葉’은 『산림경제』에서 ‘쑥’으로, 『증보산림경제』에서는 ‘쑥닙’, 『해동농서』에서는 ‘뿍’으로 나온다. 『훈몽자회(上5a)』에서는 ‘蘩뿍번白蒿, 艾뿍애艾草又艾毬봉오조쉬又艾花絨又艾絨,   蒿다복뿍호俗呼蒿草又蓬蒿又靑蒿비양, 蓬다복뿍봉’이 관련된다. 『농정회요』의 農餘에서는 ‘同蒿, 蔞蒿(물쑥), 牡蒿, 蔣蒿, 蔏蒿’가 구분되어 자세히 설명되어 있다. ‘同蒿’는 ‘蓬蒿’라고도 하는데 ‘白蒿’와 비슷하다고 설명한다. ‘蔞蒿’는 ‘白蒿, 蘩, 蔨, 由蒿, 旁勃’이 異名으로 쓰이고, ‘牡蒿’는 ‘齊頭蒿’가, 蔣蒿는 ‘蔣蕭’가 異名으로 쓰인다. ‘蔏蒿’는 ‘莪蒿, 蘿蒿’가 異名으로 쓰이는데 ‘蔞蒿’와 비슷하다고 설명한다.

‘貫衆’은 『산림경제』, 『증보산림경제』, 『해동농서』에서 각각 ‘회초미블회, 회초미根, 희초미블회'로 나온다. 『농정회요』에서도 '회초미根'이 '貫衆'에 대응한다. 이는 『사성통해』<상8>, 『박통사중간』<중34>에서 '회초미'가 '貫衆茱'에 대응하고, 『역어유해』<하11>과 『한한청문감』<377c>에서는 '회촘이'가 나온다. 『동의보감』<탕액2:34>에서는 '薇'가 '회초미'에 대응한다. 유창돈의 『이조어사전』에 이를 '꼬리고사리과 속 다년생 양치식물'로 풀이하고 있다. 『표준국어대사전』에는 '貫衆'에 '면마과의 여러해살이풀로 학명은 Dryopteris crassirhizoma로 설명한다.

'荏子'는 『산림경제』와 『해동농서』에서는 '들깨'로, 『증보산림경제』와 『농정회요』에서는 '들씨'로 표기된다. 「색경」에 '荏蓼(附蘇子초조기荏들개蓼 엿귀)'가 나오는데, '荏蓼'에 '蘇子'와 '荏', '蓼'를 각기 구분하고 있다. 이들에 대한 구분은 명확하여, '蘇子'는 '荏'과 '蓼'와 구분되며 정음 표기에서도 차이가 난다. 그러나 『증보산림경제』, 『해동농서』, 『농정회요』에서는 한자가 '紫蘇'에 대응한다. 그런데 『훈몽자회』<상8a>에서는 '蘇'에 '츳소기소俗呼紫蘇又들뻬曰蘇子又水蘇믈왕하'로 설명되어 있다. 이는 결국 '츳소기'에 대하여 '紫蘇'는 중국어 명칭이고, '들깨'는 '蘇子'나 '水蘇'로 부르는데 '水蘇'는 '믈왕하'에 대응한다. 결국 이들에 대한 명칭으로 볼 때, '水蘇'는 오히려 '蓼엿귀'에 대응하는 것이다. 이는 『이조어사전』에서는 '물에 나는 차조기'로 설명한다. '水蘇'는 『구급간이방(3:97)』에도 '믌방하(水蘇)'로 나온다. 이는 경남지방에서 식용하는 '방하'와 용어상 관련이 있다. 그러나 경남지방에서 식용하는 '방하'는 '차조기 잎'에 해당한다. 그런데 『훈몽자회』<상7a>에 '荏'이 나오는데, 이는 '듧깨심或呼蘇子'로 설명한다. 결국 이들은 '차조기'가 가진 유사한 속성으로 인해 나타나는 설명이다. 『표준국어대사전』에는 '紫蘇'는 '蘇葉을 한방에서 이르는 말'로 설명한다. 단지 색을 중시하여 붙인 명칭이다. 그러나 현대어 사전에서는 '차조기'를 '紫蘇'에 대응하고, '차조기

잎'을 '蘇葉'에 대응하는 것이 바람직하다.[61] 그리고 '紫蘇'의 씨는 '蘇子'에 대응한다. 잎과 열매를 섭취하는 '들깨'는 현재 '깻잎'과 '들깨'로 구분하는데, 이때의 '들깨'도 문헌자료와 관련하여 '蘇子'에 대응한다.

4.5. 음식류 어휘장

음식서는 음식의 조리와 관련된 책을 말한다. 김영진(1982)에서는 일반 식품서와 구황서로 나누어 이들을 총칭하여 식품서로 규정하였다. 이성우(1981)에서는 『한국식경대전』에서 식생활 종합서(가정백과전서), 식품재료 생산서(농서), 조리 및 식품 가공서, 구황 및 諸書, 영양 및 응용영양서(의서), 식생활 관련서로 나누어 방대한 자료들을 제시하고 있다. 많은 자료들 중, 여기서는 앞으로의 효용 가치를 생각하여, 조리법과 관련된 문헌만을 대상으로 그 분류체계와 어휘 특성을 살펴보고자 한다. 따라서 김영진이나 이성우에서 제시된 구황서 혹은 諸書는 연구 대상에서 제외하기로 한다. 이는 조리와 관련된다기보다는 전란이나 민란, 천재지변이 있을 때 목숨을 연명하기 위해 주변에 흔한 야생초목을 가지고 만든 음식이기 때문에 이 글의 목적과는 부합하지 않는다고 판단되기 때문이다.[62] 따라서 연구 대상으로 삼을 수 있는 문헌은 『산림경제』의 治膳 항목과 같은 조리 및 식품 가공법을 제시한 자료가 여기에 부합한다. 그리고 일반적으로 이러한 문헌들에서는 술 만드는 법이 함께 나타나기 때문에, 이들도 음식서에 포함하여 연구하기로 한다. 물론 술

---

61) '차조기'는 주로 잎을 섭취하기 때문에 이들에 대한 우리말 구분은 별 의미가 없을 것으로 보인다.

62) 이에 대해서는 '4.4. 구황류 어휘장'에서 따로 다루었다.

만드는 법만 제시되어 있는 자료들은 참고하여 어휘 특성을 파악하는 데 도움을 받도록 할 것이다. 이것과 관련되는 것이라고 하더라도 아주 방대한 문헌이 존재한다. 그러나 이들과 관련한 중국과 일본의 문헌들이 있고, 이의 영향을 받은 많은 한문본들이 존재한다. 앞으로 이들 연구로까지 영역을 확대하기로 하고, 일단 여기서는 한글 명칭이 제시된 음식 관련서에 대한 연구를 수행하고자 한다. 물론 이들에 대한 연구는 17세기에서 20세기까지의 음식류 어휘의 언어 변화를 살펴볼 수 있는 계기가 될 수 있을 것이다.

4.5.1. 음식서[63)의 분류 체계

음식서로 묶어 설명할 수 있는 연구 대상은 『농림수산고문헌비요(김영진 저, 한국농촌경제연구원)』에 제시된 일반 식품서(산거사요, 도문대작, 요록, 치생요람, 고사십이집, 규합총서, 간본규합총서, 다신전, 동다송, 군학회등, 술빚는법, 주방문, 음식방문, 규곤요람, 진연, 진찬, 진작의궤진연도)와 『한국식경대전(이성우 저)』에 제시된 進宴儀軌, 進饌儀軌, 進爵儀軌, 屠門大嚼, 음식디미방(閨壺是議方), 酒方文, 要錄, 進宴圖帖, 諛聞事設, 英祖賜馬圖, 閔氏回巹宴圖, 食經, 饔饎雜誌, 群學會騰, 역주방문(가제), 김승지댁주방문, 술빚는 법, 술 만드는법, 시의전서, 고려대 규곤요람, 요리제법, 조선식료품동업발달사, 간편조선요리제법, 할팽연구, 조선요리법, 현대조선의 생활과 그 개선, 조선요리, 조선요리학, 조선무쌍신식요리제법, 조선식물개론, 가정요리,

---

63) 일반적으로 많은 서적들이 그 내용을 어떠한 방법으로든 분류를 하여, 이를 이해하기 쉽도록 만들고 있다. 음식 관련서들도 그러한 분류법을 보이고 있는데 우선, 음식 조리와 관련되는 서적들은 이성우(1981)에서 100여 권의 자료를 제시하고 있다. 예) 進宴儀軌, 進饌儀軌, 進爵儀軌, 屠門大嚼, 음식디미방(閨壺是議方), 酒方文, 要錄, 進宴圖帖, 諛聞事設, 英祖賜馬圖, 閔氏回巹宴圖, 食經, 饔饎雜誌, 群學會騰 등(기타 이성우 참조).

이조궁정요리통고 등이다.

그러나 이들 중 한문본을 제외한 한글본으로서 이 글의 목적에 부합하는 문헌 자료는 일부에 한정된다. 물론 한글본 자료는 중심 문헌으로 직접 연구의 대상으로 삼는 것이고, 다른 자료들은 분석의 방증 자료로 이용할 것이다. 우선 이들 문헌의 서지적 특성과 분류상의 특성들을 살펴봄으로써 이들이 어떤 체계를 가지고 형성되었는지, 일반적인 분류 어휘집[64]에서 나타나는 일정한 틀이 음식관련서에도 나타나는지를 살펴볼 수 있을 것이다.

4.5.1.1. 『음식디미방』[65]

표제명은 『閨壼是議方』이지만, 권두서명이 『음식디미방』[66]으로 되어 있어 책명은 『음식디미방』으로 많이 알려져 있다. 이 책은 효종조 영남의 巨儒인 存齋 李徽逸의 宗家에서 소장하고 있는 진본으로, 存齋의 慈堂인 張夫人의 手記인 것으로 諺傳하고 있다.[67] 이로 본다면 이 책에 기록된 표기는 17세기 것으로 추정할 수 있다. 우리나라의 구체적인 조리, 식품 가공서인 『주방문』, 『要錄』, 『治生要覽』, 『饌法』 등과 성립 연대가

---

64) 임지룡(1993)에서 분류 어휘집을 '어휘를 동물류, 식물류, 금속류와 같은 의미 유형별로 분류하고 각 유형마다 동류의 어휘소를 배치함으로써 기술과 참조에 용이하도록 현성한 어휘집'이라고 그 개념을 명확히 한 바가 있다.

65) 음식디미방에 대해서는 이광호(2000)에서 자세히 논의되어 있음.

66) 일반적으로 표지는 훼손이 쉽게 되기 때문에, 권두서명을 제목으로 삼는 관례에 따라 책 제목은 음식디미방으로 한다. 김사엽(1960)에서는 음식디미방의 한자 표기를 飮食地味方으로 표기하고 있는데, 오히려 飮食知味方이 올바른 한자 표기로 보인다. '知味'의 의미가 '맛을 안다'나 '맛을 본다'라는 의미를 가지고 있기 때문이다. '地'나 '知'의 한 자음이 17세기 경에 구개음화 적용 이전의 표기인 '디'가 보편적임을 감안한다면 표기상으로 한자 표기를 추정하기는 곤란하다. 그렇지만 여기에서는 그 의미를 고려하여 飮食知味方으로 하고자 한다.

67) 김사엽(1960), 규곤시의방과 전가팔곡, 경북대학교 논문집 4집 참조.

비슷하고 『山林經濟』, 『治膳篇』보다는 수십 년을 앞선다. 그리고 남성의 손에 의해 한문으로 만들어진 『食經』들이 중국의 『식경』을 많이 인용한 반면, 『음식디미방』은 중국의 飮食物·飮食名과 상관없이 실제로 자기가 사는 고장의 전통적 조리, 가공법을 그대로 들고 있다. 이들은 다음과 같은 분류체계를 가진다.

- 면병뉴 : 면, 만두법, 싀면법, 토쟝법, 녹도나화, 탁면법, 상화법, 증편법, 셩이편법, 섭산슴법, 젼화법, 빈쟈법, 슈고이법, 잡과편법, 밤셜기법, 연약과법, 다식법, 박산법, 잉도편법
- 어육뉴 : 어젼법, 어만도법, 희삼 달호는법, 대합, 모시죠개 가막죠개, 싱포 간슷는법, 게젓 둠는 법, 약게젓, 별탕(쟈라깅이라), 붕어찜, 대구겁질 느르미, 대구겁질치, 싱치팀치법, 싱치죤지히, 싱치지히, 별미, 난탕법, 국의 트는 것, 쇠고기 씀는 법, 양슉, 양슉편, 족탕, 연계찜, 웅쟝, 야제육, 개쟝고지 느름이, 개쟝 느름이, 개쟝찜, 느른개 씀는 법, 개쟝 곳는 법, 셕뉴탕, 슈어만도, 슈증계, 질긘고기 씀는 법, 고기 몰노이는 법, 고기 몰로이고 오래 두는 법, 희슴 젼복, 년어난, 춤새, 쳥어 념혀법, 돍 굽는법, 양 봇는 법, 계란탕법, 난면법,[68] 별챡면법, 챠면법, 싀면법, 약과법,[69] 듕박겨, 빙ᄉ과, 강정법, 인덜미 굽는 법
- 채과류[70] : 복셩 간슷는법, 동화 느르미, 동화션, 동화돈치, 동화젹, 가지 느름이, 가지짐 외짐, 외화치, 년근치, 슉탕, 슌탕, 산갓침치, 잡치, 건강법, 슈박 동화 가슷는 법, 동화 둠는 법, 가디 간슷는 법, 고

---

68) 여기부터는 이유없이 면(麵)류로 바뀌었는데 아마도 앞에서 설명하고자 했으나 누락되었음을 알고 뒤늦게 기술한 부분인 것으로 생각된다. 이에 대한 항목은 난면법, 별챡면법, 챠면법, 싀면법 4가지이다.

69) 여기서 또 한 번 변화가 일어나 과자류가 나타난다. 과자류에 대한 특별한 분류가 없어서 여기서 보충을 한 것으로 보여진다. 그렇지만 항목이 적어 특별한 분류를 염두에 둔 것은 아닌 것으로 보인다. 앞의 항목과 동일한 명칭은 맛질방문이다. 맛질방문은 장부인의 친정집 건너에 '맛질'이라는 마을이 있는데 이 맛질마을의 조리법을 일컫는다(이성우, 1981 : 301).

70) 임의로 넣은 분류 항목임. 이성우(1981)에서도 분류상의 특이성을 파악하여 이를 蔬果類로 분류하고 있다.

　　　사리 둠ᄂ 법, 마눌 둠ᄂ 법, 비시ᄂᄋ믈 쓰ᄂ 법
　•쥬국방문71) : 슌향쥬법, 삼희쥬 스무 말 비지, 삼희쥬 열 말 비지, 삼
　　　희쥬, 삼희쥬, 삼오쥬, 삼오쥬, 니화쥬 뉴록법, 니화쥬법 혼 말 비지,
　　　니화쥬법, 니화쥬법, 니화쥬법, 졈감쳥쥬, 감향쥬, 숑화쥬, 듁엽쥬, 뉴
　　　화쥬, 향온쥬, 하졀삼일쥬, ᄉ시쥬, 쇼곡쥬, 일일쥬, 빅화쥬, 동양쥬,
　　　졀쥬, 벽향쥬, 남셩쥬, 녹파쥬, 칠일쥬, 벽향쥬, 두강쥬, 졀쥬, 별쥬,
　　　힝화츈쥬, 하졀쥬, 시금쥬, 과하쥬, 졈쥬, 졈감쥬, 하향쥬, 부의쥬, 약
　　　산츈, 황금쥬, 칠일쥬, 오가피쥬, 챠쥬법, 쇼쥬, 밀쇼쥬, 춥뽈쇼쥬, 쇼
　　　쥬, 초 둠ᄂ 법,72) 초법, 미ᄌ초

　　『음식디미방』은 크게 나누어, 술 만드는 법과 음식 만드는 법으로 나
누어진다. 이들 서적은 酒方文이 우선적이었다고 하더라도 결국은 食方
文으로까지 이어진다. 『음식디미방』은 酒方文보다는 오히려 食方文에 치
중한 것이지만 역시 그 분류체계는 마찬가지이다. 『음식디미방』도 크게
식방문(면병뉴, 어육뉴, 채과류73))과 쥬국방문으로 이루어져 있다. 이 책은
표면적으로는 분류 체계가 분명하지 않지만, 그래도 이들에 대한 분류
의 원칙은 있었다. 내용을 자세히 살펴보면, 가장 상위의 분류는 '方(혹
은 方文)'이고 그 하위는 '뉴(類)'이다. 이 두 가지 분류는 그런 대로 분명
하게 나타나지만 그 하위의 집단은 그렇지 않다. 이들도 편의상 구분하
면 만드는 방법이 나타나는 것과 재료만 나타나는 것이 있지만 이는 의
도한 분류 체계와는 관련이 없다. 본문에 언급된 내용으로 분류하면 '뉴

---

71) 방문으로 나타나 있지만 전체적으로 봐서 類에 해당할 것으로 보인다. 이성우에서는
　　이 분류를 술 및 초로 하고 있는데, 여기에서는 원문의 내용을 살려 주국방문으로 하
　　고자 한다.
72) 이는(초 둠ᄂ 법, 초법, 미ᄌ초) 술, 누룩과는 직접 관련이 없는 것 같지만, 그 만드는
　　법을 살펴보면 유사성을 많이 가지고 있다. 초 만드는 법도 일종의 술 만드는 법과 동
　　일하기 때문에 이 항목에 포함된 것이 아닌가 한다.
73) 채과류는 임의로 보충한 것이니 원문에는 이를 제외한 두 가지로만 나누어져 있다.

(類)’에 해당하는 것은 크게 두 가지가 나타난다. 면병뉴, 어육뉴가 그것이다. 그리고 상위 분류로 방문(쥬국방문)이 있다. 만일 술과 음식이라는 대분류를 고려하지 않는다면 방문은 ‘뉴’에 해당하는 상위 분류로 둘 수도 있다. 그렇게 된다면 세 가지가 한 층위를 형성한다. 그러나 본문의 내용으로 볼 때, 음식의 종류에 변화가 나타나는 곳이 세 군데 있는데, 이는 앞에서 누락된 것을 보충하기 위한 것(난면법 이하)과 ‘뉴’가 들어가야 할 곳(복셩 간숏는 법 이하)이다. ‘뉴’가 들어가야 할 곳은 앞에 나오는 어육뉴에 대비되는 것으로 채소나 과일류를 지칭하는 것(이하 菜果類로 칭함)이 들어가야 한다. 아마 저자의 처음 의도는 이러한 분류를 넣으려고 했던 것으로 보인다. 그러다가 앞의 것을 보충하면서 누락된 것이 아닌가 여겨진다. 쥬국방문을 ‘뉴’의 층위에 둔다면, 본문의 분류는 크게 네 가지로 나누어진다.[74] 그리고 그 하위에 각각의 음식 만드는 법과 간수하는 법을 기술한 것이다. 그리고 분류를 함에 있어 두 가지를 묶어 나누고 있는 것도 특이하다. 즉, 麵과 餠, 魚와 肉, 菜와 果,[75] 酒와 麴이 이런 분류법을 나타내 준다. 따라서 음식디미방의 분류는 네 가지이지만 여덟 가지의 분류를 염두에 둔 저술인 셈이다.

4.5.1.2. 『酒方文』

17세기 말경 河生員에 의해 지어진 것으로 알려져 있는데,[76] 총 78조목에 걸쳐 한글로 우리 실정에 맞는 음식에 대한 조리, 가공법을 설명하

---

74) 음식이 ‘마시고 먹는 것’이라는 사전적 의미를 따른다면 음식디미방이라는 題名 下에 4개의 분류가 있는 것으로 볼 수 있다.

75) 원문에는 菜果類가 나타나지 않지만 빠진 것으로 추측하여 류를 만들어 본 것이다. 뒤에 나오는 항목들을 살펴볼 때 나물과 과일에 해당하는 것으로 보아 이에 대한 類가 빠진 것으로 생각해 볼 수 있다.

76) 이성우(1981), pp.302~305.

고 있다. 총 78조목 중 28조목이 술에 관한 것이다. 『酒方文』이란 책명으로 미루어 본다면 술 전문서로 보이지만 50조목이 음식에 대한 조리, 가공에 대해 설명하고 있어 오히려 음식서로서의 비중이 크다. 본문은 한글로 되어 있으나 음식명은 한글 밑에 한자 표기가 붙어 있다. 총 목록은 다음과 같다.

- 酒方[77] : 과하쥬(過夏酒), 빅화쥬(白霞酒), 삼히쥬(三亥酒), 벽향쥬(碧香酒), 합쥬(合酒), 닥쥬(楮酒), 졀쥬(節酒), 쟈쥬(煮酒), 쇼쥬뿔 훈되예 도로 훈되 나는 법이라, 졈쥬(粘酒), 년엽쥬(蓮葉酒), 감쥬(甘酒), 급쳥쥬(急淸酒), 숑녕쥬(松鈴酒), 급시쥬(急時酒), 무국쥬(無麴酒), 니화쥬(梨花酒), 보리쥬(麰酒), 보리쇼쥬(麰燒酒), 일일쥬(一日酒), 서김법(酵法), 둔술누룩법(甘酒麴造法), 술맛 그룻되디 아닌는 법(救酸酒消法), 신술 고티는 법, 쇼쥬별방(燒酒別方), 일히쥬(一亥酒), 하향쥬(荷香酒), 쳥명쥬(淸明酒)
- 食方 : 약과(藥果), 연약과(軟藥果), 듕박거(中朴桂), 우근겨(們節), 산ᄌ(散子), 강졍(羌淨), 면(麵), 싁면(漏麵), 토쟝;착면(着麵), 조쳥(造淸), 밀초(小麥醋), 보리초(麰醋), 곳젼(花煎), 긔증편(起蒸餠), 상화(霜花), 즙디히(汁醬), 왜장(浣醬), 육장(肉醬), 급히 쓰는 장(易熟醬), 식혀(食醯), 삼일식혀(三日食醯), 연계찜(軟鷄蒸), 붕어찜(鮒魚蒸), 슈어치(秀魚菜), 낙지치(絡蹄菜), 황육 숢는 법(烹牛肉法), 난젹법(卵炙法), 게탕(蟹湯), 약게졋(藥蟹醢), 쇼쳔여탕(川魚湯), 셕화느름(石花造泡), 약지히(藥沈菜), 동화느름(東花造泡), 동화젼(東花煎), 외가지션(苽茄菜), 더덕자반(沙參佐飯), 양하젹(蘘荷炙), 외가지 두는 법(藏苽茄法), 싱강 침ᄒᆞᆫ는 법(沈薑法), 팀고사리법(沈蕨法), 쳥대콩 팀ᄒᆞ는 법(沈靑太法), 겸졀편법(兼節餠), 두텁증법(蟾蒸法), 쓴 쟝 고치는 법(救苦醬法), 초조초(粘粟醋), 그룻된 초 고치는 법(救惡醋法),[78] 조다홍법(造丹紅法), 초록(草綠), 야쳥

---

77) 음식관련서가 전부 조리와 관련된 항목과 술과 관련된 항목으로 나뉘어져 있다. 따라서 여기서는 편의상 전자를 食方으로, 후자를 酒方으로 칭하여 설명하고자 한다.

78) 이성우(1981)에서는 뒤의 4개 항목을 더 첨가하고 있으나, 원문에는 이 항목에서 끝이 난다.

(鴉靑), 황유청(黃油靑)

  그렇지만 위의 내용으로 보아『주방문』은 처음의 편찬 의도가 술 빚는 법에 있었다는 것을 짐작해 볼 수 있다.『주방문』이란 명칭에 있어서도 그렇고, 술 빚는 법이 책의 첫머리에 나오는 것으로 봐도 그러하다. 수록된 항목으로 본다면 음식의 조리법과 관련된 책이지만 이는 시기를 달리하여 보충한 것으로 생각할 수 있다.

4.5.1.3. 『飮食譜』

  晉州鄭氏(石崖先生 夫人)의 필사본으로 1700년대 초엽의 것으로 추정된다. 술 빚는 법과 음식 만드는 법이 나누어져 체계적으로 기술된 것이 아니라, 항목의 구분 없이 책을 기술하고 있다. 총 36조목으로, 술 빚는 법은 12조목으로 이루어져 있다. 이들은 분류 순서와 관계없이 酒方과 食方이 섞여있다. 처음부터 분류의 의도가 있었던 것이 아니라 편의에 의해 그냥 나열한 것으로 보인다. 이들을 酒方과 食方으로 나누면 다음과 같다.

- 酒方 : 삼힉듀법, 쳥명듀법, 빅화듀법, 태화듀법, 두강듀법, 빅병듀 밧비 빗는볍,[79] 진향쥬방문, 단점쥬방문, 과하듀법, 오병듀법, 쇼국쥬방문,[80] 칠일쥬방문[81]
- 食方 : 긔증편법, 잡과편법, 쇼볌법, 교의상화법, 뉴화전법, 모밀편법, 잡치병,[82] 싱강뎜과법, 동화졈과법, 모과졈과법, 삼일식혀법, 겸견편

---

79) 이성우에서는 빅병쥬로 표기했으나 원문에서는 빅병듀로 되어있고, 뒤에 밧비 빗는볍이 첨가되어 있다. 여기서의 '볍'은 '법'의 오기이다.
80) 원문에는 쇼국쥬 방문으로 되어 있으나, 이는 쇼국쥬 방문의 오기일 것임.
81) 원문에는 방문만 나타나고 내용도 없다.
82) 잡치법의 오기로 보인다.

법, 쟈렴법, 산슴자반법, 침강법, 셕화느름이법, 난젹법, 쇠고기느름이법, 동화느름이법, 가지찜법, 가지약지히법, 동침이법, 모회편법, 삼일식혀법

4.5.1.4. 『閨閤叢書』

『규합총서』는 1815년경에 빙허각 이씨에 의해 편찬된 것으로 짐작되는데[83] 이는 전통적인 의식주에 대하여 설명한 가정백과이다. 『규합총서』는 『憑虛閣全書』의 3部 11冊 중의 1부 5책에 해당한다. 『빙허각전서』의 2부는 淸閨博物誌, 3부는 憑虛閣稿로 이루어져 있다. 『빙허각전서』의 體制를 보면 다음과 같다.

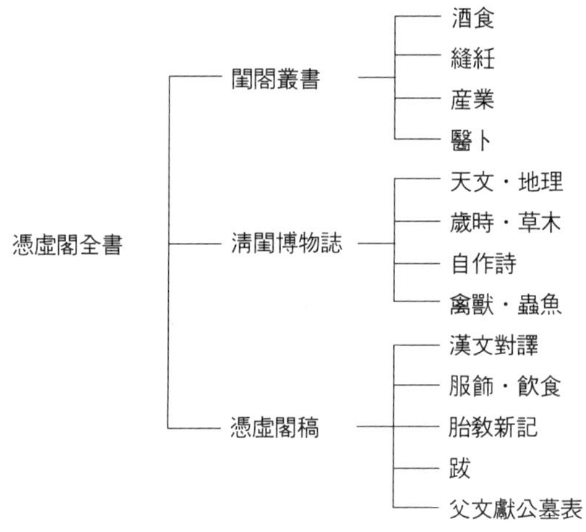

이 글의 목적에 부합하는 항목은 酒食이다. 다른 항목은 논의의 방향과 관계없기 때문에 酒食議의 분류만 제시하기로 한다.[84] 제시된 목록을

---

83) 자세한 해설은 이성우(1981)의 pp.58~69를 참조할 것.

84) 자세한 것은 鄭良婉 譯(1987), 閨閤叢書나 이성우(1992), 韓國古食文獻集成을 참고하기 바람.

고려하면 『규합총서』는 내용에 따른 분류를 먼저 고려하여 기술하였음을 짐작할 수 있다.

- 酒食議：內則飯饍文, 藥酒諸方 附 硫黃杯法, 醬醋諸法, 飯粥諸法, 茶品, 治膳, 魚品, 肉品, 肉毒, 雉鷄類, 禽肉毒, 菜蔬類, 餠果諸方, 諸果收藏法, 菜苽毒, 收諸油法, 造淸法, 造糖法, 造常滿鹽法

여기서는 고종 6년(1869)에 음식관계를 주로 추려서 목판본으로 간행한 『刊本규합총서』를 제시한다. 이들에 대한 세부 항목은 다음과 같다. 『규합총서』보다 항목이 많이 줄었고, 특히 酒方은 7가지만 나오는 소략본이다. 酒方과 食方에 관련없는 항목도 『규합총서』의 목록에는 제시되어 있지만 이는 생략한다.

- 酒方：술 빗는 길일, 년엽쥬, 화향입쥬법, 두견쥬, 일년쥬, 약쥬, 과하쥬, 소쥬, 술 신맛 구허는법
- 食方：쟝담그는길일, 잠담는법, 급히 쳥쟝민는법, 두부쟝, 집메죠쟝, 고쵸쟝, 즙쟝, 쵸빗는길일, 쵸법, 섯박지, 동과섯박지, 동침이, 싱션삣는법, 싱션굽는법, 부어굽는법, 부어찜, 게오리두는법, 게젓다무는법, 게찜, 약포법, 쇠챵즈찜, 어치, 셜흐먹젹, 치육포, 셕튼병, 신과병, 혼돈병, 셕이병, 숑편, 증편, 쟙과편, 빙쟈쩍, 강졍, 빙수과, 미화산즈(밥풀손즈, 묘화손즈), 약과, 즁계, 잉도편, 향셜고, 계강과, 건시단즈, 약식, 동과증, 토란병, 식혀법, 엿고으는법, 록말법, 두부법

4.5.1.5. 『술 만드는 법』

1800년대 말엽의 것으로 추정되는데 지은이는 미상이다. 분류 자체는 다른 음식 관련서와 마찬가지로 크게 두 부류로 이루어져 있지만 앞의 내용에 대해서는 소제목이 없다. 이도 『주방문』과 마찬가지로 술 만드

는 법을 중심으로 기술하고자 했던 책으로 보인다. '음식ᄒᆞᄂᆞᆫ 각양법'이
란 소제목은 뒤에 보충하면서 붙인 것 같다. 결과적으로 술 만드는 법이
앞의 내용에 대한 소제목 구실을 하게 된 셈이다. 내용은 다음과 같다.
총 49조목으로 이루어져 있고, 술 빚는 법은 19조목이 있다.

- 酒方(술 만드는 법) : 샤졀쥬, 슴일쥬, 일일쥬, ᄉᆞ시통음쥬, ᄉᆞ졀쇼곡쥬,
  두견쥬, 두광쥬, 쳥명쥬, 오병쥬, 방문쥬, 여름디쥬, 니화쥬 달게 빗ᄂᆞᆫ
  법, 부의쥬, 숑영쥬, 슴션쥬, 쳥감쥬법, 벽향쥬, 감쥬법, 십일쥬
- 食方(음식ᄒᆞᄂᆞᆫ 각양법) : 셩뉴탕법, 죡편법, 양편법, 제육편, 동화드름
  이, 궤누름젹, 변ᄶᅵ만도, 쵸젼병, 도미찜, 어치법, 쵸계탕, 졍과, 슐란
  죠란법, 슉교, 다식, 잉도편, 살구편, 셕이편, 왼셕이편, 빅ᄌᆞ편, 토련
  단ᄌᆞ, 국엽단ᄌᆞ, 밤단ᄌᆞ, 진쥬탕, 가리찜, 부어찜, 약과법, 강졍법, 산
  ᄌᆞ법, 빈ᄉᆞ과[85]

4.5.1.6. 『酒方』

1800년대 초엽의 것으로 추정되는 책이다. 이도 책 제목으로 봐서 술
만드는 법에 비중을 두고 있는 책으로 생각할 수 있다. 그렇지만 내용은
전체 38조목으로 이루어져 있고, 술 만드는 법은 18조목이다. 분류 자
체의 구분은 없다. 대체로 食方과 酒方이 모여 있긴 하지만 섞여서 나온
다. 이들을 편의상 酒方과 食方으로 나누어 제시한다.

- 酒方 : 증편긔듀법, 감듀법, 쳥감듀법, 일두쥬방문, 녹파듀방문, 빅화
  듀방문, 박향두방문, 쇼국듀방문, 삼일듀방문, 칠일듀방문, 빅일듀방
  문, 니화듀방문, 과하듀방문, 빅하듀방문, 구가듀방문, 별쇼듀방문, 보
  리쇼듀방문, 빅하듀법
- 食方 : 약과법, 쏠과술법, 강뎡법, 강반법, 빅쳥법, 싀면법, 상화법, 싱

---

85) '빈ᄉᆞ과'는 따로 항목을 분류하지 않고 바로 설명을 달고 있어 이성우에서는 누락되었다.

강전과법, 슌뎐과법, 둑슌뎐과법, 보도뎐과법, 양편법, 조청법, 조청밀법, 부어즙법, 약게젓법, 향봇기법, 약과법, 토란편법, 양봇기법

4.5.1.7. 『貞一堂雜識』

1856년의 것으로, 여기서는 술과 관련한 명칭이 4개만 나온다. 주로 음식 만드는 법에 관하여 기술하고 있다. 전체적으로 봐서 내용이 빈약한 편이다.

- 酒方 : 하일청향죽엽쥬, 스졀쇼국쥬, 년일쥬, 부의쥬
- 食方 : 두텁쩍, 견젼편, 소찬삼젼편, 난만도, 양찜법, 셕뉴탕, 잡탕, 칠계탕, 초계탕, 둙찜, 잡육치, 게스름이, 증편법, 싱강쩍, 싱치찜, 양스름, 졸안법, 눌안법, 국화면, 슝어찜, 알젼법, 전복찜, 계젼, 게탕법, 은게젼

4.5.1.8. 『술 빚는 법』

1800년대 말엽의 것으로 추정되는데 총 30조 중에서 술에 관한 것이 11조나 된다. 이도 제목으로 봐서는 酒方에 초점을 둔 것으로 짐작할 수 있는데 항목은 食方이 많다. 하지만 酒方이 앞 쪽에 배치되어 처음엔 이에 비중을 두었음을 짐작할 수 있다. 과하주와 방문주는 다른 방문을 쓰면서 '또'를 넣어 구분하고 있다.

- 酒方 : 과하쥬방문, 방문쥬, 빅일쥬방문, 쇼국쥬방문, 두견쥬, 또 과하쥬 방문, 숑졀쥬, 숑순쥬, 또 방문쥬, 삼일쥬, 일일쥬
- 食方 : 장김치법, 완자탕, 우장탕, 우미탕, 졔표짐, 송이짐, 짐좌반(파리감틔도 이갓치 허라), 더좌반, 승검초단자, 석이병, 강정, 메밀산자, 건시단자, 밤조악, 산ᄉ편, 잉도전(복분ᄌ와 벗전도 이갓치허고 살고면도 이와것치허라), 계강과, 싱광과, 다식과

4.5.1.9. 『부인필지』

1915년의 것으로『규합총서』에서 가정생활에 긴히 필요한 것을 가려 뽑은 것이다. 총서의 성격을 가지고 있지만 여기에서는 음식과 관련되는 酒方과 食方만 제시하도록 한다. 酒方은 12조목만 다루고 있어 빈약한 편이다. 食方에서는 음식의 종류를 나름대로 분류하여 관련 있는 것들을 모아두고 있다.

- 酒方 : 구긔쥬법, 도화쥬법, 연엽쥬법, 와송쥬법, 국화쥬법, 두견쥬법, 쇼국쥬법, 과하쥬법, 감향쥬법, 일일쥬법, 삼일쥬법, 송절쥬법
- 食方 : 장초졔법, 어육장, 쳥퇴장법, 급히장밍기는법, 고쵸장법, 즙장법, 쳥국장, 쵸, 반쥭제품, 약밥, 타락쥭, (다품) 미자다, 국화다, 미화다, 포도다, (침치제품), 동침이, 용인외지법, 장짠디, (어육품) 싱션즈지는법, 싱션굽는법, 완자탕, 쥰치뼈업시후는법, 부어찜, 복싱션, 조긔싱션, 쳥어졋, 게찜, 게졋, 싱게, 전복침치, 상극류, 쏙쏙이좌반, 고쵸장복난법, 고기무르게 국쓰리는법, 개고기, 녹육, 졔피수정, 열구자탕(신선로), 편포, 약포, 한치, 한치국, 전유화, (치소류) 송이찜, 죽순치, 월과치(호박), 동화션, (병과류) 복녕병, 셕탄병, 유자단즈, 신겸초단자, 두텁썩, 디쵸인졀미, 송편, 토련병, 잡과편, 디초조약, 밤조약, 감자병, 나복병, 원소병, 증편, 상화, 유밀과, 용안육다식, 흙님다식, 녹말다식, 쏙졍과, 싱강졍과, 잉도편, 모과편, 살구편, 향셜고, 쩍복기, 구규비빔, 광쥬빅당법(흰엿), 연안식혜법, 과치수장법

4.5.1.10. 『가정요리』

1940년대의 것으로 추정되는 것으로, 현대어 어휘들이 많이 등장한다. 큰술, 작은술의 구분, 양을 측정하는 컵 등, 단위명사 사용에 있어서 현대어 음식 관련서와 별로 다르지 않다. 여기서는 酒方에 대해서는 전혀 언급이 없고, 오직 食方만 나타난다.

　　돼지고기장조림, 콩나물볶음, 가지찜, 가지튀김, 두부찜, 호박 월과채, 호박찜, 오이쌍채, 오이장아찌, 둥근파장아찌, 가지장아찌, 제육생채, 고추 붓침, 토란국, 영계찜, 잡산적, 배숙화채, 송이찜, 닭찜, 연근정과, 송이구이, 송이전골, 햇콩볶기밥, 계란덮밥, 닭고기졸임, 두부찜, 배추김치, 깍두기, 보쌈김치, 장김치, 떡볶기, 곶감수정과, 생강정과, 식혜, 귤정과, 모과정과, 율란, 떡산적, 닭튀김, 배추전골, 냉이국, 조개구이, 놀말편, 화면, 겨자채, 지진완자, 오이찜, 냉채, 닭짐, 어산적, 가리찜, 배화채, 토란탕, 돼지고기와 고추볶기, 돼지고기(슈우마이), 만두거죽, 수정과, 문어, 탄평채, 닭전골, 가지찜, 콩국냉면, 김치국냉면, 대합매운탕, 고비참깨나물, 생합전골, 닭카레에찜, 깻잎김치, 송이찜, 토란국, 갈비찜, 송이산적, 매화채, 대합전골, 솔입차, 애탕국, 미나리나물, 닭찜

4.6. 농기류 어휘장[86)

　　農器는 농사를 짓는 데 쓰는 기구이다. 이들은 현대어에서도 어휘적 가치가 충분히 존재한다. 이들에 대한 어휘 자료를 다음과 같이 제시한다.

　　『증보산림경제』의 備器用에서 作農諸具에 다음과 같은 농기류가 제시된다.

　　枚子가리無纓手枚子, 鍤, 鋤伊, 茄葉鋤伊, 鐵齒鈀(小時卽)大小斧子, 大小鎌子, 鋤子, 耒耟, 犁具鐵, 所訖羅뼈흐리, 栲栳도로치, 檑木, 牛皮機, 負持機

　　『해동농서』 성대본에는 다음과 같이 農器를 제시하고 그림과 함께 그

---

86) ‘4.6. 농기류 어휘장’과 ‘4.7. 어류 어휘장’은 그 종류만 제시하고, 추후 이에 대한 구체적 논의를 전개하고자 한다.

명칭을 제시하고 있다. 또한 해당 한자에 대한 정음 표기가 병기된다.

犁 장기, 鑱 보십, 鐴 볏, 钁 광이, 鐵搭 소시랑, 枚 가리, 臿 삽, 長鑱 따뷔, 耖 써으리, 平板 번지, 櫌 메, 撻 쓰으리, 鋤 호미, 鐮 낫, 連耞 도리기, 稻床 가상, 稻著 그늬, 莿杷 졸키, 杋 고미리, 颺籃 삼틔, 箕 키, 颺席 븟돗, 碓 방아, 水碓 물방아, 磨 매, 杵臼 졀구

『林園經濟志』 本利志에도 다음과 같은 농기구가 제시된다.

耒耜[87]我東俗名따뷔,[88] 鑱我東俗名보십, 鏵, 鐴我東俗名볏北關交易文書稱鏍子, 耕槃, 牛軛, 東犁[89] 單犁駕一牛俗名홀이 雙犁駕二牛俗名뎔이, 代耕, 踏犁, 剗(俗又名鎊), 钁, 東钁광이, 臿, 鋒, 鐵搭我東俗名소시랑, 杴, 東杴가래, 耙, 耖, 耮, 礰碡, 礰碍, 櫌, 平板번지, 田盪, 杋고미래, 耬車, 劐, 砘車, 瓠種, 撻, 耨, 鎛, 櫌鉏, 東鋤홈의, 耬鋤, 鐙鋤, 鏟, 輥軸, 耘盪, 澆麥車, 銍, 艾, 鐮(俗名낫), 推鐮, 粟鋻, 鑺, 鏺, 笐, 連耞(俗名도리기), 踏碓, 堈碓, 東碓방아, 槽碓(我東俗名물방아), 機碓, 轉碓, 礱, 水礱, 輾, 輥轉, 水碾, 水輪三事, 礦, 自行

87) 증보산림경제에는 '耟'로 쓰이나 여기서는 '耜'이다. 본리지에서 '耒'는 '耜' 위의 굽은 나무(耒耜上句木也)로 '耒'와 '耜'를 구분한다. '耒'는 '耜(臿也)'를 제외한 '庛'와 '中直', 그리고 '上句'를 포함하여 지칭한다. 이는 '耒'의 길이가 6.6척이라 하였는데, 주례의 '車人爲耒 庛長尺有一寸 中直者三尺有三寸 上句者二尺有二寸'에서 짐작할 수 있다.

88) 김광언, 쟁기, 한국민족문화백과사전, 박호석, 안승모 한국의 농기구(어문각 2001). 犁는 흙을 가는 기구(墾土器)인데, 農之言曰耒耜民之習通謂之犁라 하여 犁와 耒耜를 통용한다. 그러나 산해경 注에 소를 쓰는 것이 犁(用牛犁也)라고 하였으니 구분된다. 쇠붙이를 불려 만드는 부분을 犁鑱(보습-흙덩이를 일으키는 것), 犁壁(볏-흙덩이를 뒤집어 엎는 것)이라 하고, 나무를 깎아 만드는 부분을 犁底(술바닥-광재물보에는 쟝기술보습마초는딕), 壓鑱(광재물보 보습 눌너 무는나무), 策額, 犁箭(한마루-광재물보 보습뵈옴지르는나무, 뵈옴은 볍의 예말로 끼우는 물체의 구멍이 헐거워 잘 맞지 않을 때 꼭 맞도록 끼우는 물건), 犁轅(성에), 犁梢(자부지-광재물보 쟝기잡는즈로), 犁評(광재물보-쟝기 흔마루 성에 놉이고 나초는 구멍), 犁建(광재물보 犁鍵條에 犁評之개, 이평을 고정시키는 빗장), 犁槃(물추리막대-광재물보 성에머리보줄믹는딕)

89) 犁와 東犁를 구분한 것은 본문 중에 '우리나라의 쟁기 구조는 중국의 것과는 약간 다르다. 그래서 다시 우리 쟁기를 보여준 것이다(我東犁制與中國小異故復表而出之)'로 설명하고 있다.

磨, 水磨, 連磨, 水轉連磨, 風磑, 東磨매, 風扇

『物名括(규장각본)』의 耕織類에도 농기구류가 보이는데, 이는 다음과 같다.

耒짜븨, 鍬가리, 钁광히, 耙써으리, 連耞도리찌, 鎌刀낫, 鍤숩, 搭巴쇼시랑, 穩곰방메, 推扒고미리, 枕가리, 磑子미돌, 杷兒갈키

또한 분류를 달리하여, 工匠類에도 다음의 농기구가 제시된다.

斤자귀, 斧독긔, 鏟각귀, 鍵쟝도리

『농사직설』에서는 중국 농서인 『農桑輯要』에서 많은 부분을 인용하면서도 우리 농기구를 鄕名으로 제시하고 있다.

簁, 蒿篅(鄕名空石[90])−훈몽자회 担), 升, 苫薦(鄕名飛介[91]), 木槽[92], 木斫(所訖羅[93]), 鐵齒擺(手愁音), 撈(曳介[94]), 板撈(翻地), 把撈(推介[95]), 鋤, 櫑木(古音波[96]), 斗, 石, 輪木[97], 縛柴木兩參箇[98], 耒(地寶[99]), 栲栳(都里鞭[100]),

---

90) 김광언에서는 빈섬, 이춘녕(1964, 35)에서는 이를 '짚과 松葉으로 지붕과 벽을 만든 貯穀處로 바닥에는 木石과 명석을 깔았다'고 설명한다. 이는 種稻條에 '풀로 엮은 그릇으로서 곡식을 담는 것(草器盛穀者)'으로 언급한다.

91) 김광언에서는 이를 '날개'로 읽는다. 섣달에 눈 녹은 물을 모아두고 이를 두껍게 덮는 (厚蓋) 것이 苫薦(飛介)이다.

92) 훈몽자회에서 '槽'를 '몰구싀 溜 또는 빗믈 받는 홈'으로 설명한다.

93) 이두표기(음차)로 현재의 '서흐레'에 대응한다.

94) '끌개'에 대응한다.

95) '밀개'에 대응한다.

96) '곰비'에 대응한다.

97) 김광언에서는 碌碡이나 木礰礋과 비슷하지만 불분명하다고 언급한다.

98) 김광언에서는 '끌개'를 이르는 말로 설명한다. 서까래 굵기만 한 나무토막 서너 개를 나란히 놓고 만든 것에서 유래한 것으로 보인다.

99) '짜비'에 대응한다.

網口, 木斫背(所訖羅背101)), 長柄大鎌, 苫盖

『훈민정음』 해례에도 농기구가 나온다.

드레(汲器)102), 키(箕), 호미(鉏), 낟(鎌), 체(籭), 드븨(瓠), 이아(綜)

『사성통해』에도 다음의 농기구가 제시된다.

磟碡(平田器), 綜線(잉아), 箕(今俗呼簸箕키), 犁(今俗語犁兒보), 犁槳(봇부즐나모), 犁頭(보십), 戽(抒水器今俗呼船中所用曰戽斗프개103)), 碓(방하), 釧(今俗呼車釧술윗통 구뭇 시울게 바근 쇠), 梭(織具북), 籮(今俗呼筷籮체 又曰籮兒又箕也筐也), 杷(今俗語鐵杷子쇼시랑), 灑(今俗語灑子드레柳編者曰柳罐), 耞(打穀具今俗呼連耞도리채), 籃(今俗語提籃드는둥주리), 枚(鐵枚삷, 木枚가래)

『훈몽자회』에도 다음의 농기구가 언급된다.

砑밀돌아, 碾밀돌년, 磑매의, 磨매마, 낟(鎌, 釤, 鍥-小鎌, 銍), 호미(钁-大, 鎡, 鎛), 耒(따보리柄曲木曰), 耜(따보ㅅ耒端刃曰), 犁(보레又稱보십 발외), 삷(鍬, 鋪), 杷(서흐레파農器又俗呼鐵杷쇼시랑), 枚가래흠, 耞도리채가, 磟번디록以石爲之, 碡번디독以石爲之, 綜잉아종

『신증유합』에도 다음의 두 종류가 나타난다.

---

100) 훈몽자회에서 언급한 ‘도리채’에 해당한다.
101) ‘서흐레등’에 해당한다.
102) 훈몽자회에서 綆드레줄경俗呼井繩, 繘드레줄 휼, 桔槹 轆轤믈자새
103) 훈몽자회―프개, 왜어유해―프래, 방언유석―프러, 물보―통드레, 고리드레, 자류주석
    ―물박호, 자전석요―배에 물푸는 박 호, 신자전―손들에 박

耒따부뢰, 耟보십亽

김광언에 의하면 하위지의 遺券에 '卦伊'가 확인되는데, 『증보산림경제』에서는 '錁伊'로 쓰인다. 광이(괭이)의 음차임이 확실한데, 『왜어유해』에서 '鐝'이 '광이'에 대응한다. 이는 『역어유해』 <하8>과 『동문유해』 <하17>에서도 '광이'로 나타난다.

『왜어유해』에서는 耒따븨, 犁보십, 枚가래로 이들을 각기 구분한다. 戽는 '포래'에 대응한다. 『동문유해』에서는 '磨兒돌매', '碾子구을매'를 구분하고, 鐝頭가 광이에 대응한다. 犁兒보십, 木鍬가래로 구분한다.

4.7. 어류 어휘장

『임원경제지』의 佃漁志는 사냥, 고기잡이, 목축 등으로 구성되어 있는데, 권1, 2에는 목양(총론, 말, 소, 노루, 양, 돼지, 개, 고양이, 닭, 기러기, 물고기, 꿀벌), 권3에는 弋獵, 漁釣, 권4에는 魚名攷(江魚, 海魚, 雜纂)가 수록되어 있다. 魚譜와 관련하여 『牛海異魚譜(1803)』, 『玆山魚譜(1814)』와 함께, 우리나라의 3대 魚譜에 해당한다. 이와 관련하여, 우선 『임원경제지』를 중심으로 한 다음의 어류를 제시한다.[104] 이는 江魚와 海魚로 나누고 이들 각각을 다시 鱗類와 無鱗類로 나누는데, 海魚에는 介類를 추가한다. 조개류를 따로 구분한 것이다. 이와 함께 雜纂을 두고 있지만, 이는 樂浪藩國에서 나는 것으로 그 모양과 이름을 알지 못하는 七魚(鯋, 鮻, 鮈, 鮄, 鯛, 鱳, 鱍)에 대해 해설하고 있다. 다섯 가지는 풀이하고 있으나 두 가지(鱳, 鱍)는 끝까지 살펴보아도 알지 못한다고 언급한다.

---

104) 현재의 魚名은 김명년의 譯을 참조하여 제시한다.

魚名考(어명고)

1. 江魚(강어)

1-1. 鱗類(인류)

鯉이어<잉어> 鯔슝어<숭어> 鱸거억졍이<꺽정이> 鱒독너울이<눈불개> 鮒붕어<붕어> 鰤남작이<흰줄납줄개> 鰷참피리<피라미> 鯊모리모즈<모래무지> 杜父魚줌ᄆᆞᆽ<꺽지> 鱖소갈이<쏘가리> 鱭魚위어<웅어> 細魚씨나리<싱어> 訥魚누치<누치> 銀口魚은구어<은어> 餘項魚연목이<열목이> 眉叟甘味魚미슈감미<두우쟁이> 飛?필魚날피리<피라미> 赤鰓魚불거지<피라미> 眼黑魚눈검졍이<갈겨니> 斤過木皮魚쪄젹위<꺽지> 箭魚술치<살치> 也回魚 豚魚돗고기<돌고기> 迎魚마디<참마자> 鰲魚치리<끄리> 柳魚버들치<버들치> 堰負魚독지게 袈裟魚가사어 菊息魚국식어

1-2. 無鱗類(무린류)

鮎미역이<메기> 鱧가물치<가물치> 鰻鱺魚비암장어<뱀장어> 鰣드렁허리<드렁허리> 泥鰍밋구리<미꾸리> 河豚복<황복> 黃顙魚자가사리<동자개> 앙絲魚즈기<동자개> 氷魚빙어<빙어> 鱴魚공지<줄공치> 僧魚즁곡이<참중고기> 望瞳魚망동이<문절망둑> 鱳밀어<밀어>

1-3. 介類(개류)

龜거복 鼈자라 黿큰자라 蟹게 蚌가장자근죠긔 馬刀몰십죠긔 蜆가막죠긔 田蠃울엉이 蝸蠃달팽이

2. 海魚(해어)

2-1. 鱗類(인류)

石首魚조긔 黃石首魚황셕슈어 鱉魚민어<민어> 鰳준치<준치> 勒魚반당이<밴댕이> 禿尾魚도미<참돔> 靑魚비웃<청어> 鰈가즈미<참가자미> 舌魚셔더<참서대> 華臍魚넙치<넙치> 鯧병어<병어> 魴방어<방어> 季魚넌어<연어> 松魚송이<송어> 錢魚젼어<전어> 黃魚황어 鮮白魚선비 虎魚범고기 水魚물치 麻魚삼치 和尙魚즁코기 膾代魚횟디 寶窟帶魚보굴디 鬱抑魚울억이 貢魚공치<꽁치> 悅嗜魚 羅赤魚 加魚 林延壽魚임연슈어<임연수

어> 牛抱秦魚쇠꾜뜰이곡이 潛方魚잠방이 軍牢魚굴뇌고기<달강
어> 昵睚魚일이 錯枕魚닷벼기

2-2. 無鱗類(무린류)

鯨고리 長須平魚장슈피 魶魟魚내인 沙魚사어 海豚魚수욱이 蒸魚
증어 人魚인어 文鰩魚날치<날치> 海鰻鱺비암장어 葛魚갈치
<갈치> 升魚 罘魚디구<대구> 明鮐魚명퇴 북어<명태> 古刀魚
고도어<고등어> 鼠魚쥐치<쥐치> 彈塗魚장똥이<짱뚱어> 銀
魚도로묵<도루묵> 海鷂魚가오리<노랑가오리> 洪魚무렴싱션
<홍어> 靑障泥魚쳥다리<개복치> 繡鋸魚슈거리<전자리상어>
鮧鰌멋<멸치> 烏賊魚오젹어 柔魚호독기 쏠독기 章魚문어 石距
낙제 望潮魚죽근이 水母물알 海參희삼 鰕시우

2-3. 介類(개류)

玳瑁디모 鰒싱복 海蚌바다긴조긔 文蛤디합조긔 白蛤묘시조긔
蛤蜊참조긔 蟶蟶함진조긔 車螯가장큰조긔 蚶강요쥬 淡菜홍합
蟶가리맛 牡礪굴조긔 海蠃홉험

참고문헌

1. 資料

국립국어원(1999), 『표준국어대사전』, 두산동아.

국립국어원(2002), 『현대국어 사용빈도조사』.

교육인적자원부(2004), 『고등학교 문법』.

교육인적자원부(2005), 『고등학교 문법』, (주)교학사.

교육인적자원부(2006), 『고등학교 교사용 지도서 문법』, (주)교학사.

한국정신문화연구원(1991), 『한국민족문화대백과사전』.

김민수(1997), 『우리말 어원사전』, 태학사.

김병제(1980), 『방언사전』, 과학백과사전출판사.

남광우(1981), 『고어사전』, 일조각.

문교부(1956), 『우리말 말수 사용의 잦기 조사』.

유창돈(1964), 『이조어사전』, 연세대 출판부.

장지영・장세경(1988), 『이두사전』, 정음사.

김태균(1986), 『함북방언사전』, 경기대학교출판부.

최학근(1978), 『한국방언사전』, 현문사.

2. 論著

고광모(2002), 「'-겠'의 형성 과정과 그 의미의 발달」, 국어학 39.

고동호(1996), 「한국어 어원 연구 논저 목록」, 알타이학보 6.

고영근(1989), 『국어형태론연구』, 서울대출판부.

고영근(1991), 『표준중세국어문법론』, 탑출판사.

곽충구(1995), 「중부방언의 성격과 그 특징」, 國語方言硏究의 現況과 展望.

권경안(1981), 『한국 아동의 음운 발달 연구』, 한국교육개발원.

김광해(1989), 「현대국어의 유의현상에 대한 연구」, 서울대학교 박사학위논문.

김광해(1989), 『고유어와 한자어의 대응현상』, 탑출판사.

김광해(1993), 『국어 어휘론 개설』, 집문당.

김동소(1982), 『개정판 동문유해 만주문어 어휘』, 효성여대출판부.

김명년(2007), 『佃漁志』, 한국어촌어항협회.

김민수(1997), 『우리말 어원사전』, 태학사.

김병제(1980), 『방언사전』, 과학백과사전출판사.

김사엽(1960), 「규곤시의방과 전가팔곡」, 경북대학교 논문집 4집.

김성미 외(1992), 「조선시대 구황식품의 문헌적 고찰」, 동아시아식생활학회지 2-1.

김세중(1994), 「국어 심리술어의 어휘의미구조」, 서울대학교 박사학위논문.

김세한(1991), 『조선조 초학교재 연구』, 한문학산고, 안동대출판부.

김순자(1984), 「마경초집언해의 국어학적 연구」, 부산대석사학위논문.

김영진(1972), 「蠶絲學古典硏究」, 大韓蠶絲會.

김영진(1982), 『농림수산 고문헌 비요』, 한국농촌경제연구원.

김영진(1984), 『朝鮮時代 前期 農書』, 韓國農村經濟硏究院.

김영진(1989), 「12세기 이후 한국농서의 형성 및 편찬유형에 관한 종합적 고찰 (1),
            (2)」, 『농촌경제』.

김영진(2000), 『조선시대 농업과학기술사』, 서울대학교출판부.

김영희(1984), 『한국어 셈숱화 구분의 통사론』, 탑출판사.

김완진(2002), 「사과와 林檎, 그리고 멎」, 『국어학』 40.

김용섭(1988), 『조선후기농학사연구』, 일조각.

김종택(1980), 「국어 어휘 분화의 기제」, 남광우회갑기념, 일조각.

김종택(1992), 『국어 어휘론』, 탑출판사.

김종택·송창선(1991), 「천자문, 유합, 훈몽자회의 어휘분류체계 대비」, 『어문학』 52.

김종학(1988), 「향약문헌에 나타난 약재명어휘 연구」, 중앙대석사학위논문.

김종학(1992), 「향약 약재명 어휘의 변천고」, 『어문논집』 22.

김태오(1993), 「다산의 아학편에 반영된 문자교육관」, 『교육철학』 11.

김홍석(1996), 「한국산 어류 명칭의 어휘론적 연구」, 공주대 교육대학원 석사학위논문.

남광우(1973), 『조선(이조) 한자음 연구』, 일조각.

남기심(1972), 「현대국어 시제에 관한 문제」, 『국어국문학』 55~57 합병호.

남성우(1986), 『15세기 국어의 동의어 연구』, 탑출판사.

남풍현(1981), 『차자표기법연구』, 단국대학교 출판부.

노재민(1999), 『현대국어 식물명의 어휘론적 연구』, 서울대학교 석사학위논문.

노태호 외 공역(2000), 『인간과 자연 생태학(군집생태학)』, 아카데미서적.

도효근(1984), 「천자문 6종 이본의 종합 색인」, 『어문연구』 13.

藤本行夫(1979), 「朝鮮版 千字文の系統」, 『조선학보』 94.

민은숙(1982), 『향약명칭의 이두표기와 어형변천연구』, 효성여대석사.

박병채(1988), 『논주 월인천강지곡 상』, 정음사.

백두현(1992), 『영남문헌어의 음운사 연구』 태학사.
서종학(1986), 「구황촬요와 신간구황촬요에 관한 고찰」, 『국어학』 15.
서종학(1999), 「충주구황절요의 이두」, 『동양학』 29.
손병태(1989), 「牛疫方의 이두문 연구」, 『영남어문학』 16.
손병태(1990), 「村家救急方의 향약명 연구」, 『영남어문학』 17.
손병태(1991), 「경북동남방언의 산채류명에 대하여」, 『영남어문학』 19.
손병태(1996), 「식물성 향약명 어휘 연구」, 『영남어문학』 30.
손병태(1996a), 「향약 약재명의 국어학적 연구」, 영남대학교 박사학위논문.
손병태(1997), 「경북 동남 지역의 어류 명칭어 연구」, 『영남어문학』 32.
송창선(1995), 「마경초집언해의 어휘 연구」, 『경산어문학』 1.
심재기(1993), 『국어 어휘론』, 집문당,
안병희(1977), 「촌가구급방의 향명에 대하여」, 『언어학』 3.
안병희(1977), 「양잠경험촬요와 우역방의 이두의 연구」, 『동양학』.
여찬영(1990), 「우리말 동물명칭어에 대하여」, 『국문학연구』 13.
여찬영(1991), 「식물명칭어 연구」, 『한국전통문화연구』 7.
여찬영(1997), 「우리말 식물명칭어의 짜임새 연구」, 『대구어문론총』 15.
유창돈(1980), 「어휘사 연구」, 이우출판사.
이광호(1987), 『한자 자석어 변천연구』, 경북대 석사학위 논문.
이광호(1990), 「15, 6세기어 『양즈』, 『즛』, 『얼굴』의 유의구조분석」, 『어문학』 51.
이광호(1990), 「어형 '글', '글월', '글왈'의 유의구조 분석」, 『어문론총』 24.
이광호(1991), 「15, 6세기어 '뭇', 'ᄀ장'의 유의구조 분석」, 『어문론총』 25.
이광호(1992), 「15세기 국어의 유의구조 분석」, 어문학 53.
이광호(1992), 『국어 유의어의 통시적 연구』, 경북대 박사.
이광호(1994), 「정몽유어의 어휘 의미 분류체계」, 『우리말의 연구』, 우골탑.
이광호(1994), 「중세국어문법론」, 학연사.
이광호(1995), 『유의어 통시론』, 이회문화사.
이광호(1996), 「'-겠-'의 의미」, 『어문학』 59.
이광호(2000), 「음식디미방의 분류체계와 어휘특성」, 『문학과언어』 22.
이광호(2001), 「시간부사의 통시적 고찰」, 『언어과학연구』 20.
이광호(2001), 「표현의 인지 정도 설정을 위한 연구」, 『우리말글』 21.
이광호(2001), 「시간부사의 시간적 고찰」, 언어과학연구 20.
이광호(2002), 「유의 경쟁의 통시성 고찰」, 『어문학』 77.
이광호(2002), 「유의어 정도성 측정을 위한 집합론적 유형화」, 『문학과언어』 24.
이광호(2002), 「음식관련서의 분류체계와 어휘특성」, 『우리말연구』 12.

이광호(2003), 「국어 유의 현상의 연관성 분석」, 『언어과학연구』 26.

이광호(2003), 「중세국어의 통시적 변화를 통한 현대국어 유의어의 변화예측」, 『우리말글』 29.

이광호(2004), 「조선시대 농서 어휘 연구」, 『우리말글』 32.

이광호(2004), 『국어 어휘 의미론』, 도서출판 월인.

이광호(2006), 「'낯'과 '얼굴'의 의미고찰」, 『어문학』 93.

이광호(2008), 「'매, 엇디, 어느'의 통시적 형태, 의미 특성」, 『우리말글』 44.

이광호(2008), 「대립어의 정도성 연구」, 『우리말글』 42, 우리말글학회.

이광호(2008), 「어휘의 양상분류」, 『언어과학연구』 45.

이광호(2008), 「유의어 변화의 기술 방안」, 『어문학』 99.

이광호(2008), 「이하 / 다항 유의어의 분포와 생태적 특성」, 『국어학』 53.

이광호(2008), 『어휘와 의미』, 제이엔씨.

이광호(2009), 「'므스'와 '므슥 / 므슴 / 므슷'의 의미 특성 및 형태변화」, 『국어국문학』 151.

이광호(2009), 「'부러'와 '짐즛 / 진짓'의 의미 특성」, 『우리어문연구』 34.

이광호(2009), 「'참-진즛'과 '거즛'의 통시적 대립관계」, 『언어과학』 16권 2호.

이광호(2009), 「'현'과 '몃'의 의미특성」, 『우리말글』 46.

이광호(2009), 「의미소 <必>의 어휘장 변화」, 『어문학』 105.

이광호(2009), 「정몽유어, 아학편, 천자문의 분포적 특성」, 『언어과학연구』 48.

이광호(2010), 「'얼마'류의 형태와 의미 특성」, 『어문학』 107.

이광호(2010), 「곡식류 어휘장의 분류 및 표기법 연구」, 『어문학』 109.

이광호(2011), 「전래 농서에서의 채과류 분류와 명칭의 혼란」, 『어문학』 111.

이광호(2011), 「전래 농서의 과수류 분류와 상이명칭」, 『우리말글』 51.

이광호(2011), 「현대어 '사과'의 통시적 혼란상과 정착 과정」, 『우리말글』 53.

이광호(2011), 「중, 근세국어 '멎/벚/봊'의 혼란상과 의미」, 『어문학』 114.

이광호(2012), 「중, 근세어 '내' 부사의 의미」, 『우리말글』 56.

이광호(2013), 「구황 자료에 나타난 구황작물 어휘의 국어사적 고찰」, 『언어과학연구』 64.

이기문(1965), 「근세중국어 차용어에 대하여」, 『아세아연구』 8-2.

이기문(1972), 「한자 석에 관한 연구」, 『동아문화』 11.

이기문(1975), 「금양잡록의 곡명에 대하여」, 『동양학』 5.

이기문(1982), 『국어음운사연구』, 탑출판사.

이기문(1985), 『국어사 개설』, 탑출판사.

이기문(1991), 『국어 어휘사 연구』, 동아출판사.

이기문(2002), 『신정판 국어사 개설』, 태학사.
이돈주(1981), 『주해 천자문』, 박영사.
이동림(1959), 『주해 석보상절』, 동국대출판부.
이선영(1998), 「음식명의 어휘사」, 심재기, 『국어 어휘의 기반과 역사』 中, 태학사.
이성우(1981), 『한국식경대전』, 향문사.
이성우(1982), 『조선시대 조리서의 분석적 연구』, 한국정신문화연구원.
이숭녕(1984), 「이조 초기 어류에 관한 고찰」, 『학술원논문집』 23.
이은규(1993), 『향약구급방의 국어학적 연구』, 효성여대박사학위논문.
이익섭(1973), 「국어 수량사구의 통사기능에 대하여」, 『어학연구』 9-1호.
이익섭(1981), 『영동영서의 언어분화』, 서울대출판부.
이익섭(1984), 『방언학』, 민음사.
이철수(1992), 『양잠경험촬요의 이두 연구』, 인하대출판부.
이철용(1992), 『의약서 어휘의 국어사적 연구』, 한양대박사학위논문.
이현희 외(1997), 『두시와 두시언해』, 신구문화사.
임명선(1978), 「구황촬요의 어학적 연구」, 『수련어문논집』 6.
임소영(1997), 『한국어 식물이름의 연구』, 한국문화사.
임소영(1999), 「꽃 이름의 생성과정과 인지과정」, 『한국어의미학』 4.
임지룡(1993), 『국어의미론』, 탑출판사.
임지룡(1999), 『인지의미론』, 탑출판사.
임홍빈(1980), 「'-겠-'과 상대성」, 『한글』 170호.
임홍빈·장소원(1996), 『국어문법론 I』, 한국방송통신대학.
장삼식(1985), 『대한한사전』, 삼영출판사.
장영희(2000), 「20대 남녀 사용어휘의 대비적 고찰」, 『화법연구』 2.
전재호(1987), 『국어어휘사연구』, 경북대출판부.
전재호·박전현(1986), 「의미소 <復>의 어형 변천」, 『어문론총』 20.
전혜영(1995), 「한국어 공손현상과 '-겠-'의 화용론」, 『국어학』 26.
정시호(1994), 『어휘장이론연구』, 경북대출판부.
조세용(1986), 『한자어에서 개주된 귀화어 연구』, 한양대학교 박사학위논문.
조항범(1984), 「국어유의어의 통시적 고찰」, 『국어연구』 58호.
조항범(1998), 「동물 명칭의 어휘사」, 『국어 어휘의 기반과 역사』 中, 태학사.
채인숙(1986), 『17세기 의서언해의 국어학적 고찰』, 한양대석사.
최경봉(1998), 「국어 어휘 의미 연구에서 인지이론의 수용 양상과 전망」, 한국언어문학.
최범훈(1988), 「우마양저염역병치료방의 이두연구」, 인산김운경환갑.
최창렬(1986), 『우리말 어원연구』, 일지사.

최창렬(1993), 『어원산책』, 한신문화사.

최학근(1978), 『한국방언사전』, 현문사.

한국불교대사전편찬위원회(1982), 『한국불교대사전』.

한국정신문화연구원(1991), 『한국민족문화대백과사전』.

한글학회(1990), 『우리말 큰사전』, 어문각.

허 웅(1982), 「19세기 국어 때매김법 연구」, 한글 177.

허 웅(1982), 『용비어천가』, 형설출판사.

홍사만(1983), 『국어어휘의미연구』, 학문사.

홍사만(1994), 『국어의미론연구』, 형설출판사.

홍사만(2003), 『국어어휘의미의 사적변천』, 한국문화사.

홍사만(2007), 『국어 의미 분석론』, 한국문화사.

홍윤표 외(1995), 『17세기 국어사전』, 한국정신문화연구원.

홍윤표(1986), 『근대국어의 표기법연구』, 민족문화연구 19.

황혜성 편(1985), 『규곤시의방』, 한국인서출판사.

廣田榮太郎外(編)(1955), 『類語辭典』, 東京堂.

國廣哲彌(1967), 『構造的意味論』, 三省堂.

國廣哲彌(1970), 『意味の諸相』, 三省堂.

國廣哲彌(1982), 『意味論の方法』, 大修館.

國廣哲彌(編)(1982), 『ことばの意味』, 平凡社.

國廣哲彌(編)(1983), 『意味と語彙』, 日英語比較講座 第3卷, 大修館.

大野晉・柴田武(編)(1977b), 『語彙と意味』, 岩波講座日本語, 岩波書店.

德川宗賢・宮島達夫(1972), 『類義語 辭典』, 東京出版社.

常務印書館編輯部(1987), 『辭源』, 香港：中華常務聯合印刷有限公司.

柴田省三(1975), 『語彙論』, 大修館.

前田富祺(1977), 『語彙の變遷』, 岩波講座日本語9：語彙と意味, 岩波書店.

諸橋轍次(1984), 『大漢和辭典』, 大修館書店.

池上嘉彦(1975), 『意味論』, 大修館.

村木正武. 齊藤與雄(1978), 『意味論』, 現代の英文法2, 研究社.

風間喜代三, 長谷川欣佑 監譯(1992), 『언어학백과사전』, 대수관서점.

Baldinger, K(1980), 『Semantic Theory』, Basil Blackwell, Oxford.

Bloomfield, L.(1933), 『Language』, New York：Holt, Rinehart and Winston.

Chape, W.L.(1970), 『Meaning and the Structure of Language』, Univ. of Chicago Press.

Coseriu, E.(1975), 『Vers une typologie des chammps lexicaux』, Cahiers de Lexicologie

27, 30-51.

Cruse, D.A.(1986), 『Lexical Semantics』, Univ. of Cambridge Press.

Hocket, C.F.(1958), 『A Course in Modern Linguistics』, New York : The Macmillan Company.

Holliday. 1961. 『Categories of the Theory of Grammar』, Word 17, 241-292.

Kempson, R.M.(1977), 『Semantic Theory』, London : Cambridge Univ. Press.

Leech, G.N.(1974), 『Semantics』, Harmondworth, Penguin book Ltd.

Lyons, J.(1968), 『Introduction to Theoretical Linguistics』, London : Cambridge Univ. Press.

Lyons, J.(1977), 『Semantics』, Vol 1, 2 : Cambridge Univ. Press.

Lyons, J.(1981), 『Language, Meaning and Context』, Fontana Paperbacks.

MaCawley, J.D.(1968), 『The Role of Semantics in a Grammar』, In Bach & Harms (eds.), New York.

Nida, E.A.(1973), 『Componential Analysis of Meaning』. 조항범譯(1990).

Palmer, F.R.(1976), 『Semantics』, London: Cambridge Univ. Press.

Stern, G.(1931), 『Meaning and Change of Meaning』, Gothenberg. Indiana Univ. Press.

Ullmann, S.(1951), 『Words and Their Use』, London: Frederick Muller.

Ullmann, S.(1957), 『The Principle of Semantics(second edition)』, Oxford : Basil Blackwell.

Ullmann, S.(1962), 『Semantics』, Basil Blackwell, Oxford.

Ullmann, S.(1963), 『The Principles of Semantics』, Basil Blackwell & Mott Ltd.

ㅅ